48,-

Eduard Meyer
Victor Ehrenberg
Ein Briefwechsel

Eduard Meyer
Victor Ehrenberg

Ein Briefwechsel
1914–1930

Herausgegeben von
Gert Audring, Christhard Hoffmann
und Jürgen von Ungern-Sternberg

AKADEMIE-VERLAG BERLIN
B. G. TEUBNER STUTTGART

CIP-Titelaufnahme der Deutschen Bibliothek

Eduard Meyer – Victor Ehrenberg: ein Briefwechsel; (1914–1930)/hrsg. von Gert Audring ... – Berlin: Akad.-Verl.; Stuttgart: Teubner, 1990

ISBN 3-519-07421-4
NE: Meyer, Eduard [Mitverf.]; Ehrenberg, Victor [Mitverf.]; Audring, Gert [Hrsg.]
© Akademie-Verlag Berlin und B. G. Teubner Stuttgart 1990
Printed in Germany
Gesamtherstellung: Druckerei „G. W. Leibniz" GmbH, Gräfenhainichen · 7373
Lektor: Wolf-Dieter Erfurt

Inhalt

Vorwort 7
Einleitung 9
Briefwechsel Eduard Meyer – Victor Ehrenberg (1914–1930) 35
Anhang 133
Quellennachweis 160
Personenregister 161

Vorwort

Bei der Edition und Kommentierung des vorliegenden Briefwechsels sind die Herausgeber von zahlreichen Personen und Institutionen unterstützt worden, denen hier gedankt werden soll.

Die Enkelin Eduard Meyers, Frau Barbara Meyer (Berlin/West), die beiden Söhne Victor Ehrenbergs, Professor Dr. Sir Geoffrey Elton (Cambridge/England) und Professor Dr. Lewis Elton (Guildford/England), sowie das Zentrale Archiv der Akademie der Wissenschaften der DDR haben das Zustandekommen dieses Bandes durch Publikationserlaubnis und vielfältige Förderung überhaupt erst ermöglicht. Professor Dr. Klaus Schwabe (Aachen) überließ den Herausgebern seine Abschriften der Briefe Eduard Meyers. Frau Dr. sc. Camilla Warnke (Zentralinstitut für Alte Geschichte und Archäologie der Akademie der Wissenschaften der DDR) hat bei der Transkription und Kommentierung der Briefe, Frau Ursula Kreißig bei der Identifizierung von Zeitungsartikeln Victor Ehrenbergs mitgewirkt. Professor Dr. Fritz Klein, Dr. Baldur Kaulisch (alle Berlin/DDR) und Professor Dr. Willibald Gutsche (Erfurt) gaben Auskünfte zu Details. Die Edition wurde auch wesentlich unterstützt durch die Direktorin und Mitarbeiter des Zentralen Archivs der Akademie der Wissenschaften der DDR (Frau Oberarchivrat Dr. sc. Christa Kirsten, Herrn Oberarchivrat Dr. Klaus Klauß und Frau Gisela Klauß) sowie durch das Archiv der Research Foundation for Jewish Immigration in New York (Herrn Dennis Rohrbaugh).

Im Dezember 1988

Gert Audring, Zentralinstitut für Alte Geschichte und Archäologie der Akademie der Wissenschaften der DDR, Berlin/DDR

Christhard Hoffmann, Zentrum für Antisemitismusforschung der Technischen Universität Berlin, Berlin/West

Jürgen von Ungern-Sternberg, Seminar für Alte Geschichte der Universität Basel

Einleitung

Zu Beginn des Sommersemesters 1914 meldete sich der 22jährige Student Victor Ehrenberg an der Berliner Universität zum althistorischen Seminar über Alexander den Großen bei Eduard Meyer an. Damit begann eine persönliche Beziehung, die bis zum Tode Eduard Meyers im Jahre 1930 andauerte und die im vorliegenden Briefwechsel dokumentiert ist.

Ehrenberg war kein Studienanfänger mehr, als er nach Berlin kam. Er hatte zuvor zwei Semester Architektur in Stuttgart studiert, war dann zur Klassischen Philologie und zur Geschichte übergewechselt und hatte sich drei Semester lang in Göttingen vor allem bei Friedrich Leo die Grundlagen der Philologie erarbeitet. Nach Leos plötzlichem Tod im Januar 1914 entschloß sich Ehrenberg, nach Berlin zu gehen, wo mit Ulrich von Wilamowitz-Moellendorff, Hermann Diels und Eduard Norden in der Klassischen Philologie und Eduard Meyer in der Alten Geschichte die Koryphäen der damaligen deutschen Klassischen Altertumswissenschaft lehrten.

Der Name Ehrenberg dürfte Eduard Meyer nicht unbekannt gewesen sein, als sich Victor Ehrenberg bei ihm anmeldete. Im Jahre 1891 in Altona geboren und in Kassel aufgewachsen, stammte er aus einer jener jüdischen Familien, die sich durch besondere Aufgeschlossenheit gegenüber deutscher Kultur und Bildung auszeichneten und die eine Reihe bedeutender Gelehrter hervorgebracht hatten. Ehrenbergs Urgroßvater, Samuel Meyer Ehrenberg (1773–1853), war Leiter und Reformator der „Samsonschen Freischule" in Wolfenbüttel, einer philanthropisch ausgerichteten Lehr- und Erziehungsanstalt, in der — ganz im Sinne der jüdischen Reformbewegung — die allgemeinbildenden Fächer eine größere Bedeutung besaßen als die traditionelle religiöse Unterweisung.[1] Leopold Zunz, der Begründer einer säkularen „Wissenschaft des Judentums", und Isaak Markus Jost, der als erster eine moderne Gesamtgeschichte der Juden verfaßte, waren Schüler Samuel Meyer Ehrenbergs in Wolfenbüttel gewesen. Ehrenbergs Großvater, Philipp Ehrenberg, übernahm 1846 die Leitung der Samsonschule von seinem Vater. Er hatte drei Söhne: Otto (1848–1928), der Vater Victors, wurde Bankier; Victor (1851–1929) lehrte als Professor für Rechtsgeschichte und Handelsrecht in Göttingen, Rostock und Leipzig und war vor allem auf dem Gebiet des Versicherungsrechts ein anerkannter Spezialist; Richard (1857–1921) wirkte als Professor für Nationalökonomie und Wirtschaftsgeschichte in Göttingen und Rostock, seine Untersuchung über die Zeit der Fugger (1896/97) wurde zu einem Standardwerk. Beide Onkel Victor Ehrenbergs waren zu ihrer Zeit bekannte Gelehrte, und es ist anzunehmen, daß auch der etwa gleichaltrige Eduard Meyer von ihnen wußte und sie sogar schon damals persönlich kannte (vgl. Brief Nr. 43). Ehrenbergs Bruder Hans (1883–1958) schließlich, der 1909 zum Protestantismus übergetreten war, lehrte 1914 bereits als Privatdozent für Philosophie an der Heidelberger Universität, sein Vetter Rudolf (1884–1969)

---

[1] Zur Samsonschule vgl. R. Busch, Über die Samson-Schule in Wolfenbüttel, in: Lessings „Nathan" und jüdische Emanzipation im Lande Braunschweig, Wolfenbüttel 1981, S. 104–114, und N. N. Glatzer (Hrsg.), Leopold and Adelheid Zunz. An account in letters, London 1958, S. XI–XIII.

wurde Professor für Medizin, und sein Vetter Franz Rosenzweig (1886–1929) war – neben Martin Buber – der wohl bedeutendste jüdische Philosoph des 20. Jahrhunderts.[2]

Von diesem Familienhintergrund her ist es verständlich, daß Ehrenberg schon als Student eine Universitätslaufbahn anstrebte (vgl. Brief Nr. 27: Entwurf) und daß er sich bereits in seinem ersten Berliner Semester wissenschaftlichen Spezialuntersuchungen widmete (vgl. Brief Nr. 1). Sein Aufsatz „Zu Herodot" wurde von der Zeitschrift „Klio" akzeptiert, konnte dann aber erst nach dem Weltkrieg 1920 erscheinen. Victor Ehrenberg war also für Eduard Meyer nicht bloß ein Student, sondern in gewisser Hinsicht bereits ein Nachwuchswissenschaftler, den er nach Kräften unterstützte.

Eduard Meyer stand 1914 auf dem Höhepunkt seines Schaffens. Er galt nicht nur an der Berliner Universität, an der er seit 1902 lehrte, und im deutschen akademischen Leben überhaupt als bedeutendster Althistoriker seit Mommsen; auch im Ausland, vor allem in den USA, war seine Autorität weithin anerkannt.[3] Meyers Ruhm als Historiker beruhte im wesentlichen auf seiner universalhistorischen Ausrichtung. In einer Zeit zunehmender Spezialisierung und Verengung des althistorischen Untersuchungsgebietes auf die Geschichte der Griechen und Römer hatte Meyer sich daran gemacht, die Geschichte des gesamten Altertums – also unter Einschluß der altorientalischen Geschichte – auf quellenkritischer Grundlage zu erforschen. In bemerkenswerter Selbständigkeit und Unabhängigkeit hatte er deshalb bereits in der Schule und während seines Studiums die wichtigsten orientalischen Sprachen gelernt. Außerdem hatte er sich früh für religionsgeschichtliche und anthropologische Fragen interessiert.[4] Im Jahre 1879 erhielt er dann als junger Privatdozent vom Verleger Cotta den Auftrag, ein Handbuch der alten Geschichte zu verfassen. Zwischen 1884 und 1902 war die erste Auflage von Meyers fünfbändigem Werk „Geschichte des Altertums" erschienen, die den Zeitraum von den Anfängen historischer Überlieferung bis zur griechischen Geschichte um 350 v. Chr. umfaßte. Meyer führte das Werk nicht bis in die Römerzeit fort, sondern widmete sich nach 1902 ganz der Überarbeitung der bisherigen Bände, um sie dem sich rasch verändernden Forschungsstand anzupassen. Im Jahre 1907 erschien der erste Band in vollständig neu bearbeiteter zweiter Auflage. Neben der „Geschichte des Altertums" und z. T. als Vorarbeit dazu hatte Meyer eine Reihe von Monographien und Aufsätzen geschrieben, die die Weite seiner historischen Interessen spiegeln. Dazu gehören z. B. die „Geschichte des alten Ägyptens" (1887), „Die wirtschaftliche Entwickelung des Altertums" (1895), „Die Entstehung des Judentums" (1896), die „Ägyptische Chronologie" (1904), „Die Israeliten und ihre Nachbarstämme" (1906), „Theopomps Hellenika" (1909), „Der Papyrusfund von Elephantine" (1912), „Ursprung und Geschichte der Mormonen" (1912) sowie „Reich und Kultur der Chetiter" (1914). Außerdem hatte sich Meyer ausführlich mit Fragen der Theorie der Geschichtswissenschaft auseinandergesetzt und die historistische Doktrin gegen zeitgenössische Versuche, z. B. von Karl Lamprecht, das Ziel historischer Erkenntnis analog zu den Naturwissenschaften im Auffinden von Gesetzen und im Erfassen von allgemeinen Strukturen zu erkennen, vehement verteidigt. Meyer hob dabei die Rolle des Zufalls und des freien Willens im Geschichtsprozeß hervor und akzentuierte die Macht

---

[2] Zu Hans Ehrenberg und Franz Rosenzweig vgl. W. Licharz – M. Keller (Hrsg.), Franz Rosenzweig und Hans Ehrenberg. Bericht einer Beziehung, Frankfurt/M. 1986.

[3] Zu Eduard Meyers Werk vgl. K. Christ, Von Gibbon zu Rostovtzeff. Leben und Werk führender Althistoriker der Neuzeit, 2. Aufl. Darmstadt 1979, S. 286–333; W. M. Calder – A. Demandt (Hrsg.), Eduard Meyer – Leben und Leistung eines Universalhistorikers, Leiden 1990; zu Meyers Rezeption in den USA vgl. bes. den Beitrag von M. Chambers in diesem Band.

[4] Vgl. Chr. Hoffmann, Die Selbsterziehung des Historikers. Zur intellektuellen Entwicklung des jungen Eduard Meyer, in: Calder – Demandt, Eduard Meyer (wie Anm. 3), S. 208–254, bes. 220 ff.

der Ideen. Er lehnte den Glauben an einen Fortschritt in der Geschichte ab und betonte die Wechselbeziehung von beharrenden und bewegenden Faktoren; Meyers Geschichtsauffassung war nicht linear, sondern eher zyklisch: „... die Möglichkeit, daß nicht nur eine Kultur, sondern die Kultur überhaupt einmal wieder dauernd zu Grunde ginge, ist ... nicht ausgeschlossen"[5].

Gegenüber seinen Studenten war Eduard Meyer ein toleranter Lehrer; auf wissenschaftlichem Gebiet war er — anders als im politischen Bereich — keineswegs doktrinär. Meyer besaß nicht den Ehrgeiz, eine eigene „Schule" heranzuziehen. Er ließ seine Schüler wissenschaftlich ihre eigenen Wege gehen, so wie er selbst weitgehend autodidaktisch seinen eigenen Weg zum Universalhistoriker des Altertums gefunden hatte. Meyer nahm regen Anteil an dem persönlichen Ergehen seiner Studenten und lud einige von ihnen regelmäßig in seine Villa in der Lichterfelder Mommsenstraße ein. Auf diese Weise ergab sich auch zu Victor Ehrenberg bald ein engerer Kontakt. Ehrenberg berichtet in seinen „Personal Memoirs" darüber: „Thus, I finally came to Eduard Meyer and Berlin (or the other way round) ... Eduard Meyer was not an exciting lecturer, but his whole personality, both simple and great, and the liveliness of his seminar were both captivating. I was frequently invited to his house in the Mommsenstrasse, where in the entrance hall, a picture of 'Der Löw ist los' testified to Meyer's complete lack of taste. The time was too short to establish a full teacher/pupil relationship, but it was now clear that I would become an ancient historian, and the correspondence between Meyer and myself during the war showed that human relations were established." (S. 31f.).

Der Ausbruch des 1. Weltkrieges im Sommer 1914 unterbrach und beendete schließlich Ehrenbergs Studienzeit bei Eduard Meyer. Betrachtet man die relativ kurze Zeit, die beide einander kannten, ist es um so bemerkenswerter, daß sich während des Krieges ein umfangreicher Briefwechsel zwischen dem Professor und seinem Studenten entwickelte, in dem in großer Offenheit die politischen und militärischen Grundfragen des Weltkriegs diskutiert wurden. Um den persönlichen Hintergrund für die unterschiedliche Bewertung der politischen Fragen besser ausleuchten zu können, soll zunächst ein kurzer Überblick sowohl über Meyers als auch Ehrenbergs Aktivitäten und Erfahrungen im Weltkrieg gegeben werden.[6]

Nach Ausbruch des Krieges reihte sich Eduard Meyer in die Schar derjenigen deutschen Wissenschaftler und Künstler ein, die besonders aktiv für den Sieg des kaiserlichen Deutschland wirkten. Gestützt auf das hohe Ansehen, das deutsche Wissenschaft und Kultur in der Welt genossen, griffen sie mit Vorträgen, Zeitungsartikeln, Aufrufen, Broschüren, Flug- und Denkschriften, ja selbst Büchern in die Auseinandersetzungen des Tages um politische, wirtschaftliche und militärische Ziele und Mittel ein. Sie übernahmen damit eine propagandistische Rolle, die die unmittelbar am Kriege Interessierten, die Industrie-, Bank-, Grundbesitzer- und Militärkreise, nicht auf offener Bühne spielen konnten.

Bereits im September 1914 veröffentlichte Eduard Meyer in den „Kriegsschriften des Kaiser-Wilhelm-Dank" den für seine Beurteilung der Kriegsursachen grundlegenden Artikel „Deutschland und der Krieg"; der Text erlebte bis 1917 mehrere Auflagen bzw.

---

[5] Ed. Meyer, Geschichte des Altertums, Bd. 1, 1, 6. Aufl. Stuttgart 1953, S. 181.
[6] Grundlagen für die folgenden Angaben zur Biographie Eduard Meyers in der Zeit des 1. Weltkriegs sind: Eduard Meyer. Bibliographie von H. Marohl. Mit einer autobiographischen Skizze Eduard Meyers und der Gedächtnisrede von Ulrich Wilcken, Stuttgart 1941; K. Fischer, Die politische und publizistische Tätigkeit Eduard Meyers im ersten Weltkrieg und in den ersten Jahren der Weimarer Republik (1914 bis 1920), (Masch.-Schrift) Potsdam 1963 (leider mit manchen Ungenauigkeiten im Detail); der Nachlaß Meyer im Zentralen Archiv der Akademie der Wissenschaften der DDR (im folgenden als Nachlaß Meyer bezeichnet).

Nachdrucke. Als die Académie des Inscriptions et Belles lettres und die Académie des Sciences in der Anfangsphase des Krieges die deutschen Mitglieder aus ihren Listen strichen, um sich auf eigene Weise vom völkerrechtswidrigen Vorgehen der deutschen Militärs zu distanzieren, ließ sich Eduard Meyer trotz gewisser Vorbehalte ebenso wie Wilhelm von Bode, Ernst Haeckel, Adolf von Harnack, Max Planck, Max Reinhard, Ulrich von Wilamowitz-Moellendorff und andere weltbekannte deutsche Forscher und Künstler gewinnen, den berühmt-berüchtigten Aufruf „An die Kulturwelt" vom 4. Oktober 1914 (auch „Aufruf der 93" genannt) zu unterzeichnen. Schon wenige Tage später bekräftigte er sein Bekenntnis und unterschrieb die „Erklärung der (4000) Hochschullehrer des Deutschen Reiches" vom 16. Oktober 1914, in der Deutschlands Beteiligung am Ringen um die Neuaufteilung der Welt als Krieg zur Verteidigung der europäischen Kultur bezeichnet wurde.

Aus den Kontakten, die in Vorbereitung des „Aufrufs der 93" hergestellt worden waren, entwickelte sich der „Kulturbund deutscher Gelehrter und Künstler" unter Leitung von Prof. Wilhelm Waldeyer. Es sei gleich hier notiert, daß im Jahre 1917 der mittlerweile leicht umbenannte Kulturbund die Zeitschrift „Zeit- und Streitfragen. Korrespondenz des Bundes deutscher Gelehrter und Künstler" begründete. Meyer trat dem Herausgebergremium des Periodikums, das es allerdings nur auf 19 Nummern des Jahrgangs 1917 brachte, und anschließend auch dem Bund bei, als dessen Redner er Vorträge hielt.

England und Nordamerika waren die wichtigsten Themen einer intensiven politischen Publizistik, mit der Eduard Meyer während des 1. Weltkriegs Einfluß auf die öffentliche Meinung und die herrschenden Kreise zu nehmen suchte. Vor allem die wissenschaftlichen Kontakte zu englischen und amerikanischen Gelehrten aus der Vorkriegszeit, der USA-Aufenthalt Meyers im Wintersemester 1909/10 als Austauschprofessor an der Harvard University und die dabei gewonnenen Amerika-Erfahrungen ließen ihn als Experten auf diesem Gebiet erscheinen. Briefliche Mitteilungen und Denkschriften aus amerikanischen Universitätskreisen sowie von Deutschamerikanern, aber auch die Schilderungen seines Bruders Kuno Meyer, eines anerkannten und politisch sehr engagierten Keltologen, der sich von November 1914 bis Mai 1917 in politischer Mission in den USA aufgehalten hatte[7], lieferten Meyer während des Krieges aktuellen Stoff. Das Berliner Amerika-Institut tat das Seine, wenn es einschlägige, ihm von Meyer als Autor zugesandte Schriften mit der Überlassung amerikanischer Briefe honorierte, die über die Stimmung in den USA Aufschluß gaben.[8] Dieses spezielle Feld der Propaganda bearbeitend, unterzeichnete Meyer im November 1914 (neben Friedrich Meinecke, Dietrich Schäfer, Max Lenz u. a.) ein Manifest deutscher Historiker und Völkerrechtler gegen die Schrift „Why we are at war. Great Britain's case" einiger Mitglieder der Oxforder Fakultät für moderne Geschichte. In dem von der „Vossischen Zeitung" am 7. März 1915 veröffentlichten Artikel „Der Geist von Harvard" führte er einen eigenen, vielbeachteten Angriff auf die englandfreundliche Haltung Amerikas und führender amerikanischer Wissenschaftler.

Noch 1915 fuhr Meyer schwereres Geschütz auf, indem er gleich zwei einschlägige Bücher herausbrachte. Das erste, „England. Seine staatliche und politische Entwicklung und der Krieg gegen Deutschland", erlebte noch im gleichen Jahr mehrere Auflagen und erschien 1915 sowie 1916 auch als Volksausgabe. Das zweite, „Nordamerika und Deutschland", erlangte zwar solche Verbreitung nicht, doch trug es ebenfalls dazu bei, Meyers Ruf als Fachmann für England und Amerika zu festigen und ihn zu einem bekannten und gefragten Redner zu diesen Sujets zu machen.

---

[7] Nachlaß Meyer Nr. 356.
[8] Nachlaß Meyer Nr. 332.

Seine Vorträge über die (immer wieder variierten) Generalthemen „Deutschland und England", „England und Amerika", „Amerika und der Weltkrieg", „Entwicklung und politische Verfassung der Vereinigten Staaten" führten ihn durch ganz Deutschland und zogen die Publikationsangebote zahlreicher Zeitungen nach sich.

Um den beachtlichen Umfang dieser Vortragstätigkeit anzudeuten (angesichts Meyers sonstiger Verpflichtungen konzentrierte sie sich häufig auf die Wochenenden), seien nur die in seinem Nachlaß belegten Auftritte [9] zusammengestellt: Am 20. Oktober 1915 sprach er in seiner Heimatstadt vor der Hamburger Kunstgesellschaft (in Anwesenheit von Verwandten und alten Freunden, die ihren „Edu" herzlich begrüßten), am 27. November 1915 in Berlin zugunsten der „Akademischen Hilfsstelle für durchreisende Truppen" — diesmal über ein weiteres seiner Standardthemen, „Die Entwicklung der römischen Weltherrschaft". Am 9. Februar 1916 trat Meyer in Berlin vor der Ortsgruppe des Deutsch-Evangelischen Frauenbundes und der kirchlich-sozialen Frauengruppe, am 10. März vor der Ortsgruppe Hamburg des Alldeutschen Verbandes auf. Für den 10. April 1916 wurde Meyer auf Vermittlung von D. Schäfer von den „Vereinigten Verbänden", einem vaterländischen Verein, nach Bremen gebeten. Am 19. Oktober 1916 sprach er in München und lernte bei dieser Gelegenheit den Herausgeber der „Süddeutschen Monatshefte", Paul Nikolaus Cossmann, persönlich kennen (vgl. Briefe Nr. 30 und 31). Am 6. Januar 1917 referierte Meyer in Grünberg (heute Polen), anschließend, am 7. Januar, in Guben. Der 14. März 1917 sah ihn in Mühlheim/Ruhr am Rednerpult (vgl. Brief Nr. 39). Vor Mitgliedern des Alldeutschen Verbandes sprach Meyer am 2. Juni 1917 in Grabow und am 3. Juni in Parchim. Auf Bitten der alldeutschen Ortsgruppe Rostock hielt er am 9. Juni in der Aula des Rostocker Gymnasiums einen Vortrag, am nächsten Tag auch auf der Versammlung des Gaues Mecklenburg-Vorpommern des Alldeutschen Verbandes in Güstrow. Die Handelshochschule zu Königsberg war am 17. November 1917 Meyers Auditorium. Auf einem Empfangsabend der Deutsch-Irischen Gesellschaft im Berliner Hotel Adlon am 2. Dezember 1917 sprach er über die Gemeinsamkeit der deutsch-irischen Interessen, am 14. März 1918 auf dem Deutschen Abend der Berliner Burschenschafter im Marmorsaal am Zoo, in der ersten Hälfte des Mai 1918 — auf den Spuren D. Schäfers [10] — sogar vor Soldaten auf Helgoland, und für die zweite Jahreshälfte war Meyer nach Nordhausen zum Vortrag eingeladen.

Die Stippvisite beim Helgoländer Vorposten erklärt sich aus der neuen Aufgabe, die den prominentesten der publizistisch tätigen konservativen Professoren aus der Einführung des Vaterländischen Unterrichts bei den deutschen Streitkräften 1917 erwuchs. Wie Werner Sombart, Ernst Troeltsch, Wilhelm Dörpfeld, Harry Bresslau, Friedrich Meinecke, Heinrich Wölfflin, Ulrich von Wilamowitz-Moellendorff und andere folgte Eduard Meyer einer Einladung, an den Hochschulkursen der VI. Armee in Tournai (Belgien), in diesem Falle: an deren sprach- und geschichtswissenschaftlichem Wochenkursus vom 7. bis 14. Dezember 1917, mitzuwirken. Er sprach dort im Rahmen des Wochenkursus am 10. und 13. Dezember über antiken und modernen Imperialismus, trat überdies — da auch allgemeine wissenschaftliche Einzelvorträge vorgesehen waren — am 8. Dezember mit Vorträgen über „Das britische Weltreich im Kriege" und über antike Kultur gleich zweimal an einem Tage auf und unternahm zwischendurch noch einen Vortragsabstecher nach Lille. Das Erlebnis einer nach langen Kriegsjahren wissensdurstigen Zuhörerschaft inspirierte ihn zu dem erstaunlich naiven Artikel „Vom deutschen Militarismus", den die

---

[9] Nachlaß Meyer Nr. 225 (Tournai), 316 und 321 (Auftritte im Bereich des damaligen Deutschland), 338 (Osteuropa) und 357 (Deutsch-Irische Gesellschaft).
[10] Vgl. D. Schäfer, Mein Leben, Berlin und Leipzig 1926, S. 223.

„Süddeutschen Monatshefte" allerdings erst viel später, im September 1918, herausbrachten.

Einer Aufforderung des Kriegspresseamtes folgend, begab sich Meyer Anfang Februar 1918 für einige Wochen zur Armeeabteilung Gronau, die damals einen Schwerpunkt um Pinsk besaß (vgl. Brief Nr. 46). Bereits zwei Monate später befand sich Meyer erneut im Osten. Auf Einladung des Generalgouvernements Warschau hielt er — neben anderen prominenten Wissenschaftlern — im Rahmen der dortigen Hochschulkurse (genauer: des II. literarisch-historischen Kursus) vom 12. bis 15. April täglich seine Referate über die USA bzw. über die römische Weltherrschaft. Für das zivile Publikum berechnete, von den Oberkommandos der jeweils zuständigen Armeen vorbereitete Vortragsabende in Wilna (heute Vilnius, 17. April), Riga (20. April), Dorpat (heute Tartu, 24. April) und Reval (heute Tallinn, 29. April) schlossen sich an (vgl. Brief Nr. 46). Wie es scheint, war dem mehr als Sechzigjährigen keine Reise zu beschwerlich, wenn er für seine vom Gang der Ereignisse bereits überholten Ansichten wirken konnte.

Kehren wir nach diesem Exkurs über Meyers Vortragstätigkeit im 1. Weltkrieg ins Jahr 1915 und zu der Fehde zurück, die seit Kriegsbeginn zwischen Akademikern der kriegführenden Staaten ausgetragen wurde und durch Meyers Artikel „Der Geist von Harvard" besondere Publizität gewann. Nachdem das Thema auf den Leipziger Kartelltagen der deutschen Akademien der Wissenschaften im Mai bereits eine Rolle gespielt hatte, forderten die Professoren Dietrich Schäfer, Otto Hirschfeld und Emil Seckel in aller Form den Abbruch der wissenschaftlichen Beziehungen der Berliner Akademie zu den Akademien feindlicher Länder. Bekanntlich setzten sich auf der Akademie-Gesamtsitzung vom 22. Juli 1915 jedoch Max Planck und Adolf Erman gegen die Extremen durch und führten den Beschluß herbei, alle etwaigen Schritte gegen Akademien feindlicher Länder bis nach Beendigung des Krieges zu vertagen.

Auf derselben Gesamtsitzung hatte Meyer die Streichung des britischen Chemikers Sir William Ramsay, der sich mehrfach deutschfeindlich geäußert hatte, aus der Liste der Akademiemitglieder gefordert. Der Antrag fand nicht die erforderliche absolute Mehrheit. Wie unversöhnlich Meyer war, zeigte sich auf der Gesamtsitzung der Berliner Akademie vom 10. Oktober 1916. Nachdem der Tod einiger Mitglieder bekanntgegeben worden war, darunter der Ramsays, gab Meyer zu Protokoll, er bedaure aufs tiefste, „daß die Akademie jetzt in der Zwangslage ist, den Tod Sir William Ramsays als correspondierenden Mitglieds in ihren Veröffentlichungen aufzuführen, weil sie sich nicht hat entschließen können, rechtzeitig die durch sein Verhalten gebotenen Maßnahmen zu ergreifen".[11]

Auch in die Kriegszieldiskussionen des Jahres 1915 schaltete sich Eduard Meyer ein. Er gehörte zu den Unterzeichnern der Denkschrift vom 20. Juni, die von einem „Vorbereitenden Ausschuß" unter Führung des Berliner Kirchenhistorikers Reinhold Seeberg entworfen worden war und das annexionistische Programm der Großindustrie und der Alldeutschen mit der Autorität deutscher Wissenschaft stützen sollte. Als sich noch im Juli des gleichen Jahres aus dem „Vorbereitenden Ausschuß" der „Unabhängige Ausschuß für einen Deutschen Frieden" unter der Leitung des Historikers Dietrich Schäfer zunächst als loser Zusammenschluß von Wissenschaftlern, Industriellen und Grundbesitzern formierte, trat Meyer, mit Schäfer seit langem befreundet, ihm bei und arbeitete in seinem Vorstand, dem Arbeitsausschuß.

In das Jahr 1915 fiel wohl auch Meyers Eintritt in den Deutschen Ostmarkenverein. Als

---

[11] Gesamtsitzungsprotokoll der Berliner Akademie von 1916, eigenhändige Erklärung Eduard Meyers vom 13. Oktober 1916.

Prominenter empfing er fortan die meist vertraulichen Denkschriften und Broschüren aus der Feder von Theodor Schiemann, Otto von Veh, Silvio Broedrich-Kurmahlen und Ekkehard Ostmann, in denen die Zukunft polnischen Gebiets und der Ostseeprovinzen Rußlands großzügig geplant wurde.[12]

Im Vergleich mit solchen Demonstrationen nimmt sich eine bildungspolitische Äußerung Meyers in dieser Zeit bescheiden aus, doch wirft sie ein bezeichnendes Licht auf gewisse Widersprüche in seinem Denken. Nach Inkrafttreten eines Ministerialerlasses über die Reform des Geschichtsunterrichts nahm Meyer in einem Artikel der „Vossischen Zeitung" vom 19. September Stellung gegen die beträchtlich verkürzte Behandlung der älteren Epochen, warnte vor einseitiger, nationalistisch überspitzter Darstellung der deutschen Geschichte, der der Erlaß Raum schuf, und forderte, Hauptelemente der Weltkultur, die namentlich der griechischen Antike verdankt werden, im Geschichtsbild der Jugend zu bewahren. Im Jahre 1918 kam er in seiner Monographie „Die Aufgaben der höheren Schulen und die Gestaltung des Geschichtsunterrichts" noch einmal auf Fragen der schulischen Ausbildung zurück. Neben seinen Verdiensten als Althistoriker dürfte dieses Engagement für die Pflege des klassischen Erbes in der Schule dazu beigetragen haben, daß der Verein der Freunde des humanistischen Gymnasiums Eduard Meyer 1917 zu seinem Ehrenmitglied ernannte.[13]

Das Jahr 1916 war für Meyer vor allem von der Agitation um Für und Wider des rücksichtslosen U-Boot-Krieges geprägt. In einer Denkschrift vom 16. März, gerichtet an die Mitglieder des Bundesrats, den Reichskanzler, den Reichstag, die Chefs von Generalstab und Admiralstab sowie an zahlreiche Politiker und Militärs, forderte er, die zu Jahresbeginn angekündigte Aufnahme des uneingeschränkten U-Boot-Krieges endlich Wirklichkeit werden zu lassen. Daraufhin nahm der Geheime Legationsrat Dr. Kurt Riezler, dessen Buch „Über Finanzen und Monopole im alten Griechenland" (Berlin 1907) Meyer einst gefördert hatte, im Auftrage des Reichskanzlers Gespräche mit Meyer auf. Gegen dessen Ansicht, die Regierung Bethmann Hollweg verzichte aus falschen Rücksichten auf die energische Bekämpfung Englands, suchte Riezler in ausführlichen Gesprächen und Briefen die Politik des Reichskanzlers zu erläutern und so Meyer und durch ihn möglichst viele andere Befürworter des uneingeschränkten U-Boot-Krieges zu beschwichtigen. Der „Unabhängige Ausschuß" erreichte in diesem Zusammenhang am 14. September eine Audienz beim Reichskanzler. Meyer sollte auf Wunsch Schäfers der Abordnung des Ausschusses angehören, doch hielt er sich zu dieser Zeit (nach einer Kur in Mergentheim) in Oberhof zur Erholung auf (vgl. Brief Nr. 31).

Wenige Tage nach Versand der Denkschrift bat auch der Kultusminister von Trott zu Solz Meyer um ein Gespräch. Dabei blieb ungeklärt, ob der uneingeschränkte U-Boot-Krieg tatsächlich die Resultate erzielen könnte, die sich Meyer von ihm versprach. Um darüber aus erster Hand Aufschluß zu gewinnen, verschaffte sich Meyer (nach eigenen Aufzeichnungen vom 17. Mai 1916)[14] eine Kopie der Denkschrift des Admiralstabs über den U-Boot-Krieg vom 12. Februar 1916 mit den dazugehörigen Gutachten von Wirtschaftsfachleuten. Auszüge aus diesem Material schickte er dem Kultusminister, der sie Bethmann Hollweg zuspielte. Der Reichskanzler ließ nachforschen, auf welchem Wege Meyer das vertrauliche Material des Admiralstabs hatte erhalten können. Am 19. Mai 1916 wurde Meyer im Auftrag des Reichsanwalts zur Vernehmung in dieser Angelegenheit auf das Berliner Polizeipräsidium bestellt, am 8. Juli auf das Amtsgericht Lichterfelde. Meyer

---

[12] Nachlaß Meyer Nr. 333.
[13] Vgl. Nachlaß Meyer Nr. 60.
[14] Nachlaß Meyer Nr. 329.

verweigerte die Aussage stets, weil seine Denkschrift lediglich politischen und nicht militärischen Charakters sei. Als man ihm mit Zwangsmaßnahmen drohte, konnte Meyer gelassen bleiben: in diesem Falle würde die Sache an die Öffentlichkeit gezogen und die Diskussion um den U-Boot-Krieg neu entfacht. Die Angelegenheit wurde bald darauf durch einen Vergleich beigelegt.[15]

Es sei hinzugefügt, daß Meyer gegenüber den Behörden angab, die Kopie der Denkschrift des Admiralstabs und weiteres Material weder von dem gerade entlassenen Staatssekretär im Reichsmarineamt, von Tirpitz, noch überhaupt von Marineangehörigen, sondern aus Abgeordnetenkreisen erhalten zu haben, wo sie in Abschrift verbreitet waren. Tatsächlich geht aus weiteren Materialien im Nachlaß Meyer hervor, daß er zu Beratungen wichtiger politischer Fragen gelegentlich durch Abgeordnete hinzugezogen wurde und auch geheime Schriftstücke, von Parlamentariern im Vorfeld der Arbeit von Reichstagskommissionen verfaßt, in Kopie erhielt. Als es später nicht mehr notwendig schien, den Mittelsmann zu decken, teilte Schäfer mit, er selbst habe eine Abschrift des Memorandums des Admiralstabs Meyer übergeben.[16]

Am 25. April 1916 ließ Meyer die Denkschrift „Amerika und unser Krieg" folgen. Sie forderte von der Regierung Bethmann Hollweg, sich nicht von den Warnungen der USA beeindrucken zu lassen und den U-Boot-Krieg mit allen Mitteln zu führen. Ins gleiche Horn stieß der Generallandschaftsdirektor Wolfgang Kapp mit einer aggressiven Denkschrift vom Mai 1916. Meyer drückte Freude über diese Denkschrift in einem Schreiben an Kapp vom 3. Juni 1916 aus, entwickelte seine – in einigen Punkten von Kapps Beurteilung abweichende – Auffassung von der politischen und militärischen Lage und erklärte schließlich die ungewöhnliche Länge dieses Briefes von zehneinhalb Seiten mit dem Wunsch, „eine möglichst vollkommene Verständigung und ein einheitliches Zusammengehen in der Frage der Kriegsziele zu finden."[17] Wenig später arbeiteten beide in der Führung des „Unabhängigen Ausschusses" zusammen.

Mittlerweile waren die ersten Rezensionen zu Meyers England-Buch von 1915 erschienen, darunter auch die sowohl treffenden wie vernichtenden von Prof. Ernst Sieper (München) in der Wiener „Zeit" vom 22. Oktober 1915 und von Prof. Friedrich Wilhelm Foerster (München) in der „Internationalen Rundschau" vom 15. Februar 1916 (2. Jg., Heft 2, S. 125–127). Foerster war den konservativen Kräften bereits durch einen Artikel in der Züricher „Friedenswarte" vom Januar 1916 unangenehm aufgefallen, denn er hatte darin Bismarcks Deutschlandpolitik als national-egoistisch verurteilt. Dies trug ihm eine Mißbilligung der 1. Sektion der Philosophischen Fakultät der Universität München ein. Auch Meyer reagierte scharf und beschimpfte Foerster im Vorwort zu seinen gesammelten Aufsätzen „Weltgeschichte und Weltkrieg" (1916). Foerster geriet unter so starken politischen Druck, daß er sich schließlich gezwungen sah, Meyer um Verzeihung für die scharfen Formulierungen zu bitten, die er in seiner Rezension gebraucht hatte.[18]

Damit waren Meyers politische Aktivitäten des Jahres 1916 noch nicht erschöpft. Neben Otto von Gierke, Wilhelm Kahl, Dietrich Schäfer, Reinhold Seeberg, Adolf Wagner und Ulrich von Wilamowitz-Moellendorff, damals Rektor der Berliner Universität, unterzeichnete Meyer den Durchhalteaufruf der sieben Berliner Professoren vom 19. Juli 1916 „An unser Volk". Mit vorgedruckten Postkarten der Berliner Universität wandte sich Meyer an zahlreiche deutsche Altertumsforscher, ihr Einverständnis mit dem Auf-

---

[15] Vgl. Fischer, Politische und publizistische Tätigkeit (wie Anm. 6), S. 35, und Nachlaß Meyer Nr. 329.
[16] Schäfer, Mein Leben (wie Anm. 10), S. 186.
[17] Nachlaß Meyer Nr. 329/1.
[18] Nachlaß Meyer Nr. 296.

1. Faksimile eines Briefes Eduard Meyers an Victor Ehrenberg (Nr. 39).

2. Eduard Meyer im Jahre 1925. Foto: Staatsbibliothek Preußischer Kulturbesitz, Berlin (Nachlaß Ed. Meyer, Kasten 8). Abdruck mit freundlicher Genehmigung der dortigen Handschriftenabteilung.

3. Victor Ehrenberg im April 1915. Foto: Privatbesitz von Prof. Lewis Elton.

Wilhelmshöhe 3.3.15.
(Hauptquartier I/ Ref. F.A. 10)

Hochverehrter Herr Geheimrat,

Gestatten Sie meinen aufrichtigsten Dank für Ihren so ausführlichen Brief, der mich natürlich ungemein interessiert hat. Ja, es geht wirklich überall gut, sehr gut auch, und unser Willingen hat uns diese bekanntlich wirklich nicht einen Augenblick rauben können. Aber in einem kann ich doch nicht mit Ihnen übereinstimmen. Dass es für uns besser gewesen wäre, zugleich durch den Ubootkrieg zu besiegen, und der Festlandskrieg so bleiben könnte, wie er jetzt! Wie könnten

4. Faksimile eines Briefes Victor Ehrenbergs an Eduard Meyer (Nr. 10).

ruf durch Unterschrift zu bekunden. Der Rücklauf, soweit er im Nachlaß Meyer erhalten ist,[19] bezeugt bereits im Sommer 1916 merklich gedämpfte Kriegsbegeisterung bei einigen prominenten Altphilologen, Historikern und Archäologen, auch wenn die Gründe ihrer Ablehnung in der Regel formal waren.

Mitte des Jahres gründete Meyer gemeinsam mit Otto Hoetzsch, Georg von Below, Adolf von Harnack, Friedrich Meinecke, Hermann Oncken und anderen Professoren den Historiker-Ausschuß der „Reichsdeutschen Waffenbrüderlichen Vereinigung e. V.". In einem Aufruf „An die Historiker Deutschlands" wurde das Ziel des Historiker-Ausschusses, „über den politischen, wirtschaftlichen und geistigen Entwicklungsgang der Staaten und Völker unserer Verbündeten" aufzuklären, dargelegt. Vor allem Geschichtsforscher und -lehrer sollten an diesem Vorhaben mitwirken.

Der Februar des Jahres 1917 brachte den uneingeschränkten U-Boot-Krieg, der Juli den Sturz des Reichskanzlers. Mit dem im Auftrag des „Unabhängigen Ausschusses für einen deutschen Frieden" geschriebenen Zeitungsartikel „Die Politik Bethmann Hollwegs" (Tägliche Rundschau, Jg. 37, Nr. 360 vom 17. Juli 1917) schloß Meyer diese Etappe seines Wirkens für den Ausschuß ab.

Im gleichen Jahr engagierte er sich – über die Mitwirkung an den „Zeit- und Streitfragen" (s. o.) hinaus – in mehreren neuen politischen Vereinigungen, die angesichts der kritischen militärischen Lage bestrebt waren, die äußeren Wirkungsbedingungen für das kriegführende Deutschland günstiger zu gestalten. Längst durch seinen Bruder Kuno Meyer in die irische Frage eingeführt, war er mit dessen Hilfe in Verbindung zu den irischen Nationalisten Georges Chatterton-Hill und Sir Roger Casement getreten. Jetzt schloß er sich der Deutsch-Irischen Gesellschaft an. Deren Absicht bestand darin, die Beziehungen zwischen Deutschland und Irland zu fördern, d. h. die antibritische Stimmung breiter Kreise der irischen Bevölkerung zur Schwächung Englands auszunutzen. Da Matthias Erzberger und der Freiherr von Richthofen, Vorstandsmitglieder der Gesellschaft, im Herbst 1917 zu Befürwortern eines Verständigungsfriedens wurden, gerieten sie in Widerspruch zu den Zielen der Gesellschaft. Auf Bitten des Generalsekretärs Chatterton-Hill, der sich in entscheidenden Fragen brieflich mit Eduard Meyer, dem Verwaltungsratsmitglied, zu beraten pflegte, beantragte dieser auf einer Generalversammlung Ende Januar 1918 eine gegen Erzberger gerichtete Entschließung. Erzberger und v. Richthofen verließen daraufhin die Deutsch-Irische Gesellschaft.[20]

Meyer wirkte daneben als Mitglied des Verwaltungsrates der Deutsch-Vlämischen Gesellschaft Berlin, die im März 1917 gegründet worden war. Nachdem sich die Berliner Gesellschaft mit der Deutsch-Vlämischen Gesellschaft Düsseldorf im August 1917 vereinigt hatte, nahm Meyer seinen Platz im Beirat der damit formierten Deutsch-Flämischen Gesellschaft neben Konrad Adenauer, Gustav Stresemann und anderen ein, um die deutsche Politik der Spaltung Belgiens zu fördern.[21]

Auch der im Mai 1917 gegründeten Deutsch-Baltischen Gesellschaft gehörte Meyer 1917/18 an. Diese wiederum forderte die deutsche Besiedelung des Baltikums, das sich bis zum 1. Weltkrieg in russischer Hand befunden hatte und bei der anfänglichen Schwäche des jungen Sowjetstaates ein geeignetes Objekt für Okkupationspläne zu sein schien.[22]

Gleich noch erwähnt sei, daß Meyer Ende Januar 1918 die Deutsch-Persische Gesellschaft mitbegründete, die den wirtschaftlichen und kulturellen Einfluß Deutschlands auf den an

---

[19] Nachlaß Meyer Nr. 330.
[20] Nachlaß Meyer Nr. 303 sowie 357–359.
[21] Nachlaß Meyer Nr. 303.
[22] Nachlaß Meyer Nr. 303.

Fruchtland und Bodenschätzen reichen, noch unerschlossenen und jetzt vom russischen Druck befreiten Iran sichern sollte.[23]

Meyer schloß sich überdies der am 2. September 1917 durch von Tirpitz und Kapp gegründeten Deutschen Vaterlandspartei an, die die politischen Vorstellungen des „Unabhängigen Ausschusses" propagierte. Als jedoch der „Bund der Kaisertreuen", der eine extrem reaktionäre Innenpolitik verfocht, Meyer Ende 1917 oder Anfang 1918 zum Beitritt aufforderte, erhielt er eine Absage.[24] Für die von Kurt Fischer[25] ohne Beleg erwähnte Mitgliedschaft Meyers in der Konservativen Partei fanden sich bisher im Nachlaß keine Anhaltspunkte, während sein Eintritt in die Deutschnationale Volkspartei, die gleich nach dem Krieg gegründete direkte Nachfolgerin der Konservativen Partei, schon lange bekannt ist.

Von den vergleichsweise schlecht belegten sonstigen politischen Aktivitäten Meyers im Jahre 1918 seien die folgenden genannt: Er erteilte „seine Zustimmung zu einer Eingabe an den Kaiser vom Januar 1918, die sich gegen die Friedensresolution des Reichstages vom Juli 1917 wandte und die üblichen extremen Annexionsforderungen aufstellte".[26] In der Reihe „Macht- und Wirtschaftsziele der Deutschland feindlichen Staaten" veröffentlichte Meyer die kleine, an sein Englandbuch von 1915 anknüpfende Arbeit „Das britische Weltreich".

Im April 1918, während seiner Vortragsreise in das Baltikum, hörte er in Riga ein Referat des Bodenreformers Adolf Damaschke und nahm persönlichen Kontakt zu diesem auf, der bis zu Meyers Tod bestand. Dem von Damaschke geleiteten „Bund Deutscher Bodenreformer" trat Meyer bei und verfaßte noch im gleichen Jahr die Schrift „Die Heimstättenfrage im Lichte der Geschichte" (der Titel des Werkes geht auf einen brieflichen Vorschlag Damaschkes vom 2. August 1918 zurück).[27]

Bis in die letzten Wochen des Krieges setzte sich Meyer für eine rücksichtslose Durchhaltepolitik ein. Auf einer Beratung zwischen Vertretern des „Unabhängigen Ausschusses für einen Deutschen Frieden", der Deutschen Vaterlandspartei und des Volksbundes für Freiheit und Vaterland am 10. Oktober 1918 forderte er — falls die Reichsregierung die Friedensbedingungen der Entente zurückwiese — ein Zusammengehen dieser politischen Gruppierungen in einem Aufruf zum letzten Verteidigungskampf.[28]

Über Victor Ehrenbergs Schicksal im 1. Weltkrieg sind wir vor allem durch die Briefe und Postkarten an Eduard Meyer und die „Personal Memoirs" in den wichtigsten Punkten informiert; ein Kriegstagebuch, das nach Aussage Ehrenbergs noch irgendwo existieren soll[29], ist bisher nicht gefunden worden.

Ungefähr zwei Wochen nach Kriegsbeginn, Mitte August 1914, wurde Ehrenberg nach Lissa in der damaligen Provinz Posen einberufen und trat als Unteroffizier den Dienst in einem Reserve-Feldartillerie-Regiment an. Fast während des gesamten Krieges stand er an der Westfront. Dank persönlicher Bekanntschaft mit dem Kommandeur seiner Abteilung erhielt er zunächst einen Posten im Abteilungsstab, am Scherenfernrohr. Das Eiserne Kreuz 2. Klasse erwarb er sich in dieser Funktion bereits im September bei Romagne, nordwestlich von Verdun. Im April 1915 wurde Ehrenberg zu einer Batterie versetzt und bald darauf, Anfang Mai, zum Vizewachtmeister befördert. Nach Monaten relativer Ruhe geriet er im Frühjahr 1916 in die Zermürbungsschlacht um Verdun und

---

[23] Nachlaß Meyer Nr. 302.
[24] Vgl. Nachlaß Meyer Nr. 303.
[25] Fischer, Politische und publizistische Tätigkeit (wie Anm. 6), S. 84.
[26] Ebenda, S. 46.
[27] Nachlaß Meyer Nr. 518.
[28] Vgl. Nachlaß Meyer Nr. 341. [29] Personal Memoirs, S. 33.

machte dabei soviel durch, daß nach eigenen Worten fortan sein „Tatendurst ... wirklich gestillt" war (Brief Nr. 26). Während einer Erholungsphase seiner Einheit beantragte und erhielt Ehrenberg einen vierwöchigen Urlaub, um seine altertumskundlichen Kenntnisse aufzufrischen. Im Herbst 1916 nahm er an der Sommeschlacht, anschließend erneut an den Kämpfen um Verdun teil. Wachsende Kriegsmüdigkeit und Einsicht in „das Sinnlose dieses unendlichen Krieges" (Brief Nr. 33) sprechen seither gelegentlich aus seinen Briefen. In der Schlacht an der Aisne (Frühjahr 1917) wurde Ehrenberg verwundet; während des langwierigen Genesungsprozesses festigte sich der Kontakt zu seiner späteren Gattin Eva Sommer. In den ersten Monaten des Jahres 1918 absolvierte Ehrenberg einen Offiziersaspirantenkurs in Rembertow bei Warschau erfolgreich und kehrte im Mai in sein altes Regiment zurück. Er nahm an den letzten deutschen Offensiven in Frankreich teil und wurde leicht verwundet, konnte jedoch bei der Truppe bleiben. Mit den deprimierenden Bildern des Rückzugs hinter den Rhein schließen die „Personal Memoirs" Ehrenbergs Bericht über die Kriegszeit ab.

Vor dem Krieg hatte Meyer den jungen Ehrenberg bei seinem ersten wissenschaftlichen Aufsatz fachlich beraten (Brief Nr. 1). Politisches aber ist offenbar zwischen beiden kein Thema gewesen. Das sollte sich erst während des Krieges ändern, wobei die Initiative jeweils von Ehrenberg ausging.

Es kennzeichnet den Abstand zwischen der Front und den Vorgängen in Deutschland selbst, zugleich wohl die Uninformiertheit einer breiteren Öffentlichkeit wegen der Pressezensur, daß Ehrenberg erst bei einem Heimaturlaub im Spätsommer 1915 auf die Kriegszieldebatte aufmerksam wurde, zunächst aber auch dann nichts über die doch recht prononcierte Beteiligung Meyers an ihr wußte. Seine Anfrage (Brief Nr. 18) und die offene Antwort Meyers (Brief Nr. 20) offenbarten die Gegensätzlichkeit der Standpunkte, was jedoch nicht zum Abbruch des Gesprächs führte. Die – durch eine erneute Anfrage Ehrenbergs (Brief Nr. 38) auch auf innenpolitische Themen ausgeweitete – Auseinandersetzung über die politischen Aspekte des Weltkriegs bedeutet wohl einen Höhepunkt dieses Briefwechsels.

Meyers Haltung entspricht im wesentlichen seinen oben dargelegten publizistischen Äußerungen und Aktivitäten.[30] Für ihn war mit dem Kriegsbeginn die bisherige Welt zusammengebrochen (Brief Nr. 3 und 5), eine Welt des Wettbewerbs, ja der Rivalität, im Grunde aber des auf gegenseitige Anerkennung gegründeten friedlichen Nebeneinanders der großen Nationalstaaten. Ihre Konkurrenz sollte, so hatte Meyer erwartet, die moderne Welt vor dem Schicksal des Altertums bewahren: vor der Stagnation in dem einen römischen Kaiserreich, schließlich dem Untergang.[31] Statt dessen sah er nun Deutschland im Kampf um seine staatliche Existenz, nicht nur in dem gegenwärtigen Krieg, sondern auch in einer unabsehbaren Zukunft. Als wichtigster Gegner galt ihm dabei England (Brief Nr. 11 mit Anm. 4), gegen dessen letztlich unangreifbare Weltstellung und Seeherrschaft das Deutsche Reich gleichsam in einer offensiven Verteidigung seine kontinentale Machtbasis konsolidieren und ausbauen mußte.

So entwickelt denn Meyer auch gegenüber Ehrenberg die Grundlinien der von ihm mitgetragenen Annexionsforderungen in Ost und West (Brief Nr. 20), immer unter der Perspektive der Vorsorge für einen notwendig folgenden weiteren Krieg. Über die gegen-

---

[30] S. dazu ferner B. Sösemann, „Der kühnste Entschluß führt am sichersten zum Ziel". Eduard Meyers Vorstellungen zu partei- und weltpolitischen Entwicklungen, in: Calder – Demandt, Eduard Meyer (wie Anm. 3). Meyers Briefe an Ehrenberg sind in der Literatur bereits mehrfach herangezogen worden, vor allem von K. Schwabe, Wissenschaft und Kriegsmoral. Die deutschen Hochschullehrer und die politischen Grundfragen des Ersten Weltkriegs, Göttingen 1969.

[31] Weltgeschichte und Weltkrieg, Stuttgart – Berlin 1916, S. XV.

wärtige Lage vermochte er nicht hinauszudenken. Deutschland war für ihn eine belagerte Festung und würde es bleiben; als solche mußte sie möglichst gut verproviantiert (Landgebiete im Osten) und munitioniert (Eisenerz und Kohle im Westen) werden und brauchte sie ihr vorgeschobenes Glacis gegen den Hauptfeind England (Belgien).

Von daher wird auch seine Anerkennung von Friedrich Naumanns „Mitteleuropa" verständlich (Brief Nr. 23 und 24). Dieser vermied zwar jede Diskussion der „materiellen Friedensziele" (S. 5), auch er sah aber die Zukunft des Kontinents geprägt von Schützengräben. „Europa bekommt zwei lange Wälle von Norden nach Süden, von denen der eine irgendwo vom Unterrhein bis zu den Alpen geht, der andere von Kurland bis rechts oder links von Rumänien. Das wird die große und unvermeidliche Dreiteilung des Erdteiles sein" (S. 7f.). Deshalb gelte es, die Mitte durch einen staatlichen Zusammenschluß, zunächst des Deutschen Reiches und Österreich-Ungarns, zu stärken.

Wichtiger aber noch als die Kriegsziele war Meyer eine energische Führung des Krieges, und hier lenkte er sein Augenmerk vor allem auf den – wiederum gegen England gerichteten – U-Boot-Krieg (Brief Nr. 9, 24, 28, 31, 36 und 39). Auf diesem Gebiet gewann er denn auch mehr als irgendwo sonst durch seine Aktivitäten und Denkschriften an Einfluß auf die politischen Entscheidungen.

Seine Grundstimmung indes war zutiefst pessimistisch, und sie blieb es, ganz unabhängig vom Auf und Ab der jeweiligen Kriegslage. Seiner Meinung nach hatte 1914 der unaufhaltsame Niedergang begonnen (Brief Nr. 39), war eben doch die europäische Zivilisation wie einst die antike in ihr Endstadium eingetreten. Die Analogie stand Meyer offenbar ständig vor Augen; sie hat ihn beunruhigt, gerade im Hinblick auf die von ihm selbst vertretenen Annexionsforderungen Deutschlands.

Zweimal in seinen Kriegsbriefen (Brief Nr. 20 und 46) kommt er auf Roms Lage nach dem siegreichen Kampf gegen Hannibal, also um 200 v. Chr., zu sprechen. Er evoziert damit den Moment, in dem Rom sich anschickte, über Italien hinausgreifend den Mittelmeerraum direkt oder indirekt (Vasallenstaaten) unter seine Herrschaft zu bringen. In doppelter Hinsicht schien dies Meyer verhängnisvoll. Zum einen gab Rom damit seine nationale Geschlossenheit preis – die vorherige Unterwerfung Italiens wird von ihm ganz in den Bahnen Theodor Mommsens mit dem Risorgimento des 19. Jh. gleichgesetzt –, zum anderen zerstörte es das hellenistische Staatensystem, das bis dahin in fruchtbarem Wettbewerb untereinander die Grundlage für die Blüte der antiken Kultur gewesen war.

Diese Auffassung vom „Gang der alten Geschichte" vertrat Meyer bereits geraume Zeit vor dem 1. Weltkrieg. Er zog schon damals die Parallele zur Weltlage um 1900, betonte dann aber die Unterschiede: „Auf diesem Gleichgewicht der Staaten und der in ihnen organisierten Nationen, auf ihrem ununterbrochenen Wettkampf auf allen Gebieten des staatlichen und kulturellen Lebens, der sie zwingt, wenn sie sich behaupten wollen, in jedem Moment ihre volle Kraft mit höchster Anspannung einzusetzen, beruht die moderne Gestaltung der Welt; auf ihr beruht es, daß die universelle Kultur der Neuzeit sich zu behaupten vermag und, bis jetzt wenigstens, ständig fortschreitet, während die Führung in dem fortwährenden Ringen immer aufs neue von einem Volk zum anderen übergeht. Im Altertum dagegen ist der Versuch, ein Gleichgewicht der Staaten zu erhalten, im hannibalischen Kriege gescheitert..."[32]

Nun war, entgegen allen Hoffnungen, auch die moderne Welt gescheitert, und es galt, daraus die Konsequenzen zu ziehen: Rücksichtslose Selbstbehauptung war das Gebot

---

[32] Der Gang der alten Geschichte: Hellas und Rom (1902), in: Kleine Schriften, Bd. 1, Halle 1910, S. 276; dazu J. v. Ungern-Sternberg, Politik und Geschichte. Der Althistoriker Eduard Meyer im ersten Weltkrieg, in: Calder – Demandt, Eduard Meyer (wie Anm. 3).

der Stunde (Brief Nr. 20). Mochte dieser Weg für Deutschland auch gefährlich, ja sogar fatal sein, ein anderer stand ihm nach Meyers zutiefst in seinen geschichtlichen Anschauungen verwurzelter Überzeugung nicht mehr offen.

Fragen der inneren Gestaltung Deutschlands lagen Meyer – wie dem Großteil der Öffentlichkeit während der ersten Kriegsjahre – fern. Gelegentlich wies er auf seinen Abstand zu den „maßgebenden Persönlichkeiten" hin (Brief Nr. 34), womit der Reichskanzler Bethmann Hollweg und seine Umgebung gemeint waren. Noch im April 1917 aber äußerte er sich anerkennend über dessen innenpolitischen Kurs und distanzierte sich zugleich von den Konservativen, zumal von deren Haltung gegenüber der Wahlrechtsreform in Preußen (Brief Nr. 39). Erst nach der Entlassung Bethmann Hollwegs (14. Juli) führte der Kampf gegen die Friedensresolution der Reichstagsmehrheit (19. Juli 1917) Meyer in die neugegründete Deutsche Vaterlands-Partei und nach der Novemberrevolution 1918 in die Deutschnationale Volkspartei.

Maßgebend war dabei für ihn wie für seinen Freund Dietrich Schäfer zunächst der Gedanke, daß innenpolitische Reformen in Deutschland nur den Siegeswillen der Entente stärken würden.[33] Später verschärfte sich seine Ablehnung des Parlamentarismus, was aber nicht einer Ablehnung jeden republikanischen Systems gleichbedeutend war. Meyer, der eine Restauration der Monarchie für unmöglich hielt,[34] konnte das Bestehen von nur zwei Parteien – wie in England – „erträglich" finden. Noch besser erschien ihm das amerikanische Präsidialregiment.[35] Wichtig waren ihm im Grunde nur die Existenz eines starken, über dem Parteiengetriebe stehenden Staates und die rechte Staatsgesinnung.[36] Sah er diese, so fand er sogar für die Sozialdemokraten anerkennende Worte.[37]

Ehrenberg urteilte rückblickend über sich selbst beim Kriegsausbruch 1914: „My political instincts were poorly developed" (Personal Memoirs, S. 32). Sein erster Feldpostbrief (Nr. 2) ist ganz in der damals üblichen patriotischen Sprache verfaßt: Ehrenberg zeigt sich überzeugt von Deutschlands guter Sache und seinem Sieg, voller Bereitschaft, dafür zu kämpfen. Ein solcher Patriot ist er auch während des ganzen Krieges und danach geblieben. Aber sein Blick schärfte sich.

Zunächst regte sich sein Unbehagen über die Verhältnisse in der Heimat: über die Kriegs-

---

[33] Schäfer, Mein Leben (wie Anm. 10), S. 215 ff.

[34] Rede beim Antritt des Rektorats der Friedrich-Wilhelms-Universität Berlin am 15. Oktober 1919, in: Kleine Schriften, Bd. 2, Halle 1924, S. 558. Zum monarchistischen Denken Meyers s. jetzt I. Stahlmann, Imperator Caesar Augustus. Studien zur Geschichte des Prinzipatsverständnisses in der deutschen Altertumswissenschaft bis 1945, Darmstadt 1988, S. 67 ff.

[35] Deutschlands Lage in der Gegenwart und unsere Aufgaben für die Zukunft, Berlin 1919, S. 16 f.; Die Vereinigten Staaten von Amerika, Frankfurt/M. 1920, S. VII.

[36] Vgl. L. Canfora, Die Kritik der bürgerlichen Demokratie durch Eduard Meyer, in: R. W. Müller – G. Schäfer (Hrsg.), Arthur Rosenberg zwischen Alter Geschichte und Zeitgeschichte, Politik und politischer Bildung, Göttingen 1986, S. 46 ff.

[37] Rede beim Antritt des Rektorats (wie Anm. 34), S. 559; Die Vereinigten Staaten von Amerika (wie Anm. 35), S. 245. Schon vor dem Krieg hatte Meyer anerkannt: „Es gibt in der Gegenwart keine politische Tendenz, die nicht ein historisches Fundament zu gewinnen und ihre Berechtigung historisch nachzuweisen versuchte. Ich möchte auf die Tatsache hinweisen, daß die größte von allen politischen Parteien, die wir in Deutschland haben, die Sozialdemokraten, auf eine Geschichtstheorie aufgebaut ist, die einer der großen deutschen Denker des neunzehnten Jahrhunderts, Karl Marx, geschaffen hat. Ob seine Anschauungen richtig oder falsch sind, das steht hier nicht zur Diskussion; wohl aber ist die Tatsache im höchsten Grade beachtenswert, daß gerade diese Partei der materiellen Interessen ihre Forderungen und ihr Dasein und ihr Zukunftsbild aus einer Geschichtstheorie abstrahiert und die Alleinberechtigung ihrer Anschauungen historisch zu erweisen versucht hat": Humanistische und geschichtliche Bildung, Berlin 1907, S. 27 f.

zieldiskussion (Brief Nr. 18), über die Teuerung und die schlechte Versorgungslage (Brief Nr. 26.)[38] Zunehmend, wenngleich immer zurückhaltend, finden sich auch Bemerkungen über die Leiden an der Front: über Verdun (Brief Nr. 26), über die Schlacht an der Somme (Brief Nr. 30). Von ihr hat Ehrenberg unter dem Pseudonym „Gottfried Mann" eine lebendige, gänzlich unsentimentale Schilderung in einem Zeitungsartikel gegeben.[39] Er begann sich zu fragen, wie lange die seelischen Kräfte der Soldaten angesichts der schweren Kämpfe noch reichen könnten (Brief Nr. 35 und 37). Hinzu kam, daß er als Jude bei der Beförderung zum Offizier lange Zeit übergangen wurde (Brief Nr. 26 und 42; vgl. Personal Memoirs, S. 34).

Über Ehrenbergs damaliges politisches Denken geben zwei Zuschriften in den Jahren 1917 und 1919[40] an die von Adolf Grabowsky[41] herausgegebene Zeitschrift „Das neue Deutschland" einigen Aufschluß. Anlaß zur ersten waren Verhandlungen der 1916 gebildeten „Deutschen Fraktion" im Reichstag, in der vor allem die Freikonservative Partei aufgegangen war, mit den Deutschkonservativen über eine politische Zusammenarbeit. Ehrenberg lehnte darin zwar die „Einführung eines deutschlandfremden Parlamentarismus", die „Aufpfropfung westmächtlich-demokratischer Ideen", die „Verewigung eines durch den Krieg bedingten Staatssozialismus" ab. Aber diese Absicherungen nach links, die sich ebenso in den Briefen an Meyer finden (Brief Nr. 38, 41 und 47), waren nicht sein eigentliches Anliegen, wie er denn auch im gleichen Atemzug die „Notwendigkeit einer prinzipiellen Demokratisierung unseres politischen Lebens" zugab. Wesentlich war für ihn einzig die Abgrenzung nach rechts, gegenüber den (Deutsch-)Konservativen, denen er jede Einsicht in die Forderungen des Tages absprach, ja die er gegenüber Meyer noch schärfer als „bewußt reichsfeindlich" bezeichnete (Brief Nr. 38). Seine Zustimmung galt der Politik des Reichskanzlers Bethmann Hollweg und der hinter ihm stehenden Reichstagsmehrheit, also einer Politik vorsichtiger Reformen. Wenn er dabei Siegfried von Kardorff nannte, so deshalb, weil sich dieser als Vertreter der Freikonservativen im Januar 1917 in einer Rede im Abgeordnetenhaus für einen fortschrittlichen Konservatismus ausgesprochen hatte. Später trat Kardorff auch in zwei Reden am 2. und 14. Mai 1918 für das gleiche Wahlrecht in Preußen ein.[42]

Auch in dem „Offenen Brief an Herrn von Kardorff" ging es Ehrenberg allein um die Zukunft recht verstandener konservativer Politik und um einen klaren Trennungsstrich zu der neu gegründeten Deutschnationalen Volkspartei, erst recht zu den Alldeutschen. Dem Sozialismus gegenüber sah er zwar einen „Abgrund" klaffen, betonte aber die Not-

---

[38] Vgl. Brief Nr. 42 und 43. Zum Verständnis von Ehrenbergs Bemerkungen ist das anonyme Flugblatt „Hunger" vom Juni 1916 hilfreich, abgedruckt in: H. Fenske, Unter Wilhelm II. 1890–1918, Darmstadt 1982, S. 439ff.

[39] Feldartillerie an der Somme. Ein Feldpostbrief, in: Frankfurter Zeitung Nr. 313 vom 11. November 1916, Abendblatt; s. Anhang S. 135f.; dazu Personal Memoirs, S. 35f.

[40] Brief Ehrenbergs, abgedruckt innerhalb eines Artikels von A. Grabowsky, Die Zukunft der Rechten, in: Das neue Deutschland, Jg. 5, H. 18 vom 15. Juni 1917, S. 477–481; Offener Brief an Herrn von Kardorff, in: Das neue Deutschland, Jg. 7, H. 9 vom 1. Februar 1919, S. 175f.; beide im Anhang, S. 137 und 142f.

[41] Adolf Grabowsky (1880–1969) war seit 1921 Dozent an der Deutschen Hochschule für Politik in Berlin; 1933 sofort entlassen, emigrierte er 1934 nach Basel, wo er das „Weltpolitische Archiv in Basel" begründete und einen Lehrauftrag für politische Wissenschaft an der Universität innehatte; seit 1952 war er apl. Professor an der Universität Gießen; vgl. zu ihm H. Thierbach (Hrsg.), Adolf Grabowsky. Leben und Werk, Köln 1963. Sein Artikel wie generell seine politische Linie in diesen Jahren entsprechen so genau den von Ehrenberg vertretenen Auffassungen, daß man umgekehrt wohl einen beträchtlichen Einfluß Grabowskys auf den jungen Ehrenberg annehmen darf.

[42] S. von Kardorff, Das gleiche Wahlrecht. Zwei Reden, Berlin 1918.

wendigkeit und auch die Möglichkeit von Kompromissen. Allerdings blieben Ehrenbergs eigene Vorstellungen hinsichtlich des einzuschlagenden Weges sehr verschwommen.
Für die außenpolitischen Präferenzen Ehrenbergs ist seine Zustimmung zu zwei Schriften Paul Rohrbachs (Brief Nr. 18) bzw. Friedrich Naumanns (Brief Nr. 25) aufschlußreich.[43] Beiden war gemeinsam, daß sie auf die Fixierung territorialer Ziele Deutschlands im 1. Weltkrieg ausdrücklich verzichteten: Paul Rohrbach mit dem Hinweis, daß schon die Behauptung des status quo als Sieg zu betrachten wäre analog der Preußens im Hubertusburger Frieden.[44] Beide sahen zudem Deutschland unter langfristigen Aspekten in der Mittellage zwischen dem englischen Weltreich und Rußland. Hinsichtlich ihres Programms verfolgten sie verschiedene Ansätze, die einander aber weitgehend ergänzten.
Naumann wollte mit seiner Konzeption von „Mitteleuropa" einen kontinentalen Block schaffen, dessen Grenzen um den festen Kern Deutschland/Österreich-Ungarn herum er sich sehr weitgezogen dachte: selbst den Beitritt Frankreichs oder Italiens wollte er für die Zukunft nicht ausschließen, ebensowenig den der nordischen Mächte auf der einen, den der Balkanvölker bis hin zu Griechenland auf der anderen Seite.[45]
Rohrbach bewegte sich in globaleren Dimensionen. Er betonte die Schlüsselrolle Ägyptens und des Suezkanals für das Britische Weltreich und forderte deren Kontrolle durch eine starke Türkei. Ein solchermaßen zurückgedämmtes England werde die deutschen Ansprüche auf Weltgeltung akzeptieren müssen. Eine „Zerstörung des englischen Weltreiches, der englischen Handelsmacht, des englischen Kapitals und der englischen Kultur" schloß Rohrbach als Kriegsziel ausdrücklich aus.[46] Rußland gegenüber befürwortete er radikalere Maßnahmen. Seine Ausdehnung wie seine Bevölkerungszahl erschienen ihm derart gewaltig, daß ihm notwendig die Hegemonie in Europa zufallen werde. Dagegen böte sogar eine Verselbständigung der nichtrussischen Randgebiete (Finnland, baltische Völker, Polen) zu wenig Schutz. Allein die Schaffung einer eigenständigen Ukraine könne die russische Übermacht verhindern.[47]
Derart konkret äußerte sich Ehrenberg nirgends. Immer wieder aber betonte auch er, daß ihm Rußland als die sehr viel größere Gefahr erschiene (Brief Nr. 12, 14, 18 und 25), der gegenüber man sich mit England werde verständigen müssen, und sprach sich für ein möglichst ausgedehntes „Mitteleuropa" aus (Brief Nr. 25 und 47). Wohl unter dem Eindruck des Kriegseintritts der USA und der russischen Februarrevolution verschob sich ihm freilich im Frühjahr 1917 die Perspektive. Nunmehr sah er „die Zukunft vom Gegensatz der mitteleuropäischen und der angelsächsischen Welt beherrscht" (Brief Nr. 41) und hielt sogar ein Zusammengehen mit Rußland für denkbar. Das deutsche Friedensangebot vom Dezember 1916 begrüßte er mit rückhaltloser Freude (Brief Nr. 35), wohl auch deshalb, weil er schon früh die Kriegslage mit einer gewissen Skepsis betrachtete (Brief Nr. 4, 32 und 33), keinesfalls Deutschland als den unbedingten Sieger sah (Brief Nr. 26). Skepsis schien ihm auch, übrigens ganz im Einklang mit Rohrbach,[48] gegenüber der Wirksamkeit der U-Boot-Waffe geboten (Brief Nr. 10, 26, 35, 37 und 43), die Englands Stellung allein nicht werde erschüttern können.
Damit sind wir aber bereits bei den Differenzen zwischen Ehrenberg und Meyer, die

---

[43] P. Rohrbach, Bismarck und wir, München 1915; F. Naumann, Mitteleuropa, Berlin 1915. Nur um diese Schriften und ihre Wirkung auf Ehrenberg geht es im folgenden; die spätere Entwicklung der politischen Ideen von Rohrbach und Naumann kann außer Betracht bleiben.
[44] Bismarck (wie Anm. 43), S. 28.
[45] Mittteleuropa (wie Anm. 43), S. 1f.
[46] Bismarck (wie Anm. 43), S. 40f.
[47] Ebenda, S. 53ff.
[48] Ebenda, S. 40.

in ihrem Briefwechsel zunehmend zutage traten. Drei Etappen der Auseinandersetzung lassen sich unterscheiden. Zunächst wandte sich Ehrenberg gegen Meyers Vision eines „Jahrhundert(s) der Kämpfe zwischen uns und England" (Brief Nr. 12) — mit Hinweis auf die Bedrohung durch Rußland (Brief Nr. 14) —, speziell aber gegen die Forderung, die internationalen wissenschaftlichen Beziehungen abzubrechen (s. auch Brief Nr. 26). Grundsätzlicher wurde dann die Debatte um die Annexionswünsche geführt. Noch in Unkenntnis von Meyers Vorstellungen hatte Ehrenberg ihre Sinnlosigkeit gegeißelt, ja sie als „teilweise von einer recht intensiven Borniertheit" bezeichnet (Brief Nr. 18). Die Annexion Belgiens werde die dauernde Feindschaft Englands zur Folge haben, weshalb er sie „nur als Unglück empfinden" könne. Wiederum hatte Ehrenberg auf die Notwendigkeit einer deutsch-englischen Verständigung gegenüber Rußland verwiesen, über dieses realpolitische Argument hinaus aber sich grundsätzlich dagegen gewandt, „in eroberten Gebieten und Völkern nur Objekte, nicht Subjekte der Politik" zu sehen.

Meyer hatte demgegenüber das Bedenkliche der Forderungen durchaus eingeräumt, sie aber mit der Zwangslage gerechtfertigt, in die Deutschland geraten sei (Brief Nr. 20). Es gelte einer Wiederholung der Situation von 1914 durch territoriale Außenposten in Ost und West vorzubeugen. „Die Gelegenheit ..." dürfe nicht „aus ängstlichen oder sentimental-weichlichen Rücksichten verpaßt" werden.

Diese Antwort forderte Ehrenberg dazu heraus, sein eigenes außenpolitisches Credo darzulegen (Brief Nr. 21). Daß Deutschland aus dem Krieg siegreich und gestärkt hervorgehen werde, war auch seine Hoffnung. Radikal aber lehnte er es ab, seine Stellung durch brutale Machtpolitik auf Kosten der umliegenden Völker zu festigen. Eine solche Politik werde Deutschland unglaubwürdig machen; es werde sich „dem Hasse der gesamten Welt gegenübersehen"; schließlich werde die ganze Erde es bekriegen, wobei Deutschland selbst im Falle des Sieges seinen bisherigen Charakter vollständig einbüßen werde.[49] Pathetisch formulierte Ehrenberg: „Ich lasse mir den Glauben nicht nehmen — denn dann verlöre ich den innersten Gehalt meines Lebens — den Glauben, der heißt: Deutschland hat eine Mission. Der Weg mag Krieg sein, muß es sein: das Ziel ist Frieden, Freiheit, Menschtum ...", und er forderte: „Freiheit den Völkern und Nationen!"[50]

Die folgenden Jahrzehnte deutscher Politik bestätigten Ehrenbergs Vision in erschütternder Weise. Sie machten nur allzu deutlich, daß seine Maxime „Es gibt keine Realpolitik ohne idealen Grund" eben nicht verstiegener Idealismus war — wie es Meyer erscheinen mochte —, sondern eine Wahrheit, die keine Regierung und kein Volk auf die Dauer ungestraft außer acht lassen kann.

Auch in diesem Fall können wir Ehrenbergs Andeutungen durch eine andere Stimme ergänzen, die er selbst als für ihn maßgebend bezeichnet hat (Brief Nr. 29). Am 3. und 5. März 1918 veröffentlichte sein Bruder Hans Ehrenberg in der „Vossischen Zeitung" einen großen Artikel über „das alldeutsche System".[51] Durchaus von einem national-konservativen Standpunkt aus war er eine gründliche Abrechnung mit der Beschränktheit, ja Geistlosigkeit der Annexionsforderungen. Sie wurden als kleinkarierte Kopie des jeweiligen Frontverlaufs erwiesen, als fatal für Deutschlands Bewegungsfreiheit in aller absehbaren Zukunft, als kurzsichtige Machtpolitik — und eben nicht als die so lauthals geforderte Real- oder gar Weltpolitik. Hans Ehrenberg konstatierte eine verhängnisvolle Spaltung des Nationalis-

---

[49] Bemerkenswert ist in diesem Zusammenhang die Kritik an der „inneren Sinnlosigkeit" der Weltreiche Alexanders und Napoleons: Brief Nr. 32.

[50] Teilweise dürfte auch hier P. Rohrbach eingewirkt haben; vgl. sein viertes Kapitel „Deutschland als Befreier", in: Bismarck (wie Anm. 43), S. 79ff. S. ferner die Lektüre von Rankes Werken (Brief Nr. 32 und 41) und die — nuancierte! — Kritik an Treitschke (Brief Nr. 32).

[51] S. Anhang S. 155—159.

mus in Deutschland: der gemäßigte verzichte auf die Aufstellung nationaler Ziele, der chauvinistische auf die ideellen Grundlagen der Politik. Er kam zu dem – wiederum prophetischen – Schluß: „Wenn der Baum des nationalen Geistes schon im Stamm auseinanderbirst, muß er in den Wurzeln faul sein."
Meyer hat Hans Ehrenbergs Diagnose beiseitegeschoben (Brief Nr. 46), insofern mit Recht, als er sich nie zu den „Alldeutschen" gezählt hat. Inhaltlich war jedoch auch seine politische Haltung durchaus richtig gekennzeichnet.
Probleme der Innenpolitik kamen in dem Briefwechsel erst verhältnismäßig spät und kaum je mit derselben Intensität zur Sprache. Erst die Debatte um die Wahlrechtsreform in Preußen im Frühjahr 1917, zu der Ehrenberg in einem bislang leider unauffindbaren Aufsatz „Bankrott des Parlamentarismus" (Brief Nr. 37 und 38) Stellung bezogen hat, gab ihm Anlaß, nach Meyers Standpunkt zu fragen (Brief Nr. 38). Wie die Antwort Meyers zeigt (Brief Nr. 39), mußten die Ansichten beider in diesem Bereich nicht notwendig divergieren. Auch Meyer distanzierte sich zunächst von den extremen Konservativen, während Ehrenberg sich mehrfach gegenüber liberaler oder gar sozialdemokratischer Politik abgrenzte (Brief Nr. 41 und 47). Allerdings trennte beide doch von vornherein ihre Beurteilung Bethmann Hollwegs, und Meyer übernahm zunehmend von seiner Übereinstimmung in der Kriegszielpolitik her auch in inneren Fragen die Positionen der äußersten Rechten. Davon ist in dem Briefwechsel aber nicht mehr die Rede.
Nicht zufällig verliert dieser nach dem Sommer 1917 spürbar an Regelmäßigkeit und Intensität. Ehrenberg hatte schon zuvor damit begonnen, seine Differenzen zu Meyer auf einen allgemeineren Gegensatz zweier Generationen zurückzuführen, und recht scharf davon gesprochen, daß „die *geistige* (Beziehung) tatsächlich unterbrochen" sei (Brief Nr. 32, vgl. Nr. 45). Der „Wilhelminer"[52] Meyer hatte ihm in politischen Fragen nichts mehr zu sagen; immer wieder verwies er ihn auf seine viel wichtigeren wissenschaftlichen Aufgaben (Brief Nr. 26, 33 und 41). Sich selbst rechnete er zur Weltkriegsgeneration (Brief Nr. 47), dann im weiteren Sinne zur „Jugend", bei der ein reaktionärer Konservatismus keine Zukunft haben werde.[53]
So war es nicht nur äußeren Umständen zuzuschreiben, sondern auch innerlich folgerichtig, daß Ehrenberg nach dem Krieg nicht zu Meyer zurückkehrte (Personal Memoirs, S. 41 a). Sein neuer akademischer Lehrer wurde in Tübingen der nicht sehr viel ältere Wilhelm Weber (1882–1948), der im gleichen Jahr 1919 demonstrativ seine Antrittsrede „Zur Geschichte der Monarchie" hielt.[54] Ehrenberg hat Weber nicht nur seine Dissertation „Die Rechtsidee im frühen Griechentum. Untersuchungen zur Geschichte der werdenden Polis" (Leipzig 1921) gewidmet; er würdigte auch im Rückblick seine Fähigkeiten als Lehrer (Personal Memoirs, S. 47) und nahm zu ihm – wie zu anderen – trotz seiner

---

[52] S. zu diesem Begriff den interessanten Versuch von M. Doerry, Übergangsmenschen. Die Mentalität der Wilhelminer und die Krise des Kaiserreichs, Weinheim – München 1986. Doerry versteht unter „Wilhelminern" die Generation der zwischen 1853 und 1865 Geborenen und versucht, die ihr gemeinsame psychologische Prägung aufzuzeigen. Für den 1855 geborenen Meyer ergeben sich viele aufschlußreiche Aspekte.

[53] So die beiden Zuschriften an „Das neue Deutschland"; vgl. Brief Nr. 50. Ehrenberg distanzierte sich etwas davon, daß Grabowsky ihn als „Freikonservativen" bezeichnet hatte (Brief Nr. 43). Ob er doch der „jungkonservativen Bewegung", von der Grabowsky im gleichen Artikel sprach, nahegestanden oder im allgemeineren Sinn zur kurz vor dem 1. Weltkrieg entstandenen Jugendbewegung gehört hat, muß mangels entsprechender Zeugnisse offenbleiben. Zu ihr s. A. Grabowsky – W. Koch (Hrsg.), Die freideutsche Jugendbewegung. Ursprung und Zukunft, 2. Aufl. Gotha 1921.

[54] Zu Weber s. K. Christ, Römische Geschichte und deutsche Geschichtswissenschaft, München 1982, S. 210ff.; Stahlmann, Imperator (wie Anm. 34), S. 155ff.

tiefen Verstrickung in den Nationalsozialismus[55] nach 1945 wieder freundschaftliche Beziehungen auf (Personal Memoirs, S. 47a). Eine enge Freundschaft verband Ehrenberg auch mit den beiden anderen damaligen Schülern Webers, Fritz Tæger (1894–1960) und Joseph Vogt (1895–1986).[56]
Trotz aller sachlichen Differenzen hat ihm jedoch der Briefwechsel mit Meyer während des Krieges und danach viel bedeutet. Immer wieder betonte er, daß die persönlichen Beziehungen unverändert gut geblieben seien (Brief Nr. 21, 22, 32 und 43). In seinem Nachruf auf Meyer[57] wie in seinen Erinnerungen (Personal Memoirs, S. 32 und 37) gedachte er der Korrespondenz mit Wärme. In der Tat, Meyer, der Andersdenkenden sehr schroff entgegentreten konnte,[58] hat Ehrenberg gegenüber stets Verständnis bewiesen.
Das Ende des Weltkrieges, der Zusammenbruch der Monarchie, die Revolution von 1918/19, die Entstehung der Weimarer Republik, der Versailler Vertrag – diese einschneidenden politischen Ereignisse sind sowohl von Meyer wie von Ehrenberg als Katastrophe empfunden worden. Wir erfahren im Briefwechsel nicht viel darüber. Dies liegt nicht nur daran, daß einige Briefe verlorengegangen sind. Meyer und Ehrenberg vermieden es zunehmend, auf die politische Situation zu sprechen zu kommen. Statt dessen traten persönliche und wissenschaftliche Themen mehr in den Vordergrund. Bei beiden Althistorikern hatte sich in den Nachkriegsjahren die Erkenntnis durchgesetzt, daß es besser sei, sich ganz auf die wissenschaftliche Arbeit zu konzentrieren und sich politischer Aktivitäten zu enthalten. In der unmittelbaren Nachkriegszeit hatten sich beide allerdings durchaus politisch engagiert: Eduard Meyer gehörte aufgrund seiner politischen Orientierung zu den entschiedensten Gegnern der jungen Republik.[59] Er hielt die militärische Niederlage und den politischen Umsturz für selbstverschuldet und sah darin ein deutliches Zeichen für den politischen, geistigen und moralischen Niedergang des deutschen Volkes. In der parlamentarischen Demokratie der Weimarer Republik vermochte er keine Chance für einen Neubeginn zu sehen, auch wenn ihm bewußt war, daß die einmal abgeschaffte Monarchie nicht wieder eingeführt werden konnte. Parlamentarismus und Parteiendemokratie erschienen Meyer aber als ein Übel, das den Deutschen von den Siegermächten absichtlich auferlegt worden sei, um Deutschland zu schwächen. Meyer trat nach dem Krieg der Deutschnationalen Volkspartei bei und arbeitete vor allem in deren „Hauptausschuß für die deutschen Hochschulen" mit. Als Rektor der Berliner Universität (1919/20) hat Meyer sich dann mehrfach politisch gegen den bestehenden Staat engagiert, am deutlichsten wohl während des Kapp-Lüttwitz-Putsches (März 1920). Meyer, der Kapp vom Unabhängigen Ausschuß für einen Deutschen Frieden und von der Deutschen Vaterlandspartei her persönlich kannte, sah in dessen Putsch offenbar eine Hoffnung, die bestehende politische Krise zu meistern. Er unterstützte die Tätigkeit der Anhänger Kapps an der Berliner Universität und duldete die Einrichtung eines Werbebüros auf dem Universitätsgelände. Den Erlaß Kapps zur Schließung der Universitäten leitete er ausdrücklich als „Wunsch des Herrn Reichskanzlers" an alle Hochschullehrer weiter. Inwieweit Meyer noch tiefer

---

[55] V. Losemann, Nationalsozialismus und Antike. Studien zur Entwicklung des Faches Alte Geschichte 1933–1945, Hamburg 1977, S. 75 ff. u. passim.

[56] V. Ehrenberg, Joseph Vogt. Beilage zu: Aufstieg und Niedergang der römischen Welt, Bd. 1, 1, Berlin 1970, 5*.

[57] Historische Zeitschrift 143, 1931, S. 510; s. Anhang S. 153.

[58] Vgl. Brief Nr. 31 zum Fall Valentin oder die Schrift „Die Friedensziele und Professor Hans Delbrück", Schriften des Unabhängigen Ausschusses für einen Deutschen Frieden 47, Berlin 1917.

[59] Zu Meyers politischen Anschauungen in der Weimarer Republik vgl. Fischer, Politische und publizistische Tätigkeit (wie Anm. 6), bes. S. 79–98; Sösemann, „Der kühnste Entschluß" (wie Anm. 30), S. 446 ff.

in den Putsch verwickelt war — sein Name taucht auch in einer „Kabinettsliste" Kapps auf —, ist bis heute nicht restlos geklärt. Meyers politisches Engagement zeigte sich auch in seinem Protest gegen die im Versailler Vertrag festgelegte „Auslieferung der Kriegsverbrecher". Er formulierte eine Erklärung deutscher Hochschullehrer zur Auslieferungsfrage „Für Ehre, Wahrheit und Recht" und organisierte die Unterschriftensammlung. Nach der amtlichen Auslieferungsforderung machte Meyer seine Ankündigung wahr, zerriß die ihm von amerikanischen und englischen Universitäten verliehenen Ehrendoktordiplome und gab dies öffentlich bekannt. Nach dem stürmischen Jahr als Rektor hat Meyer sich dann immer stärker aus der Politik zurückgezogen. Es waren nicht nur die Resignation über den geringen Erfolg seines Wirkens, sondern auch (nach 1923) eine gewisse Hoffnung auf eine Konsolidierung des Staates und außerdem eine wachsende Unzufriedenheit mit dem parteipolitischen Kurs der Deutschnationalen Volkspartei, die ihn von der Politik Abschied nehmen ließen. Fortan widmete sich Meyer ganz seinem wissenschaftlichen Werk und seinen wissenschaftspolitischen Aufgaben als Vorsitzender des Fachausschusses für alte und orientalische Philologie innerhalb der „Notgemeinschaft der deutschen Wissenschaft".[60]

Auch Victor Ehrenberg war durchaus kein überzeugter Anhänger der neuen Ordnung. Anders als sein Bruder Hans, der bereits vor der Novemberrevolution der SPD beigetreten war und der als Philosophieprofessor in Heidelberg öffentlich und streitbar für die Republik und das Ideal eines „christlichen Sozialismus" eintrat,[61] stand Victor Ehrenberg in einem distanzierteren Verhältnis zum Umsturz und zur neuen Demokratie. Zwar sah er die Schwächen der alten monarchischen Ordnung schärfer als Eduard Meyer, und er war auch eher bereit, sich mit der neuen Ordnung zu arrangieren, aber seinem Ideal entsprach sie keineswegs, und die praktische Politik verstärkte noch seine Vorbehalte. Die deutsche Unterschrift unter den Versailler Friedensvertrag konnte er nur als „sittlichen Zusammenbruch eines gequälten und gepeinigten Volkes" (Brief Nr. 51) verstehen. Ehrenbergs politische Vorstellungen waren durch das Kriegserlebnis und einen geradezu naiven Idealismus geprägt. Er glaubte an die Möglichkeit einer nationalen Wiedergeburt, an eine deutsche „Mission" durch die „Kraft der Idee", an eine nationale Einigung über die Gräben der Revolution hinweg: „Wir werden einmal das Bild der Welt wandeln, — wir Deutschen, wenn wir selbst gewandelt sind, wenn wir wieder Brüder geworden sind, im Glauben an Gott und an die Mission, die Er uns auferlegt, geeint, liebende (soziale) Menschen und deutsche Menschen! Dann wird irgendwie das Rad der Geschichte die Oberen und die Unteren vertauschen: vielleicht im ‚Stahlbad des Krieges', vielleicht aber auch dank der wachsenden, sich ausbreitenden Kraft der Idee! — Unser aber, die wir den Zusammenbruch erlebten, ist es, die Flecken des Materialismus, der letzten Endes Ursache dieses Elends ist, abzuspülen, um Wegbereiter zu werden für die, die wieder sehen werden, wenn auch in gewandelter Gestalt, was die Bismarckzeit sah: Germania triumphans!" (Brief Nr. 50). Ehrenbergs Idealismus blieb letztlich völlig unbestimmt; er wußte im Grunde nicht, wie das so pathetisch formulierte Ziel einer sittlichen und nationalen Erneuerung in die Wirklichkeit umgesetzt werden konnte; er hatte keine konkreten politischen Vorstellungen, sondern nur eine vage Hoffnung. In seinem Glauben an ein innerlich „irgendwie" gewandeltes ideales Deutschland war Ehrenberg durchaus ein typischer Vertreter jener Frontkämpfergeneration, die ihre Erfahrungen und Hoffnungen während des Krieges

---

[60] Zu Meyers Aktivitäten in der „Notgemeinschaft" vgl. W. Unte, Eduard Meyer und die Notgemeinschaft der Deutschen Wissenschaft, in: Calder — Demandt, Eduard Meyer (wie Anm. 3), S. 505 ff.

[61] G. Brackelmann, Leben und Werk von Hans Ehrenberg — eine biographische Skizze bis 1932, in: Licharz — Keller, Franz Rosenzweig (wie Anm. 2), S. 81—119, bes. S. 92 ff.

nicht mit der nüchternen Realität der Nachkriegszeit vereinen konnte und die deshalb besonders empfänglich für Utopien und idealistische Erneuerungsbewegungen war. Nicht zufällig betätigte sich Ehrenberg deshalb auch bei seinem einzigen Ausflug in die Politik nach 1918 im Umkreis der Jungdeutschen Bewegung. Dabei ist nicht mehr genau zu ermitteln, ob Ehrenberg sich dem Jungdeutschen Bund, der 1919 von freideutschen Wandervogel-Frontsoldaten auf dem Lauenstein bei Hannover gegründet wurde und der Fichte-Gesellschaft Wilhelm Stapels in Hamburg nahestand, oder dem „Jungdeutschen Orden" anschloß, der 1920 von dem Kasseler konservativen Politiker Artur Maraun als nationaler Kampfbund aus ehemaligen Frontsoldaten gebildet worden und der in den ersten Jahren seines Bestehens auch militärisch geprägt war. Ehrenbergs Begegnung mit den Jungdeutschen ist ohnehin reine Episode geblieben. Im Sommer 1920 hielt er in Berlin einen politischen Vortrag vor den Jungdeutschen, die er damals als „mehr oder weniger die einzige Hoffnung" ansah.[62] In zahlreichen Gesprächen mit Vertretern dieser Gruppe merkte Ehrenberg dann jedoch rasch, daß die zentrale Idee der Jungdeutschen nicht länger der Staat, sondern die „Volksgemeinschaft" war und daß bei ihnen idealistische Opferbereitschaft, Haß auf das Proletariat und auf die Revolution sowie eine irrationale Führersehnsucht eine ungute Verbindung eingegangen waren. Ehrenberg zog sich bald von der jungdeutschen Bewegung zurück und hat sich in Zukunft nicht mehr politisch betätigt.[63]

Es war nicht die Politik, die dem aus dem Krieg heimgekehrten Ehrenberg inneren Halt und neue Hoffnung geben konnte. Diese fand er im privaten und im wissenschaftlichen Bereich: Im April 1919 heiratete Ehrenberg die gleichaltrige Eva Sommer,[64] und in der Ehe mit dieser dichterisch hochbegabten und lebensklugen Frau erfüllte sich die in langen Kriegsjahren genährte Sehnsucht nach Glück und Frieden: „Ich bin ja dem Schicksal so unendlich dankbar, daß es mir dieses große Glück beschert hat gerade jetzt, wo in der Welt das Traurigste und Schlimmste geschieht. Man ist wie auf einer Insel, um die ein aufgeregtes Meer tobt" (Brief Nr. 49). Durch die Geburt der beiden Söhne Gottfried (1921) und Ludwig (1923) vergrößerte sich die Familie rasch (vgl. Brief Nr. 54 und 55).

Nach der Rückkehr aus dem Krieg war für Ehrenberg die entscheidende Frage, ob er sein Studium in Berlin bei Eduard Meyer weiterführen sollte. Er berichtet über seine Entscheidungsfindung in den „Personal Memoirs": „The most important personal question in the winter of 1918/1919 was where to re-start my studies. I had not completely lost contact, but I needed help and strong guidance. I needed this even more in a general human sense, and I was given what I needed – in fact, very generously. I felt it would be no good return to Berlin, although Ed. Meyer would have welcomed me. I was afraid of life in the big city, afraid of not being able to start again where I had left off more than four years before. I also felt that the bond with Ed. Meyer, after all an old man, would hardly be strong enough to give me a lead. I am not sure whether I knew all this as clearly then as I now try to remember it. Anyway, I had heard (from Hans?) of a young professor of ancient history in Frankfurt, Wilhelm Weber, once a student in Heidelberg. Thus, I decided to go to Frankfurt and went there in the first days of the new year. Weber, however, had just left for Tübingen." (S. 41 a f.).

Ehrenberg blieb noch ein Semester in Frankfurt, wo er durch Bernhard Laum wieder Kontakt zu seinem Fach erhielt (vgl. Brief Nr. 49). Im April 1919 folgte er dann Wilhelm

---

[62] Personal Memoirs, S. 49.
[63] Ebenda, S. 49f.
[64] Zu Eva Ehrenberg vgl. ihr autobiographisch gefärbtes Werk „Sehnsucht – mein geliebtes Kind. Bekenntnisse und Erinnerungen", Frankfurt/M. 1963.

Weber nach Tübingen, mit dem er sich rasch anfreundete und von dessen geistesgeschichtlichem Ansatz er beeinflußt wurde. Auch zu den anderen Schülern Webers, Gustav Strohm, Fritz Taeger und Joseph Vogt, ergab sich ein freundschaftliches Verhältnis. Die Atmosphäre dieses Kreises hat Taeger folgendermaßen zu charakterisieren versucht: „Uns alle verband das Gefühl, daß unsere Entwicklung durch die Überspannung der individualistischen Forderungen schweren Gefahren entgegentaumelte, und wir lehnten darum, so verschieden auch unsere Herkunft war [Vogt Sohn eines streng katholischen oberschwäbischen Kleinbauern und selbst in einer ganz strengen katholischen Atmosphäre aufgewachsen; Ehrenberg aus einer alten liberalen jüdischen Gelehrten- und Beamtenfamilie hervorgegangen und eng mit dem geistigen Kreise verbunden, der sich um die Frankfurter (Allgemeine) Zeitung sammelte], auch die Weimarer Verfassung ab, die diesen Individualismus durch das unpolitische Verhältniswahlsystem in verhängnisvoller Weise begünstigte und statt einer gesunden politischen Führung der Nation den Kampf aller gegen alle und den Aufstieg radikaler Flügelgruppen als Nutznießer des Versagens der formal regierenden Mittelparteien aller Schattierungen mit sich brachte. Dafür suchten wir den Anschluß an gleich gerichtete geistige Strömungen, die ihren markantesten Vertreter in der Dichtung in George besaßen, ohne daß einer von uns sich nun dem Geist des Georgekreises kritiklos ausgeliefert hätte. Die Staatsform der Vergangenheit war für uns tot; der Bau eines neuen deutschen Staates, wenn auch zunächst nur in seiner geistigen Vorbereitung, war das politische Ziel, für das wir uns einsetzten. Dieses Ziel stand aber unter dem Grundgesetz des Glaubens an die Autonomie der sittlichen Persönlichkeit und an die Autonomie der Gemeinschaft, die aus autonomen Individuen besteht."[65]

Das ist 1946 geschrieben worden und sicher nicht in allem unproblematisch; es enthält aber jedenfalls wertvolle Hinweise. Den Einfluß Stefan Georges auf den jungen Ehrenberg hat auch Hans Schaefer hervorgehoben.[66]

Bereits nach einem guten Jahr in Tübingen, im Juli 1920, wurde Ehrenberg mit einer Dissertation über die Geschichte der werdenden Polis promoviert. In dieser Arbeit, die 1921 unter dem Titel „Die Rechtsidee im frühen Griechentum" veröffentlicht wurde, versuchte Ehrenberg – in ideen- und begriffsgeschichtlicher Herangehensweise –, die rechtsgeschichtlichen Veränderungen von Themis, dem Recht der Adelsgesellschaft, zu Dike, dem Urteil des Schiedsgerichtes und dem Recht der Polis, zu klären.[67] Nach der Habilitation 1922 lehrte Ehrenberg dann bis 1928 als Privatdozent an der Frankfurter Universität als Kollege von Matthias Gelzer, Karl Reinhardt und Walter F. Otto. Im Jahre 1928 wurde er Extraordinarius, und ein Jahr später erhielt er den Ruf als Professor für Alte Geschichte an die Deutsche Universität in Prag, an der er bis zu seiner Emigration nach England 1939 lehrte.

Die persönlichen Beziehungen zu Eduard Meyer sind in dieser Zeit zwar loser geworden, aber doch niemals ganz abgebrochen. Eduard Meyer gehörte nicht zu den Gelehrten, die Ehrenberg den Wechsel zu Wilhelm Weber übelgenommen hätten. Er begegnete Ehrenberg weiterhin mit Offenheit und menschlichem Interesse und unterhielt sich z. B. bei einem Besuch Ehrenbergs in Berlin im Sommer 1920 ausführlich mit ihm über seine Dissertation und die notwendigen Umarbeitungen für die Drucklegung des Buches. Im Jahre 1925 half Meyer Ehrenberg dabei, ein Reisestipendium für einen Forschungsaufenthalt in Athen und Rom von der „Notgemeinschaft" zu erhalten.

---

[65] Zitiert nach Christ, Römische Geschichte (wie Anm. 54), S. 225 f.
[66] Victor Ehrenbergs Beitrag zur historischen Erforschung des Griechentums, in: Historia 10, 1961, S. 387 f.
[67] Zum forschungsgeschichtlichen Zusammenhang vgl. ebenda, S. 387–408, bes. S. 389 ff.

Der Briefwechsel zwischen Meyer und Ehrenberg von 1919 bis 1930 trägt im wesentlichen persönlichen Charakter. Die gegenseitigen Briefe erfüllten vor allem die Funktion eines Lebenszeichens, d. h. die Information über die unmittelbaren Lebens- und Arbeitsumstände stand im Vordergrund. Gelegentlich ergab sich auch eine fachwissenschaftliche Diskussion, so z. B. über Ehrenbergs Forschungen zur frühen spartanischen Geschichte (Brief Nr. 54 und 57). Eins der Themen, die allgemeinerer und grundsätzlicherer Natur waren, betraf die Darstellung des Judentums in Meyers Werk (Brief Nr. 52 und 53). Hierauf soll nun näher eingegangen werden.

Die Tatsache, daß Victor Ehrenberg Jude war, spielte in der Beziehung zwischen beiden Althistorikern überhaupt keine Rolle. Meyer besaß zahlreiche jüdische Freunde und Kollegen; dabei war ihm die Tatsache, ob jemand jüdischen Glaubens oder jüdischer Herkunft war, völlig bedeutungslos. Dies war auch der Eindruck Ehrenbergs: „Meyer never referred to my Jewishness; he was a nationalist, but no antisemite".[68]

Auch von dem seit den 80er Jahren des 19. Jahrhunderts im deutschen Kaiserreich weit verbreiteten politischen Antisemitismus hatte Meyer sich ferngehalten. Im Gegensatz zu seinem Freund Dietrich Schäfer, in dessen nationalistischem Weltbild die „Judenfrage" eine zentrale Stellung einnahm und der Meyer auch in diesem Sinne beeinflussen wollte, lehnte Meyer – jedenfalls vor 1918 – Parolen von der „jüdischen Gefahr" oder der „jüdischen Zersetzung" entschieden ab. Für ihn zeigte sich in der antisemitischen Agitation ein „deutscher Chauvinismus", den er nicht mitmachen wollte.[69] Auch gegen den Rassismus hat Meyer deutlich Stellung bezogen: er machte sich über die rassistische Idee der „Rassenreinheit", die manche seiner Studenten vertraten, in seinen Vorlesungen lustig und legte mit großer Sachkompetenz dar, daß bedeutende historische Leistungen nur durch die Mischung von Völkern und Ideen entstanden seien.[70]

Aus Meyers ablehnender Haltung gegenüber dem politischen und rassistischen Antisemitismus kann man jedoch nicht folgern, daß auch seine wissenschaftliche Darstellung des antiken Judentums vorurteilsfrei gewesen sei, im Gegenteil: wo immer Meyer in seinem wissenschaftlichen Werk auf das Judentum zu sprechen kommt, wird eine ausgesprochen negative Wertung deutlich.[71] Das Judentum, wie es sich nach dem Babylonischen Exil verfestigt hat, ist für Meyer eine kleinliche „Gesetzesreligion", die Herrschaft eines absurden Ritualgesetzes, unter dem jede „natürliche" nationale, politische und geistige Entwicklung erstickt wird. Meyers kritische und z. T. polemische Beurteilung des antiken Judentums steht in der religionskritischen Tradition der Aufklärung und stimmt in wesentlichen Punkten mit dem Klischee einer „degenerierten Gesetzesreligion" überein, das in der protestantischen Theologie weit verbreitet war. Meyers positives Gegenbild lag jedoch nicht im Christentum, sondern in der aufgeklärten griechischen Kultur des 5. und 4. Jahrhunderts. Außerordentlich verschärft wurde Meyers Wertung des antiken Judentums durch die Tatsache, daß jüdische Vorstellungen über Christentum und Islam erheblichen Einfluß auf den weiteren Geschichtsverlauf genommen haben. Das antike Judentum wurde für ihn dadurch zu einem geistigen Faktor, der in gewissen Zügen bis in die Gegenwart (z. B. im Calvinismus) Einfluß besitzt und als solcher ernstgenommen werden muß. Meyer wurde deshalb nicht müde, die negativen Auswirkungen des „jüdischen Erbes" auf die abendländische Geschichte zu betonen: Religiöser Fanatismus, Intoleranz,

---

[68] Personal Memoirs, S. 32.
[69] Vgl. Chr. Hoffmann, Juden und Judentum im Werk deutscher Althistoriker des 19. und 20. Jahrhunderts, Leiden 1988, S. 180–182.
[70] Vgl. den Nachruf Franz Schnabels auf Eduard Meyer, in: Frankfurter Zeitung vom 6. September 1930.
[71] Zum folgenden vgl. Hoffmann, Juden und Judentum (wie Anm. 69), S. 138–159.

Ketzerverfolgungen, Religionsstreitigkeiten und -kriege in der christlichen Welt sind in seiner Sicht verhängnisvolle Spätfolgen einer im Judentum entstandenen und konservierten Geisteshaltung. Meyers polemische Schärfe war also zu einem guten Teil in der Erkenntnis begründet, daß sich im antiken Judentum, vor allem in seinem Primat des Religiösen und der daraus folgenden Vernachlässigung des Staatlich-Politischen und des Nationalen, der Ursprung einer grundsätzlichen Fehlentwicklung ausmachen läßt, daß das Judentum als negatives Paradigma anzusehen sei und deshalb — als Idee — bekämpft werden müsse. Meyers Antijudaismus beruhte im wesentlichen auf seiner religionskritischen und antiklerikalen Einstellung und war nicht durch den politischen Antisemitismus beeinflußt. Eine solche Trennungslinie zwischen einem eher kulturell begründeten Antijudaismus und einem politischen Antisemitismus läßt sich natürlich nicht immer genau ziehen, zumal wenn man die Wirkung betrachtet. Auch Meyers negative kulturelle Wertung des antiken Judentums konnte so zur Festigung und Verbreitung antisemitischer Klischees beitragen.

Nach der Novemberrevolution finden sich bei Meyer dann deutliche Hinweise auch auf einen politischen Antisemitismus. Im Jahre 1920 machte er in einer kurzen Stellungnahme „das Judentum" für die Revolution und die Krise der Zeit mitverantwortlich und kritisierte die starke Einwanderung galizischer und russischer Juden als „unverantwortliche Überschwemmung Deutschlands". Dadurch würde auch „der Widerwilligste in den Antisemitismus hinein[gerissen]".[72] Meyer sprach auch jetzt seine Kritik an der jüdischen Minderheit kaum jemals offen aus, sondern verlegte sie in seine Geschichtsschreibung. Der 1921 erschienene zweite Band seines Werkes „Ursprung und Anfänge des Christentums",[73] der die Entwicklung des Judentums vom Babylonischen Exil bis zu den Anfängen des Christentums behandelte, zeigt dies ganz deutlich. Seine negative Grundauffassung über das antike Judentum, die sich bereits knapp dreißig Jahre zuvor herausgebildet hatte, spitzte er dabei polemisch zu und akzentuierte sie in der Weise, daß sie auf die Gegenwart zielte. Besonders negativ ist die hellenistische Richtung innerhalb des Judentums dargestellt, die er unter Anspielung auf parallele Vorgänge zu Beginn des 19. Jahrhunderts als „Reformjuden" bezeichnet. Die Motive dieser Bewegung führt Meyer nicht auf wirkliche Überzeugung, sondern auf bloßen Opportunismus zurück: Das „intelligente Reformjudentum" habe „allezeit ein instinktives Gefühl dafür bewiesen, wohin die herrschende Strömung geht und wo sich ein gutes Geschäft machen läßt; das Streben, unter allen Umständen obenauf zu bleiben, ist für sie immer maßgebend" (S. 146). Für Meyer dokumentiert die jüdische Diaspora eine mangelnde Treue der Juden zu ihrem Land, sie zeigt Opportunismus und Profitgier. Meyer behauptet eine besondere Affinität der Juden zu Geldgeschäften und zur Übervorteilung der nichtjüdischen Umgebung und leitet diese aus der religiösen Struktur des Judentums ab. Wie „alle exklusiven Sekten" hätten auch die Juden „eine rege Betriebsamkeit" im geschäftlichen Leben entwickelt, „die die rücksichtslose Ausbeutung der Ungläubigen als das gute, ihnen von Gott verliehene Recht der Juden ansah" (S. 32). Seine These vom „echtjüdischen Geist des Profitmachens und der Geldgier" (S. 129) „belegt" Meyer durch Hinweis auf die von Josephus überlieferte romanhafte Erzählung von den Tobiaden Joseph und Hyrkanos: Der „Shylocktypus tritt in diesen Gestalten ganz unverhüllt zutage" (S. 32). Meyer schließt also aus dem „Geist" einer literarischen Erzählung auf das reale Verhalten der Juden in der Diaspora — ein für einen professionellen Historiker erstaunlich fragwürdiger Umgang mit den Quellen. Es gibt weitere Beispiele für Meyers voreingenommene Sicht, die deutlich von zeitgenös-

---

[72] Vgl. ebenda, S. 185.
[73] Berlin und Stuttgart 1921.

sischen antisemitischen Klischees beeinflußt ist. So vertrat Meyer z. B. auch die Ansicht, daß der Antisemitismus eine notwendige Folge des Judentums und seines spezifischen doppelgesichtigen „Wesens" sei: „In der Tat liegt im Judentum von seiner Entstehung an das Ideale und das Gemeine unmittelbar nebeneinander, oft genug ganz untrennbar zu einer Einheit verbunden; sein Wesen kann niemand richtig erfassen, wer tendenziös nur die eine der beiden Seiten ins Auge faßt. Diese Eigenart mußte den Judenhaß notwendig herausfordern. Derselbe ist denn auch eben so alt wie das Judentum selbst" (S. 32).
An solchen verallgemeinernden Sätzen und Wertungen entzündete sich die Kritik Ehrenbergs (Brief Nr. 53 und 54).
Victor Ehrenberg war in einem liberalen jüdischen Elternhaus großgeworden. Ähnlich wie im säkularisierten protestantischen Bürgertum der wilhelminischen Zeit stand auch in der liberalen jüdischen Erziehung nicht die religiöse Unterweisung, sondern die Welt der Sittlichkeit, der Ideen und der Bildung im Vordergrund. Ehrenberg wurde so mehr durch die „deutsche Bildungsreligion" als durch die religiösen Lehren des Judentums geprägt. Wie viele akkulturierte Juden stand er dem traditionellen Judentum mit Distanz gegenüber, aber – gerade angesichts der antisemitischen Diskriminierungen während des Weltkriegs – fühlte er sich ihm andererseits doch auch zugehörig. Eine Konversion zum Christentum, wie sie sein Bruder Hans, der in den zwanziger Jahren dann protestantischer Pfarrer werden sollte, 1909 vollzogen hatte[74], kam für Victor Ehrenberg nicht in Frage. Auf der anderen Seite blieb Ehrenberg gegenüber der jüdischen Erneuerungsbewegung, die sich im Werk seines Vetters Franz Rosenzweig und im „Freien Jüdischen Lehrhaus" in Frankfurt/M. entwickelte, zurückhaltend.[75] Die Entscheidung Rosenzweigs, seine wissenschaftliche Karriere aufzugeben und sich ganz dem jüdischen Lernen zu widmen, konnte Ehrenberg für seine Person niemals übernehmen. Dazu bedeutete ihm die Wissenschaft zuviel. In seinen Memoiren hat Ehrenberg seine Beziehung zum Judentum folgendermaßen beschrieben: „I myself had felt the difficulties of being both a German and a Jew. Nothing bound me to my Jewishness, neither religion nor ritual, except an irrational feeling that I belonged. So, of course, I did to Germany. The latter fact prevailed, especially during the war, in spite of expressions, open or hidden, of antisemitism which I encountered. I did not join the ‚Centralverein deutscher Bürger jüdischen Glaubens', as that would have been a lie, but I could neither follow Hermann Cohen or Franz [Rosenzweig]. Zionism, on the other hand, was practically unknown to me. On the whole, I knew of the problem, but I had no ready-made solution. One point, however, was clear. All my life I was an enemy of orthodoxy, whether Jewish, Catholic or Protestant-Puritan. As later my Paris colleague, Mme. de Romilly was to write to me, I was a ‚true liberal', which also means that I was soon to be out of date. [...] As to myself, hating the idea to turn Christian and leaving Jewishness, I more or less followed what in England today is called ‚Humanism', though I remained a Jew and realised that without orthodoxy the Jews would no longer exist as Jews" (S. 34f.).
Ehrenbergs eigenes kompliziertes Verhältnis zum Judentum hat ihn nicht davon abgehalten, sich gerade gegenüber antisemitischen Angriffen mit Stolz als Jude zu bekennen. Dies wird auch bei seiner Kritik an Meyers Darstellung des Judentums deutlich, wo er ausdrücklich betonte, daß er – „als Jude" – durch Meyers Urteile schmerzlich berührt sei. Meyer reagierte auf diese Kritik mit völligem Unverständnis. Sein Antwortbrief ist zwar möglicherweise verlorengegangen, der Inhalt kann aber aus Ehrenbergs zweitem und aus-

---

[74] Vgl. Brackelmann, Hans Ehrenberg (wie Anm. 61), S. 82f.
[75] Vgl. Franz Rosenzweig: Briefe und Tagebücher, hrsg. v. R. Rosenzweig und E. Rosenzweig-Scheinmann unter Mitwirkung von B. Casper, Bd. 2, Den Haag 1979, S. 992f., 1007f. und bes. S. 1017–1020.

führlicherem Brief zu dieser Thematik (Nr. 54) weitgehend erschlossen werden. Danach warnte Meyer seinen ehemaligen Studenten vor einer rein gefühlsmäßigen Beurteilung, die nicht mehr das Wahre, sondern das Erwünschte suche, und warf ihm vor, „empfindsam" zu sein. Meyer nahm also für sich und seine Darstellung – auch in den verallgemeinernden und zugespitzten Nebenbemerkungen über „die Juden" – den Maßstab der Objektivität in Anspruch. Daß die Gegenwart auf seine Geschichtsdarstellung eingewirkt habe, hielt er offenbar für unproblematisch[76], weil er davon überzeugt war, daß seine an historischen Quellen gewonnene Erkenntnis über das „Wesen" des Judentums auch für die Gegenwart Gültigkeit habe und es somit legitim sei, Gegenwart und Vergangenheit wechselseitig zur Erläuterung heranzuziehen. Dadurch, daß sein Bild des Judentums religionsgeschichtlich fundiert war, glaubte Meyer dem Postulat nach wissenschaftlicher Objektivität Genüge getan zu haben. Er übersah dabei, daß dieses Bild – z. B. in der Gleichsetzung von unredlichem Geschäftsgebaren und „Judentum" – nicht frei von Vorurteilen und Klischees war.

Victor Ehrenberg war einer der wenigen Zeitgenossen, der diese Einseitigkeit in Meyers Werk erkannte und offen ansprach. Dabei gehörte er in der Tat nicht zu den Juden, „die überall den Antisemitismus wittern", eher im Gegenteil: Er ahnte vermutlich nichts davon, daß bei seiner Bewerbung um den Tübinger Lehrstuhl für Alte Geschichte 1930 antisemitische Ressentiments einen Ruf verhinderten[77]. Selbst 1937 war er noch überrascht, als Helmut Berve in einer üblen Rezension seines Buches „Ost und West" Ehrenbergs wissenschaftliche Aussagen auf sein Judentum zurückführte und den auf diese Weise Stigmatisierten um jede Publikationsmöglichkeit im damaligen Deutschland brachte.[78] Immerhin war Ehrenberg in Prag zunächst nicht unmittelbar von der nationalsozialistischen Judenverfolgung betroffen. Als 1938 jedoch die Bedrohung der Tschechoslowakei durch das nationalsozialistische Deutschland unübersehbar geworden war, entschloß Ehrenberg sich zur Emigration. Mit dem tschechischen Paß gelang es Ehrenberg und seiner Familie, nach England zu kommen und hier Zuflucht zu finden.[79] Unterstützt von britischen Kollegen und der „Society for the Protection of Science and Learning", erhielt Ehrenberg zunächst wechselnde Lehraufträge an Schulen und Universitäten. Von 1946 bis zu seiner Emeritierung im Jahre 1957 lehrte er dann Alte Geschichte am Bedford College der Londoner Universität. Die beiden Söhne, die ihren Namen bei der britischen Armee bzw. nach dem Krieg in „Elton" umgewandelt hatten, machten nach dem Krieg in England wissenschaftliche Karriere und setzten so die Gelehrtentradition der Familie fort: Geoffrey wurde Professor für englische Verfassungsgeschichte, später Regius Professor für neuere Geschichte in Cambridge (1986 wurde er geadelt), Lewis wurde Professor für Physik und später Professor der Hochschuldidaktik an der Universität von Surrey in Guildford. Ehrenberg, der nach dem Krieg wieder Kontakt zu seinen deutschen althistorischen Kollegen und Freunden aufgenommen und gelegentlich in Tübingen, Freiburg/Br. und Heidelberg Gastvorlesungen gehalten hatte[80], starb am 25. Januar 1976 im Alter von 84 Jahren in London.

Die Herausgeber

---

[76] Vgl. Hoffmann, Juden und Judentum (wie Anm. 69), S. 185f., Anm. 152.
[77] Ebenda, S. 198, Anm. 38.
[78] Ebenda, S. 272, Anm. 113.
[79] S. Ehrenberg, Sehnsucht (wie Anm. 64), S. 52–57.
[80] Vgl. J. Vogt, Nachruf Victor Ehrenberg, in: Gnomon 48, 1976, S. 425f.

Briefwechsel Eduard Meyer – Victor Ehrenberg
(1914–1930)

Meyer an Ehrenberg 1

Groß-Lichterfelde, 26. Mai 1914 (Brief)

Verehrter Herr Ehrenberg!
Heute habe ich mit Prof. Schäfer im ägyptischen Museum gesprochen. Er meint, dass die Erweitung des Nilthals in der Gegend von Beni-suef allerdings zum Bewusstsein käme, und nimmt im übrigen an, dass die Entfernung hier wie sonst ursprünglich nach Landmärschen (bei mässigen Tagemärschen) gegeben seien, die Herodot dann in Fahrten auf dem Wasser umgesetzt habe. So möchte er auch II 29 die Angabe über die 4 Tage von Elephantine nach Tachompso erklären.[2]
Suchen Sie doch Herrn Prof. Schäfer im ägyptischen Museum einmal auf und sprechen Sie mit ihm; er wird Ihnen gern weitere Aufschlüsse geben und die Frage mit Ihnen besprechen.
Mit bestem Gruss

Eduard Meyer

[1] Heinrich Schäfer (1868–1957) war Direktor der Ägyptischen Abteilung der Staatlichen Museen zu Berlin von 1914 bis 1935 und Honorarprofessor in Berlin.
[2] Ehrenberg schrieb im Sommer 1914 einen Artikel „Zu Herodot", der in Klio 16 (1920), S. 318–331 erschienen ist. Auf S. 320, Anm. 2 werden dort die Anregungen von Schäfer aufgenommen und zurückgewiesen (vgl. S. 322, Anm. 3).

2 Ehrenberg an Meyer

Romagne (nördlich Verdun), 18. Oktober 1914 (Brief)

Hochverehrter Herr Geheimrat,
Gestatten Sie, daß ich Ihnen und Ihrer verehrten Frau Gemahlin aus dem Felde ergebenste Grüße sende und zugleich ein wenig berichte, wie es mir ergangen ist. Ich war damals, als jene wundervoll großen Tage in Deutschland waren, nach Lissa (Posen) eingezogen und wurde dann in 67 Stunden Fahrt nach Frankreich befördert. Hier kam ich zuerst vom 22.–25. August ins Gefecht in der Schlacht bei Longwy[1] und empfing hier diese widerstreitenden Eindrücke von Größe und Begeisterung und Schmerz und Ekel. Aber es ging *vorwärts*, das half über alles fort und ließ uns die großen Anstrengungen federleicht werden. Ich habe einen sehr schönen Posten (Scherenfernrohr der Abteilung)[2], der mich stets nach ganz vorne stellt, wo es zu sehen und zu hören gibt. Übrigens haben mir diese Tage auch das Eiserne Kreuz gebracht.[3] Nachher kam Ruhe, Märsche, wieder Ruhe. Seit langem liegen wir hier vor Verdun und sehnen uns danach weiter zukommen. Das Stilliegen im Kriege ist eine eigene und wirklich nicht leichte Sache! Jetzt, wo es um uns so ruhig ist und wir so wenig zu tun haben, denkt man wieder an all das, was vorher war. Der ungeheure Schwung der Augusttage ist jetzt doch vorbei und ich fange an, mich ein wenig nach der Arbeit zu sehnen. Aber noch kommt es mir selbst fast wie Verbrechen vor. Die Zeit um uns ist wirklich so groß, daß man garnicht wagen kann, an Perikles und Cäsar zu denken. Hoffentlich zwingt mich die einfache Pflicht bald, nur noch an das Kämpfen für unser herrliches Deutschland zu denken. — Viel denkt man natürlich an das, was kommen wird, und verteilt mit mehr oder minder Begabtheit die Welt. Eine unerhört schöne Zeit wird es für uns Deutsche werden, wenn dieser Krieg gegen Hinterlist und Schändlichkeit beendet, der größte Sieg der Weltgeschichte unser ist! Um dieser Zeit willen, die vor uns ist, und um in ihr wirken zu können, möchte ich diesen Krieg überleben, denn im übrigen ist uns allen doch das dulce et decorumst pro patria mori[4] zu einer ungeahnt lebendigen Selbstverständlichkeit geworden! Ich hoffe sehr, hochverehrter Herr Geheimrat, daß Sie von allen Ihrigen, die im Felde stehen, Gutes hören. Unsere Wissenschaft hat, wie ich las, Pöhlmann[5] verloren. Es mag da wohl manches sich sehr verändern in dieser Zeit.
Mit aufrichtigsten Grüßen Ihr sehr ergebener

Victor Ehrenberg

[1] Nach Abwehr einer mehrtägigen französischen Offensive eroberten deutsche Truppen am 26. August 1914 die Festung Longwy.
[2] Ehrenbergs Feldpostkarte vom 10. November 1914 an Eduard Meyer (Nr. 4) enthält folgende Angaben: Unteroffizier der Reserve Victor Ehrenberg, 5. Reserve-Armeekorps, 10. Reserve-Division, Stab der 1. Abteilung des Reserve-Feldartillerie-Regiments 10.
[3] In seinen „Personal Memoirs" erwähnt Ehrenberg, er habe das Eiserne Kreuz 2. Klasse bereits im September erhalten — dank eines ihm schon aus der Vorkriegszeit bekannten Vorgesetzten und seiner exponierten Stellung am Scherenfernrohr.
[4] „Süß und ehrenvoll ist es, für das Vaterland zu sterben", Horaz, Oden 3, 2, 13.
[5] Der Althistoriker Robert von Pöhlmann (geb. 1852) verstarb am 27. September 1914.

Meyer an Ehrenberg

Berlin-Lichterfelde, 23. Oktober 1914 (Karte)

Lieber Herr Ehrenberg!
Ihr eingehender Brief hat mir sehr grosse Freude gemacht. Zum eisernen Kreuz gratuliere ich von Herzen; und dass Sie alle Strapazen so gut überstanden haben, ist prachtvoll. Sie klagen nach so unerhörten Leistungen und Erfolgen über Thatenlosigkeit und Stillliegen; was sollen wir da sagen, die wir garnichts thun können, sondern nur geduldig abwarten müssen, bis sich die ungeheure Spannung löst, die nun schon so viele Wochen andauert, seit das Vordringen zum Stillstand gekommen ist. An wissenschaftliche Fragen zu denken, ist da garnicht möglich, geschweige denn wirklich zu arbeiten; wir alle vegetieren blos, alle ehemalige Thätigkeit ist ins Stocken gerathen und die Welt in der wir gelebt haben liegt in weiter Ferne versunken hinter uns. Ich bin gespannt, ob ich nächste Woche eine Vorlesung und Übungen zustande bekomme; der Zwang zu bestimmter Thätigkeit und Concentration der Gedanken wäre recht heilsam. — Von den Meinen ist ein Sohn[1] (Leutnant) gleich zu Anfang bei Sennheim[2] schwer durch einen Schuß ins Gehirn verwundet, aber jetzt so herrlich genesen, daß er demnächst Recruten wird ausbilden können (ins Feld kann er noch nicht wieder); mein ältester Sohn[3] ist neulich nach Belgien ausgerückt, der jüngste[4] wird noch ausgebildet. Sonst kamen natürlich viele Trauernachrichten, aber auch sehr viel Erfreuliches und Erhebendes. Möge es Ihnen weiter so trefflich gehen wie bisher. Auch meine Frau[5] sendet mit mir die besten Grüsse!

Eduard Meyer

[1] Hans Eduard Meyer (1892–1983).
[2] Bei der französischen Offensive im August 1914 umkämpfte Stadt im Elsaß.
[3] Eduard Meyer (1885–1953).
[4] Herbert Eduard Meyer (1895–1915).
[5] Rosine Meyer, geb. Freymond (1857–1935).

4 Ehrenberg an Meyer

Romagne, 10. November 1914 (Karte)

Hochverehrter Herr Geheimrat,
Für Ihre liebenswürdige Karte danke ich Ihnen aufrichtigst. Sie können sich denken, wie überaus ich mich über Ihre freundlichen und ausführlichen Zeilen gefreut habe und wie sehr es mich interessierte, von Ihnen direkt zu hören. Inzwischen haben ja die Kollegs begonnen und ich bin gespannt, wie solch ein Semester aussehen wird. — Von mir ist leider *garnichts* Neues zu berichten, mitten im Kriege sind wir zu bequemem Stilliegen verurteilt! Mit dieser Tatsache darf ich wohl auch diese Postkarte entschuldigen. — Die Ereignisse draußen schwanken arg hin und her. Zumal hier, wo dauernd unkontrollierbare Gerüchte in der Luft liegen, ist es unsagbar schwer, sich von der Gesamtlage ein halbwegs klares Bild zu machen. Daß wir siegen werden (einfach weil wir siegen müssen), weiß jedermann. Aber sehr, sehr lange mag es noch dauern. — Zur Gesundung Ihres Sohnes gratuliere ich aufrichtigst. Hoffentlich erspart es der Krieg Ihnen weiter, jemand Ihrer Familie betrauern zu müssen. Ist es wahr, daß Wilamowitz seinen ältesten Sohn[1] verlor?
Ich bitte, mich Ihrer Frau Gemahlin aufrichtigst zu empfehlen und bin mit nochmaligem besten Danke Ihr sehr ergebener

Victor Ehrenberg

---

[1] Der älteste Sohn des Altphilologen Ulrich von Wilamowitz-Moellendorff (1848—1931), Tycho, fiel am 15. Oktober 1914 vor Iwangorod.

Meyer an Ehrenberg

Groß-Lichterfelde, 20. November 1914 (Karte)

Lieber Herr Ehrenberg!
Schönsten Dank für Ihre Karte, über die ich mich sehr gefreut habe! Dass Sie ungeduldig sind, ist ja natürlich; und wir sitzen hier auch in ununterbrochener Spannung, und harren der Entscheidung im Westen. Aber es ist ja zweifellos, dass wir Fortschritte machen und zum Ziel kommen werden; und der nun glänzende Sieg Hindenburgs[1] gibt uns die Sicherheit im Osten. Dazu kommt das Eingreifen der Türkei[2], oder vielmehr des gesamten Islâms[3], die uns gewaltig hilft und den entscheidenden Schlag gegen England mächtig vorbereitet. Die Opfer, die der Krieg erfordert hat und fortwährend weiter fordert, sind freilich furchtbar. Tycho v. Wilamowitz, der Philologe, ist im Osten gefallen, der älteste Sohn[4] ist als Flieger im Westen glänzend thätig. Auch sonst kam eine neue Trauerkunde; so ist auch Prof. Strack[5] in Kiel gefallen. Wieviele hoffnungsvolle Leben, von denen noch viel zu erwarten war, hingerafft sind, ist garnicht auszudenken! Die Umwälzung der gesamten Weltlage ist gewaltig und nur mit banger Sorge kann ich an die Zukunft denken; die alte Welt ist versunken, und überall erheben sich ganz neue Probleme, deren Lösung Niemand absehen kann. Wer hatte gedacht, dass der gesamte Orient in eine ganz neue selbständige Bahn geworfen werden würde?! — Von unserem ältesten Sohn, der als Kanonier am Yserkanal[6] steht, haben wir lange keine Nachricht mehr, da heisst es, sich in Geduld fassen. Hans, dem Leutnant, geht es vortrefflich; der jüngste ist noch immer auf dem Exerzierplatz, wie so viele Freiwillige. Herzliche Grüße! Ihr

Eduard Meyer

[1] Am 11. November 1914 begann die Offensive Hindenburgs gegen Lodz.
[2] Am 31. Oktober 1914 hatte die Türkei die diplomatischen Beziehungen zu England, Frankreich und Rußland abgebrochen und am 12. November den Krieg erklärt.
[3] Durch Fetwa des Scheich ül-Islam wurde am 1. November 1914 der Heilige Krieg (Dschihad) verkündet.
[4] Zu Tycho von Wilamowitz-Moellendorff siehe Brief Nr. 4. Mit dem „ältesten Sohn" meint Meyer irrtümlich Hermann von Wilamowitz-Moellendorff (1888—1938), der in Wirklichkeit der zweitälteste Sohn war.
[5] Der Althistoriker Max L. Strack fiel am 10. November 1914. Friedrich Münzer hat u. a. seinem Andenken das Werk „Römische Adelsparteien und Adelsfamilien" (Stuttgart 1920) gewidmet.
[6] Westlich von Ypern (die Ypernschlacht dauerte vom 20. Oktober bis 11. November 1914).

6 Ehrenberg an Meyer

Romagne, 15. Dezember 1914 (Brief)

Hochverehrter Herr Geheimrat,
Ihnen und den Ihrigen möchte ich ein schönes Weihnachten wünschen. Fröhlich und heiter wird es nicht sein, aber ich hoffe doch, daß Sie es zufrieden und festlich verleben können. Wie es auch sein wird, für jeden Deutschen wird dies Weihnachten ja absolut eigenartig werden, für sehr, sehr viele schmerzlich. Wir im Felde rechnen damit, von den Franzosen recht empfindlich in unserer Festesruhe gestört zu werden. Aber soweit es nur geht, werden wir *feiern*!
Hier gab es gestern einen heftigen französischen Ausfall, der auf einen wichtigen vorgeschobenen Stützpunkt zielte, aber nach anfänglichem Erfolg unter recht starken Verlusten zurückgeworfen wurde. Seit langen Wochen war es mal wieder ein wirklich kriegerischer Tag. Aber zu irgend welcher Entscheidung wird es hier noch *sehr* lange nicht kommen, aller Voraussicht nach.
Das Wichtigste, was bevorsteht, scheint mir die Besetzung des Suezkanals[1] zu sein. Die Tätigkeit unserer prachtvollen Kreuzer, die ja leider ihrem Ende entgegengeht[2], erfährt dadurch einen doch wohl kaum hoch genug einzuschätzenden Ersatz! Was sonst kommen mag, ahne ich absolut nicht. Ich bin ganz geduldig geworden, und so sehr ich nach einem Vorwärtsgehen brenne, so bescheide ich mich doch ganz und tue nur an meinem kleinen Posten, was ich tun kann. Am schlimmsten ist es, wenn die allzuvielen Alltäglichkeiten des hiesigen Lebens einen bedrängen; das ist einfach ekelhaft. —
Ich wäre sehr dankbar, über die Verhältnisse an der Universität mal etwas zu hören. Alle meine studentischen Freunde sind ja im Felde.
In aufrichtiger Ergebenheit Ihr

Victor Ehrenberg

---

[1] Ein deutsch-türkischer Vorstoß auf den in britischer Hand befindlichen Suezkanal scheiterte im Februar 1915.
[2] Teilkräfte der deutschen Hochseeflotte hatten bei Vorstößen in der Nordsee seit dem Spätsommer 1914 solche Verluste erlitten, daß die Überwasserstreitkräfte im wesentlichen nur noch für Defensivaufgaben eingesetzt wurden.

Meyer an Ehrenberg

Berlin-Lichterfelde, 30. Dezember 1914 (Karte)

Lieber Herr Ehrenberg!
Ehe das Jahr zu Ende geht, will ich doch Ihren Brief vom 15. December beantworten, über den ich mich sehr gefreut habe, und Ihnen zugleich die herzlichsten Neujahrsgrüsse senden, die freilich recht verspätet in Ihre Hände kommen werden. Inzwischen haben die Alliierten ja den vergeblichen Versuch gemacht, die deutschen Linien im Westen zu brechen, und ihre Offensive scheint gänzlich zusammengebrochen. Während dessen hat Hindenburg im Osten seine neuen grossen Siege erfochten[1] und die Russen völlig zurückgedrängt; hier dürfen wir, trotz der Schwäche der Österreicher[2], noch auf weitere grosse Erfolge hoffen. So glaube ich, dass die eigentliche, für den weiteren Verlauf maassgebende Entscheidung des Krieges jetzt schon erreicht ist, wenn auch noch so viele Kämpfe nachfolgen mögen. Inzwischen kommt hoffentlich die Türkei vorwärts[3] und erweist sich als wirklich leistungsfähig, dass sie die Dinge nicht überstürzt, ist nur ein gutes Zeichen; zum wirklichen Kampf um den Suezkanal kann es frühestens etwa in einem Monat kommen. Bis dahin werden wohl auch sonst unsere Vorbereitungen weiter gediehen sein, und dann langsam die Lösung der Lage in Frankreich folgen. Die Erhebung des Islâms ist eine gewaltige Erscheinung; wenn sie sich erfolgreich durchsetzt, beginnt damit eine neue Epoche der Weltgeschichte. Von den Unseren haben wir gute Nachrichten; allerdings liegt der jüngste Sohn an Rheumatismus erkrankt im Hospital in Gent. Hoffentlich ist es Ihnen weiter gut ergangen. Lassen Sie bald wieder von sich hören! Mit herzlichem Gruss

Eduard Meyer

[1] Am 6. Dezember war Lodz von der russischen Armee geräumt worden, am 17. Dezember 1914 erfolgte die Einnahme von Lowicz durch deutsche Truppen.

[2] Am 15. Dezember 1914 mußten österreichische Truppen Serbien mit Belgrad wieder räumen.

[3] Am 10. November 1914 besetzten türkische Truppen El Arisch am Mittelmeer (auf der Sinaihalbinsel, ca. 150 km vom Suezkanal entfernt).

8   Ehrenberg an Meyer

Romagne, 26. Januar 1915 (Brief)

Hochverehrter Herr Geheimrat,
Auch der schöne Erfolg von Soissons[1] scheint die starre Unbeweglichkeit unserer Stellungen hier im Westen nicht weiter zu bewegen. Und wenn ich Ihnen heute noch herzlichst für Ihre Karte vom 30. 12. danke, so kann ich doch immer noch von nichts Neuem berichten. Die Tage gehen hier nahezu kampflos vorüber, einer gleicht dem andern -- und doch fliegen sie förmlich. Nur die Stunden, die Minuten dehnen sich entsetzlich. Welch merkwürdiger Krieg ist dieser Weltkrieg bis in alles Einzelne hinein. Raum und Zeit, Strategie und Taktik, Kampfmittel und Menschenzahlen -- alles ist ins noch nie Dagewesene, Ungeheure gesteigert! Und nur die schöne Menschlichkeit, die die Begleiterscheinung der selbstverständlichen und für jeden zur Selbstverständlichkeit gewordenen Barbarei des Krieges ist, ist etwas, was, wohl stets gewesen, doch auch heute unverändert mildert und sänftigt und tröstet.
Ich glaube jetzt, daß nach Ablauf der abscheulichen Regenperiode zunächst der Krieg gegen Rußland bis zu Warschaus Fall durchgeführt wird. Dann werden wir wohl imstande sein, im Osten mit relativ geringen Mitteln und Massen die Weichsel zu halten. Und dann werden wir wohl endlich den geschwächten Franzosen aus seinen Stellungen werfen! So rechne ich bis mindestens Mitte-Ende März auf weitere Ruhe hier.
Über die Bedeutung der islamitischen Erhebung habe ich natürlich gar kein Urteil. Aber wird die ungeheure Masse wirklich *organisiert* genug sein, um das zu tun, was das Antlitz der Welt verkehren würde: Englands Weltherrschaft umzustürzen?! Es wäre das Großartigste und Folgenreichste alles dessen, was dieser Krieg bringen kann. Aber darf man auch nur bis zu einem starken Teil damit rechnen? --
Ich freue mich, daß es Ihnen und den Ihrigen weiter bisher gut ging. Auch wir haben noch keinen nahen Verwandten verloren, obwohl so viele im Felde sind.
Manchmal wünschte ich, mal einen Tag jetzt Berliner Student sein zu können. Es muß auch schön sein, sehr schön, wenn es auch schwer wäre, *nie* hinauszukommen. Ob wohl der wissenschaftliche Betrieb, die Zeitschriften u. s. w., wieder in Gang gekommen sind?
Ich habe Muße genug, um sehr viel zu lesen, aber doch ist es unmöglich, absolut unausführbar, reine Wissenschaft zu lesen, sosehr ich es wünschte. Aber trotz dieses manövermäßigen Zustandes, in dem man hier lebt: man kann einfach nicht!
Die aufrichtigsten Grüße Ihnen und den Ihren! Ihr sehr ergebener

Victor Ehrenberg

---

[1] Nach der verlorenen Marneschlacht (September 1914) zogen sich die deutschen Truppen hinter die Aisne zurück. Die Franzosen stießen nach und eroberten nördlich des Flusses, bei Soissons, Brückenköpfe. Aus diesen wurden sie durch einen erfolgreichen Gegenstoß der 1. deutschen Armee (12. bis 14. Januar 1915) vertrieben.

Meyer an Ehrenberg 9

Berlin-Lichterfelde, 24. Februar 1915 (Brief)

Lieber Herr Ehrenberg!
Haben Sie herzlichen Dank für Ihren Brief; über die guten Nachrichten habe ich mich sehr gefreut. Ich hätte Ihnen längst geantwortet, wenn ich nicht in den letzten Wochen so überlastet gewesen wäre, dass meine ganze Korrespondenz liegen bleiben musste.
Dass Ihnen die monotone Gleichförmigkeit Ihrer Lage ermüdend und deprimierend wirkt, begreife ich sehr wohl. Aber lassen Sie sich dadurch nicht irre machen in der Auffassung der Gesamtsituation, die nach wie vor durchaus günstig ist und immer besser wird. Gerade der Februar hat uns gewaltig weitergebracht. Die glänzenden Siege im Osten sind ja kaum zu fassen und zu verstehen[1], und die Früchte werden nicht ausbleiben; wenn das Vordringen der deutschen und der österreichischen Armee in der Bukowina und am Dneister[2] weiter gegen Lemberg vorwärts führt[3], so bricht dadurch die ganze russische Stellung zusammen, sowohl in den Karpathen wie vor Warschau. Und dann dürfen wir hoffen, eine Stellung zu gewinnen, in der wir ruhig das weitere abwarten können, und dann auch ein Theil der Truppen von Osten nach Westen zu schicken.
Hier liegt die Entscheidung in erster Linie auf der See; wenn wir in Frankreich auch garnicht weiter vorwärts gehen, sondern ruhig stehen bleiben, so schadet das garnichts, denn wir haben ja das Feindesland fest im Besitz, und alle Versuche, unsere Stellungen zu durchbrechen und uns zurückzutreiben, sind gescheitert. Die Zeit aber wirkt hier durchaus zu unseren Gunsten und erschöpft die Kräfte unserer Gegner immer mehr. Zur See aber bietet die Eröffnung des Unterseebootkrieges gegen den englischen Handel Aussicht auf vollen Erfolg.[4] Wenn das so weitergeht wie bisher, wird Englands Handel bald so gut wie ganz brach gelegt sein, die Preise steigen gewaltig, und wenn erst eine wirkliche Hungersnoth ausbricht, ist Englands Kraft völlig gebrochen und es muss sich unterwerfen.
Dazu kommt nun das Vorgehen der Türkei, sowohl gegen Russland, wie gegen den Suezkanal[5], von dem ich sehr viel erwarte, eben weil es langsam vorgeht und nicht überstürzt sondern ruhig methodisch vorbereitet wird.
Und dann die Diversion Japans, das seinen nominellen Verbündeten in den Rücken fällt, durch einen Angriff auf China, wo es wohl in ein paar Tagen den Krieg eröffnen wird.[6] England kann garnichts dagegen thun, kommt aber dadurch

[1] Gemeint ist die Winterschlacht in Masuren vom 4. bis 22. Februar 1915.
[2] Gemeint ist der Dnjestr.
[3] Seit dem 24. Januar stießen deutsche und österreichische Truppen in die Bukowina vor.
[4] Am 4. Februar 1915 erklärte Deutschland die Gewässer um Großbritannien und Irland mit Wirkung vom 18. Februar zum Kriegsgebiet.
[5] Meyer meint wohl die türkische Offensive im Dezember 1914, deren Erfolge freilich längst durch die russische Gegenoffensive vom Januar 1915 zunichte gemacht waren.
Zum Suezkanal vgl. Anm. 1 zu Brief Nr. 6.
[6] Nach Inbesitznahme von Tsingtau am 7. November 1914 stellte Japan im Januar 1915 21 Forderungen an China, deren Annahme China zum reinen Marionettenstaat Japans gemacht hätte.

in eine ganz verzweifelte Lage. Dadurch ist auch Amerika lahmgelegt, das im übrigen ganz auf Seiten unserer Feinde steht und uns soviel Schaden thut, wie es nur kann. Aber es muss seine Flotte im Stillen Ozean halten, wenn es nicht Hawai und die Philippinen verlieren will.

Das ist so im allgemeinen die Lage, wie ich sie auffasse. Mit Rumänien stehen wir, soweit ich weiss, wieder ganz gut, dagegen mit dem Banditenstaat Italien nach wie vor auf recht gespanntem Fuss. Es will das Trentino von Österreich erpressen. Dass es sich aber wirklich noch aufraffen wird, gegen uns loszuschlagen, glaube ich nicht, zumal wenn unsere Erfolge gegen Russland so weitergehen. —

Hier geht alles seinen gewohnten Gang. Von meinen Söhnen habe ich weiter gute Nachrichten. Das Semester geht seinem Ende entgegen. Die Vorlesung ist immer noch recht gut besucht, aber das Seminar ist allmählich durch die Einziehungen auf 10 Theilnehmer zusammengeschrumpft, darunter 3 Damen.[7]

Nun leben Sie recht wohl, halten Sie sich weiter gut, und lassen Sie bald wieder von sich hören! Ihr

Eduard Meyer

[7] Im Wintersemester 1914/15 hielt Meyer die Vorlesungen „Grundprobleme der Religionsgeschichte" und „Quellenkunde zur alten Geschichte" sowie das Seminar „Der 2. punische Krieg nach 216".

Ehrenberg an Meyer 10

Wilhelmshöhe[1], (Stabsquartier I/Reserve-Feldartillerie-Regiment 10), 3. März 1915 (Brief)

Hochverehrter Herr Geheimrat,
Gestatten Sie meinen aufrichtigsten Dank für Ihren so ausführlichen Brief, der mich natürlich ungemein interessiert hat. Ja, es sieht wirklich überall gut, sehr gut aus, und unser Stilliegen hat mir diese Erkenntnis wirklich nicht einen Augenblick rauben können. Aber in einem kann ich doch nicht mit Ihnen übereinstimmen. Daß es hier im Westen genügen würde, England durch den U-bootkrieg zu besiegen, und der Festlandskrieg so bleiben könnte, wie er steht! Wie könnten wir einen Frieden wirklich diktieren – wie es nötig ist –, wenn nicht Frankreich geschlagen, wirklich besiegt und England mit oder ohne Invasion auch *militärisch* erledigt wird?! Ich bin ganz überzeugt, daß wir, sobald wir aus dem Osten Truppen bekommen haben, hier (d. h. gerade vor Verdun und wohl Reims-Soissons) ganz energisch offensiv werden und – mehr Erfolg haben als der Feind, der jetzt in der Champagne den ersten *großen* Durchbruchsversuch scheitern sieht.[2] –
Hier brachte der Februar eine Reihe munterer Tage. Denn ich darf wohl verraten, daß hier eine 42er die Nordforts beschoß und auch eine 38 cm Kanone die Verduner etwas „beunruhigte". Es gab natürlich ein gehöriges Geknalle, zumal gleichzeitig einzelne Teile unserer Infanterie vordrückten, soweit das ohne allzu große Kämpfe möglich war. Es sind dies alles wohl kaum mehr als *Vorbereitungen* zum schließlichen Sturm. Mit dem muß natürlich noch gewartet werden. Alles, was beabsichtigt war, ist wohl nicht erreicht, da die französische Artillerie ganz ausgezeichnet schoß, aber das Wesentlichste ist erreicht. – Jetzt ist wieder die alte Ruhe, diese in etwas Artillerieduell bestehende Karikatur alles Kriegs! – Unsere Beobachtungsstelle blieb wunderbarerweise wieder unbeschossen, und so war man in dem Trubel fast ein friedlicher Zuschauer!
Es ist einfach beschämend, wenn man daran denkt, was die Osttruppen zu leisten haben! –
Vor wenig Tagen las ich in einer älteren Zeitung ganz zufällig von Ihrem 60. Geburtstag. Darf ich Ihnen, sehr verehrter Herr Geheimrat, noch nachträglich alles Gute wünschen, vor allem noch eine lange, schöne, friedliche Zeit großer, segensreicher Arbeit! Darf ich mir die Frage erlauben, ob wir nach dem Krieg auf den 2. Band der G. d. A.[3] rechnen dürfen? –
Mit ergebenstem Gruß aufrichtigst

Victor Ehrenberg

[1] Wahrscheinlich benannte der aus Kassel stammende Truppenteil Ehrenbergs seine Stellung „gerade vor Verdun" (s. u.) nach dem bei der heimatlichen Garnisonsstadt gelegenen Schloß Wilhelmshöhe, zumal Napoleon III. dort einst gefangengehalten worden war.
[2] Ende März 1915 mußten die Franzosen ihre seit dem 16. Februar geführten Angriffe einstellen.
[3] Die erste Abteilung des 2. Bandes von Eduard Meyers „Geschichte des Altertums" erschien (in der vollständig revidierten 2. Auflage) 1928, die zweite gab H. E. Stier 1931 aus dem Nachlaß Meyers heraus.

11 Meyer an Ehrenberg

Berlin-Lichterfelde, 7. April 1915 (Karte)

Lieber Herr Ehrenberg!
Ihr letztes Schreiben ist mir leider irgendwie aus den Händen gekommen, und so habe ich die Antwort verbummelt. Es kam hinzu, dass ich die letzten Wochen hindurch intensiv gearbeitet habe, und so alles andere nach Möglichkeit liegen liess. Heute aber bin ich dabei, meine Correspondenz zu erledigen, und da sollen Sie doch auch wenigstens einen Gruss erhalten. Hoffentlich geht bei Ihnen alles weiter gut wie bisher. Die Lage hat sich ja kaum geändert, abgesehen von dem schweren Schlag, den wir durch den Fall von Przemysl[1] (wegen mangelnder Verproviantierung!!) erlitten haben — das ist natürlich namentlich unserer Stellung den Neutralen gegenüber schlimm. Hoffentlich gelingt es aber, sonst die Position in den Karpathen und Galizien zu halten; wann freilich der Ansturm der Russen sich einmal erschöpfen mag, ist garnicht abzusehen. Auch in Frankreich wird das ja ununterbrochen versucht, aber wie es scheint, wirklich ohne jede Möglichkeit eines Erfolges. Inzwischen geht der Unterseebootkrieg seinen Gang weiter, und beginnt sich doch den Engländern recht ernstlich fühlbar zu machen. Wenn die niederträchtige Haltung Amerikas nicht wäre[2], würden wir viel rascher weiter kommen. So aber denke ich müssen wir uns darauf gefasst machen, dass die Situation sich noch viele Monate lang nicht ändert, und ruhig Geduld haben: wir dürfen ja vertrauen dass wir es aushalten können und dann, wenn die Gegner erschöpft sind, die Früchte ernten. Lassen Sie doch bald wieder von sich hören!
Mit bestem Gruss

Eduard Meyer

[P. S.] Ein Buch über England[3], das ich jetzt veröffentlicht habe, kann ich Ihnen nicht schicken. Aber ich schicke Ihnen einen kleinen Aufsatz[4], der im Grunde ein Auszug daraus ist.

---

[1] Die Festung Przemysl mußte sich am 22. März 1915 infolge Hungers den russischen Truppen ergeben.

[2] Am 12. Februar 1915 hatte die Regierung der USA Sicherheit für ihre Schiffe und Bürger auch in der Kriegszone gefordert (vgl. Anm. 4 zu Brief Nr. 9).

[3] Ed. Meyer, England. Seine staatliche und politische Entwicklung und der Krieg gegen Deutschland, Stuttgart — Berlin 1915.

[4] Englands Krieg gegen Deutschland und die Probleme der Zukunft, maschinenschriftliches Manuskript vom 2. Januar 1915 (22 Seiten), aufbewahrt im Zentralen Archiv der Akademie der Wissenschaften der DDR: Nachlaß Ed. Meyer, Nr. 311. Für das Verständnis von Ehrenbergs Antwort (Brief Nr. 12) sind folgende Passagen ab S. 20 wichtig: „Namentlich in Amerika, aber auch in Europa, vor allem in den neutralen Ländern, gibt es nicht wenige wohlmeinende Leute, die glauben, daß dieser gewaltige Krieg auf lange Zeit hinaus auch der letzte sein, daß eine neue Ära friedlicher Entwicklung und eines harmonischen Völkerfriedens folgen werde. Ich halte diese Vorstellungen für einen utopischen Traum. Nur in dem Falle ließe sich seine Verwirklichung erhoffen, daß es uns gelingen sollte, England wirklich zu Boden zu werfen [...] Viel wahrscheinlicher scheint es, daß wir uns, auch wenn wir bis zu Ende siegreich bleiben,

mit weit geringerem werden zufrieden geben müssen. Alsdann aber wird dieser Friede aller Voraussicht nach nur ein kurzer Waffenstillstand sein; England wird die erste Gelegenheit benutzen, um an der Spitze, wenn nicht der alten, so einer neuen Koalition in besserer Vorbereitung den Kampf aufs Neue zu beginnen, und eine lange Reihe schwerer und blutiger Kriege wird folgen, bis schließlich die definitive Entscheidung gefallen ist. So sehe ich in dem von England entfachten Weltkriege einen oder vielmehr den entscheidenden Wendepunkt der neueren Geschichte; und nicht wenige Symptome weisen darauf hin, daß die Entwicklung der modernen Kultur von hier aus langsam aber unaufhaltsam in den niedersteigenden Ast einmündet, wie im Altertum seit den punischen Kriegen [...] Eins aber scheint mir klar: die nationalen Gegensätze, welche noch die jüngste Vergangenheit zu überbrücken versucht hat, sind gewaltig gesteigert, die Aera der internationalen Bestrebungen ist definitiv vorbei, und ich würde es geradezu für eine Versündigung an der Nation halten, wenn Deutschland noch einmal den Versuch machen sollte, sich darauf einzulassen [...] Die Folgen werden sich auf allen Gebieten des Lebens geltend machen, nicht am wenigsten aber auf denen der Wissenschaft und Kunst. Und noch ein Moment tritt klar und unverkennbar hervor: Die Signatur des nächsten Jahrhunderts wird der unüberwindliche Gegensatz und der erbitterte Haß zwischen England und Deutschland sein. Aber von England fühlen und wissen wir alle, daß es unser Todfeind ist und daß es uns in unserer nationalen Existenz und unserer selbständigen Kultur hat vernichten wollen. So kann es mit ihm wohl einen äußerlichen Friedensschluß geben; aber die Kluft, die es gerissen hat, ist unüberbrückbar, und Generationen müssen vergehen, ehe der Gedanke einer Versöhnung wird auftauchen können".

12 Ehrenberg an Meyer

19. April 1915 (Brief)

Hochverehrter Herr Geheimrat,
Darf ich Ihnen für die Zusendung Ihres Aufsatzes sowie Ihrer freundlichen Karte aufrichtigst danken. Ihr unvermindertes Gedenken bereitet mir so große Freude und ich bin wirklich um so herzlicher dankbar dafür, als ich Ihr Interesse an mir doch sehr als unverdient betrachten muß. Denn der Kriegsausbruch traf mich ja in einem Augenblick, da ich noch garnicht daran denken konnte, im eigentlichen Sinne etwas zu leisten. Und wie lange wird es dauern, daß ich wenigstens wieder auf dem Punkt stehe, wo ich damals stand?! –
Die Voraussage Ihres Aufsatzes, sehr verehrter Herr Geheimrat, daß nun das Jahrhundert der Kämpfe zwischen uns und England beginnt, kann und will ich nicht teilen, solange ich noch hoffen kann, daß dieser Krieg nicht mit einem heillosen Ermattungsfrieden schließen wird, und weil ich die unerschöpfliche, gigantische Masse Rußlands unserer Zukunft tausendmal bedrohlicher finde als den wankenden Imperialismus Englands. Ich kann auch nicht den allgemeinen, gleichsam offiziellen Haß gegen England mitmachen, nur weil Land und Volk der abenteuerlichen Politik einer verbrecherischen Regierung (wie widerstrebend zunächst!) gefolgt sind. Ich kann mir nicht helfen: gegen Rußland, gegen den asiatischen Osten werden sich Deutschland und England noch einmal die Hand reichen müssen – wenn auch sicher nicht als *Freunde*!
Etwas anderes noch kann ich mir nicht so recht ausmalen: Bedeutet der Krieg wirklich das (wenigstens vorläufige) Ende aller internationalen *Wissenschaft*?! Um die anderen internationalen Bestrebungen, Vereinigungen u. s. w. ist's kaum schade – aber eine Wissenschaft, die vom Ausland nichts weiß und will?? Dürfen nun die Oxyrhynchus Papyri nicht mehr von Hunt und Wilamowitz zusammen bearbeitet werden?!![1] Da find ich mich nicht aus ...
Ich bin zu einer (4.) Batterie abkommandiert – auf eigenen Wunsch und zu meiner großen Freude. In diesen Tagen allerdings ist hier rein garnichts los außer reger Fliegertätigkeit und einem stets erfolglosen Beschießen der Flieger.
Die Nachrichten aus den Karpathen lauten *gut*. So kann man wohl wieder weiter in Ruhe – warten! Noch allerdings war es u. a. nötig, Teile der belgischen Besatzungstruppen gegen Rußland zu werfen! –
Mit dem Wunsche, daß es Ihnen, sehr verehrter Herr Geheimrat, und den Ihren gut geht, bin ich in aufrichtiger Verehrung Ihr ergebenster

Victor Ehrenberg

---

[1] Im Jahre 1898 begannen B. P. Grenfell und A. S. Hunt, die im ägyptischen Oxyrhynchos gefundenen Papyri in London zu edieren. Wilamowitz wirkte bei der Rekonstruktion und Interpretation griechischer Textfragmente für die Bände V (1908) und VII bis XI (1910–1915) der Oxyrhynchos-Papyri mit.

Meyer an Ehrenberg 13

Berlin-Lichterfelde, 23. April 1915 (Karte)

Lieber Herr Ehrenberg!
Ihr Brief vom 19. trifft mich gerade beim Briefschreiben, und so will ich gleich antworten. Politisieren will ich nicht, und alles Prophezeien ist ja eine sehr problematische Sache. Aber davon bin ich überzeugt, dass der Gegensatz gegen England weit tiefer ist, als Sie annehmen, und zwar auf *beiden* Seiten; und er wird sich weiter steigern mit jedem Monat, den der Krieg längerdauert – und da müssen wir uns auf eine *sehr* lange Dauer gefasst machen. Der Krieg ist in England durch und durch populär, und auch ganz ruhig denkende Leute drüben urtheilen nicht anders, als dass an eine Wiederaufnahme der früheren Beziehungen nicht zu denken ist. Diese Thatsache haben wir zu acceptieren, und ebenso die, dass es zum Kriege nicht gekommen oder es uns wenigstens nicht ans Leben gegangen wäre, wenn England nicht der eigentliche Treiber gewesen wäre. Mit Russland und Frankreich allein wären wir fertig geworden. – Aber missverstanden haben Sie mich, wenn Sie glauben, auf wissenschaftlichem Gebiet solle das Ineinandergreifen der Nationen aufhören. Die wissenschaftlichen Arbeiten fremder Nationen werden wir weiter verwerthen, wie wir das auch jetzt thun; aber ein harmonisches Zusammenarbeiten halte ich allerdings auf alle absehbare Zeit für ausgeschlossen. Nach 1870 hat es bei Frankreich ein Menschenalter gedauert, bis das wieder angebahnt werden konnte; und wie viel schlimmer ist die Lage jetzt!
Mit herzlichem Gruss

Eduard Meyer

14 Ehrenberg an Meyer

7. Mai 1915 (Brief)

Hochverehrter Herr Geheimrat,
Aufrichtigen Dank für Ihre Karte vom 23. 4. Den Tatsachen muß ja meine mehr gefühlsmäßige Ansicht weichen. Und sie predigen ja wohl wirklich und eindringlich den Haß gegen England. Aber doch geht es mir so, daß ich bei jeder Schlappe der Engländer sage: „ein Schritt näher zum Frieden", bei jedem Sieg über die Russen aber vor allem das Gefühl habe: Hier schützen wir Deutschlands *Zukunft*! — Von dem westgalizischen Siege Mackensens[1] und dem erstaunlichen Vormarsch in den Ostseeprovinzen[2] läßt sich unendlich viel erhoffen. Und wenn auch die mit Hunderttausenden arbeitenden wilden Gerüchte (die sich hier bis zu genauen Riesenzahlen von Trophäen u. s. w. verdichteten!) nur zum Teil wahr sind, so hoffe ich doch ganz bestimmt auf einen Rückzug der Russen von der Karpathenlinie bis zur schließlichen Räumung Galiziens. —
Mich hat man anläßlich Kronprinzengeburtstag[3] zum Vize[4] befördert, was mich natürlich gefreut hat. Viel zu tun haben wir nicht. Ein gelegentliches Beschießen der feindlichen Infanteriestellungen und Batterien, mit wenigen Schuß, sodaß an eine irgendwie durchgreifende Wirkung nicht zu denken ist — das ist alles. Nur an ein paar Stellen, wo sich (im Walde) die Gräben bis zu 10 m (!) einander nähern, ist fast dauernd irgendwelche Tätigkeit. (Minen, Nahkampfgeschütze u. s. w.) Überall sonst hat auch die Infanterie fast gänzliche Ruhe. Es ist ein unsagbar unbefriedigender Zustand, und mit Neid und Bewunderung blicken wir auf die wundervollen Leistungen im Osten. Man muß sich ja mehr und mehr darauf einrichten, den Krieg an Ort und Stelle zu Ende zu erleben — eine mehr als trostlose Aussicht. Ich vertreibe mir die viel zu viele freie Zeit nach Möglichkeit mit Lektüre, deren Niveau allerdings nicht allzu hoch ist. Neulich las ich mit viel Freude Wilamowitz's Rede zum Bismarcktag.[5]
Ja, Bismarck! Ob er wohl die hahnebüchene Haltung Italiens geduldet hätte? Doch kaum. Überhaupt all die Neutralen — sie sind uns ebensoviel Enttäuschungen als gute Lehren!
Hoffentlich geht es Ihnen und den Ihrigen weiter recht gut. Ich bin Ihnen, sehr verehrter Herr Geheimrat, für alle Nachricht so überaus dankbar, um so mehr, da ich ja weiß, wie Ihre Zeit in Anspruch genommen ist. Vor allem interessiert mich natürlich auch jede wissenschaftliche Nachricht.
Mit ergebenstem Gruß Ihr dankbarer

                                                      Victor Ehrenberg

[1] Am 2. Mai 1915 durchbrachen die 11. deutsche und die 4. österreichisch-ungarische Armee unter dem Kommando von Mackensens bei Gorlice die russische Front.
[2] Anspielung auf deutsche Angriffe in Litauen und Kurland, die vom Hauptstoß Mackensens ablenken sollten.
[3] Wilhelm, Kronprinz des Deutschen Reiches und von Preußen, war am 6. Mai 1882 geboren.
[4] Vizewachtmeister.
[5] Vgl. U. von Wilamowitz-Moellendorff, Rede zur Feier des hundertjährigen Geburtstages des Fürsten Bismarck, gehalten in der Aula der Kgl. Friedrich-Wilhelms-Universität am 1. April 1915, Berlin 1915.

Meyer an Ehrenberg 15

Berlin-Lichterfelde, 14. Juli 1915 (Karte)

Lieber Herr Ehrenberg!
Es ist fürchte ich meine Schuld dass ich so lange nichts von Ihnen gehört habe. Aber ich mochte nicht schreiben. Wir haben die schwersten Schicksalsschläge ertragen müssen: am 22. April ist unser jüngster Sohn bei Ypern, am 10. Mai der Bräutigam einer Tochter, Hermann Sieglein[1], beim Vordringen aus den Karpathen gefallen. Da begreifen Sie, dass ich mich zu einem Brief lange nicht aufraffen konnte. Nun lassen Sie aber bitte wieder einmal von sich hören; hoffentlich haben Sie nicht zu viel Nöthe durchgemacht, und halten Sie Ihre Stellungen nach wie vor fest in der Hand. Sie sind in ähnlicher Lage, wie unser ältester Sohn, der als Unteroffizier der Feldartillerie bei Ypern steht – durch ihn haben wir auch über das Schicksal unseres lieben Herbert genauere Kunde erhalten können. Hier müssen wir weiter leben wie bisher und das Geschick hinnehmen und tragen. Aber furchtbar drückt doch die immerwährende Spannung und Sorge, nicht nur um die Nächsten, sondern auch um die Zukunft unseres Volkes – so wenig auch Grund ist zu zagen: es geht ja mit erstaunlichen Erfolgen weiter! Aber das Ende ist nicht abzusehen, und wir müssen uns noch auf eine lange Dauer des Krieges gefasst machen, bis unsere Feinde zusammenbrechen.
Mit den besten Grüssen

Eduard Meyer

[1] Zu Herbert Meyer s. Anm. 4 zu Brief Nr. 3; Hermann Sieglein war mit Meyers Tochter Mathilde verlobt.

16 Ehrenberg an Meyer

St. Laurent[1], 17. Juli 1915 (Brief)

Hochverehrter Herr Geheimrat,
Seit Tagen wollte ich Ihnen schreiben und kam aus irgend einem Grunde jedesmal nicht dazu — und da kommt heute Ihre Karte vom 14., für die ich Ihnen aufrichtig dankbar bin, und bringt mir die Nachricht von den erschütternden Verlusten, die Sie und die Ihren getroffen haben. Daß Sie trotzdem und trotz meines langen Stillschweigens meiner dachten, hat mich tief gerührt. — Zu dem doppelten Verlust, den Sie zu erleiden hatten, kann und mag ich nicht viel Worte machen. Daß ich Ihre Trauer aufrichtig mitempfinde, davon seien Sie bitte überzeugt. Trost gibt es ja nicht. Sie, Herr Geheimrat, sind, das weiß ich, so stark und so sehr die Zeit miterlebend, daß Sie all das Leid aufrecht tragen können. Aber der Himmel gebe der Mutter, der Braut Stärke zu tragen; sie haben es ja so weitaus am schwersten. —
Von mir ist kaum etwas zu berichten. Wir haben es ja hier wirklich nicht sehr schwer. Seit Wochen ist in unserm engeren Abschnitt kaum mehr etwas vorgefallen. Ich selbst bin augenblicklich hier in St. Laurent zu einem Kursus abkommandiert und lebe hier, in dem etwas größeren Dorf, recht nett, aber reichlich faul, da uns der Kursus bisher nicht gerade überbürdet. St. Laurent ist Stabsquartier der Division. Und eine Folge davon ist u. a., daß täglich auf dem lindenumstandenen Marktplatz Konzert ist! Das ist *wunderschön* für die entwöhnten Ohren! —
Meine Eltern schickten mir vor einigen Tagen Ihre Schrift über Amerika und Deutschland[2], die ich mit sehr großem Interesse und in vollkommenster Übereinstimmung las. Unsere Diplomatie ist leider noch garnicht konsequent auf dem Standpunkt angelangt, daß uns das (doch unehrliche) „Wohlwollen" der U.S. gänzlich „wurscht" ist. Mich wenigstens hat unsere letzte Lusitanianote[3] keineswegs so befriedigt wie anscheinend alle Zeitungen. Mir erschien sie doch wie ein verklausuliertes Ausweichen und Drumherumreden, wo meines Erachtens ein ganz striktes: „Wenn England die Blockade aufhebt, heben wir den U-bootkrieg auf. Im übrigen ist 'nichts zu machen'" am besten am Platz gewesen wäre. Die ganze Anbieterei mit Passagierschiffen, noch dazu mit englischen, ist schwächlich.
Aber das soll uns nicht die Freude darüber nehmen, daß es sonst überall so ausgezeichnet steht. Ich bin auf die kommenden Ereignisse im Osten ungeheuer gespannt; ich erwarte die nächsten Schläge in Nord- und Südpolen.

---

[1] In der Nähe von Mézières gelegen.
[2] Ed. Meyer, Nordamerika und Deutschland. Nebst 3 amerikanischen und englischen Abhandlungen über den Krieg und die Stellung Irlands, übers. von A. Meyer, Berlin 1915.
[3] Am 7. Mai 1915 versenkte ein deutsches U-Boot den englischen Passagierdampfer „Lusitania". Unter den mehr als 1000 ums Leben Gekommenen befanden sich 120 Amerikaner. Die US-Regierung richtete in diesem Zusammenhang Noten an die Reichsregierung. In der hier angesprochenen deutschen Antwortnote vom 8. Juli 1915 werden u. a. Vorschläge zur sichereren Beförderung amerikanischer Passagiere über den Atlantischen Ozean unterbreitet.

Der schöne Argonnenerfolg[4] geht mich ja unmittelbarer an. Es wäre prachtvoll, wenn wir in absehbarer Zeit an eine Zernierung (Forcierung?) von Verdun denken könnten.
Mit aufrichtigem Gruße Ihr stets ergebener

Victor Ehrenberg

[4] Den Deutschen gelang es, seit Juni 1915 geführte Angriffe des Gegners in den Argonnen abzuweisen.

17 Meyer an Ehrenberg

Berlin-Lichterfelde, 29. August 1915 (Karte)

Lieber Herr Ehrenberg!
Nun sind es schon anderthalb Monate, dass ich Ihren letzten Brief erhielt, und so will ich Ihnen doch endlich einmal wieder schreiben. Es wird mich sehr freuen, bald wieder Nachricht von Ihnen zu erhalten. Hoffentlich ist inzwischen alles gutgegangen. Im Westen herrscht ja jetzt Ruhe, während aus dem Osten jeder Tag eine neue erstaunliche und überwältigende Siegeskunde bringt.[1] Vom Ende sind wir freilich noch weit entfernt. Ich bin sehr gespannt, ob nun wirklich, wie man vielfach annimmt, eine energische Offensive in Frankreich folgen wird. Meines Erachtens liegt die eigentliche Entscheidung auf der Balkanhalbinsel, wo doch nun wohl die Klärung erfolgen wird. Friede ist nicht eher zu erreichen, als bis die Russen einsehen, dass sie Constantinopel und die Dardanellen nicht bekommen können; und wenn es möglich ist, einen entscheidenden Vorstoss gegen den Suezkanal und Aegypten zu machen, ist auch Englands Stellung an einem vitalen Punkt getroffen. Aber die Maassnahmen unserer Heeresleitung sind ja so glänzend durchdacht und so sicher und consequent durchgeführt, dass wir das volle Vertrauen haben dürfen, dass die Entscheidung, die sie ergreift, auch in diesen Dingen die richtige sein wird.
Mit bestem Gruss

Eduard Meyer

[1] Gemeint ist die deutsche Offensive im Juli/August 1915, die am 24. August 1915 zur Einrichtung des deutschen „General-Gouvernements Warschau" führte.

Ehrenberg an Meyer   **18**

St. Laurent, 10. September 1915 (Brief)

Hochverehrter Herr Geheimrat,
Als ich gestern von 2 Wochen Heimaturlaub wieder herkam, fand ich Ihre Karte vom 29. 8., für die ich Ihnen aufrichtig danke. Obwohl ich also vom Krieg nichts zu berichten habe (zumal es hier unverändert ruhig ist), so antworte ich doch schon heute, weil es mich drängt, Ihre Ansicht über Dinge kennen zu lernen, deren Verworrenheit mir eigentlich erst während des Urlaubs so recht aufgegangen ist.
Daß es ganz wunderbar schöne Tage waren, diese 14 friedlichen Heimatstage, das brauche ich kaum erst zu sagen. Und es war herzerfrischend, mal wieder deutsche Luft zu atmen, auch wenn in Deutschland längst nicht alles so schön und groß ist, wie man es wohl hoffte. Es gibt leider genug Unschönes daheim, und die Menschen sind die alten geblieben — —
Was mich vielleicht am stärksten in Erstaunen setzte, war die Zerrissenheit und Verworrenheit in den Meinungen darüber, „was einmal werden soll." Ihren deutlichsten Ausdruck fand dieser Zustand in der unverantwortlichen Haltung der Nationalliberalen gegenüber dem Reichskanzler. Ganz abgesehen von dem Schaden, den ein solches Vorgehen *während* des schärfsten äußeren Kampfes dem Vaterlande zufügt, zeugen die Äußerungen jener Leute teilweise von einer recht intensiven — Borniertheit. Ich kann wenigstens dies sinnlose Annexionenfordern, das (wie es wohl auch mal hieß) in eroberten Gebieten und Völkern nur Objekte, nicht Subjekte der Politik sieht, nicht anders bezeichnen.
Ich weiß ja leider garnicht, wie Sie, hochverehrter Herr Geheimrat, über diese Dinge denken. Aber ich kann mir beim besten Willen nicht denken, daß Sie auch nur entfernt sich mit Bassermannschen Gedanken [1] einverstanden erklärten.
Die einzigen Äußerungen einer weitschauenden Politik habe ich bisher bei den Leuten um Rohrbach [2], vor allem bei ihm selbst, gefunden. In seinem Büchlein „Bismarck und wir" stehen die Dinge, die den Weg in die Zukunft weisen. Eine seiner Hauptforderungen, die ja allerdings auch von vielen sonst gefordert wurde, der Feldzug gegen Ägypten, beginnt jetzt tatsächlich in *weiteren* Kreisen fast populär zu werden. Aber im übrigen dreht sich doch alles — auch bei sehr klugen Leuten — nur ums „Habenwollen". Und der Gedanke, Belgien, Antwerpen wieder herzugeben, gilt meist als Frevel. Und doch könnte ich eine Annexion Belgiens nur als Unglück empfinden! Es zu einem deutschen Staat zu machen, wird wohl der größte Optimist nicht hoffen. So wird es in irgend einer Form

---

[1] Ernst Bassermann (1854—1917) trat als Vorsitzender des Zentralvorstandes der Nationalliberalen Partei und als Vorsitzender ihrer Reichstagsfraktion für umfangreiche, direkte Annexionen und den uneingeschränkten U-Boot-Krieg ein. Ehrenberg hat zuvor auf Versuche Bassermanns vom Sommer 1915 angespielt, den Reichskanzler Bethmann Hollweg zu stürzen.

[2] Paul Rohrbach (1869—1956) vertrat als Publizist die Auffassungen des liberalisierenden Bürgertums, das ausgedehnte deutsche Eroberungen im Osten Europas und einen Verständigungsfrieden mit Frankreich und England — bei Verzicht auf die Annexion Belgiens — anstrebte. Seine Schrift „Bismarck und wir" erschien 1915 in München.

„Glacis". Wir haben den Zugang zum Kanal und dafür? Dafür die Feindschaft des in die Ecke geklemmten Hollands. Dafür das Land, das zwischen England und uns der ewige Zankapfel sein wird. England kann sich ein deutsches Antwerpen nicht gefallen lassen; das ist nicht mehr die Frage der „Freiheit der Meere", sondern des Fortbestands Englands! Und während wir so im Westen den noch für lange mächtigen Feind stets neu reizen, wächst uns im Osten Rußland zur immer größeren Gefahr, die in einem Jahrhundert über jedes verselbständigte Polen hinweg Deutschland erdrücken wird, — wenn das Meer und der Westen nicht frei ist. Es ist meine tiefste Überzeugung, daß wir gegen den Expansionsgeist, das Wachstum und den Haß Rußlands England einmal als — Bundesgenossen nötig haben werden! Allerdings nicht das England von heute, sondern ein England, das durch Wegnahme Ägyptens und Internationalisierung des Suezkanals gelernt hat, die anderen neben sich zu dulden und die Meere frei zu sehen! Dieses England wird sich einmal zu dem Deutschland finden, das zugleich stärkste Kontinentalmacht ist und seine Zukunft, d. h. wirtschaftliche Zukunftsmöglichkeiten, — unter Vermeidung der Bedrohung Englands — in der Levante und in Afrika sieht.

Verzeihen Sie diesen langen Vortrag. Aber ich würde so gerne wenigstens über dies eine Problem Ihre Stellungnahme zu meinen Ansichten wissen. Über Ägypten stehen Sie ja sicher auf dem gleichen Standpunkt, wie es mich überhaupt besonders freuen würde, Zustimmung bei Ihnen zu finden. —

Gestatten Sie mir eine nicht hierhergehörende Frage. Mein Herodotartikelchen[3], das die Klio angenommen hatte, liegt irgendwo. Es könnte ruhig liegen bleiben, wenn ich nicht fürchten müßte, damit das Manuskript überhaupt zu verlieren. Soll ich mich evtl. an Prof. Lehmann-Haupt[4] wenden? Und wo ist er? —

Erst kürzlich erfuhr ich durch Prof. Amelung[5], den ich in Cassel sprach, von der schmerzlichen Erkrankung Loeschkes[6] und seiner kaum zu erklärenden zweiten Heirat. Wie jammervoll, wenn dies Leben, das nichts als Liebe und Verstehen war, so disharmonisch enden sollte! —

Bitte mich Ihrer Frau Gemahlin aufrichtigst zu empfehlen. Mit ergebenstem Gruß Ihr

Victor Ehrenberg

[3] S. Anm. 2 zu Brief Nr. 1.
[4] Carl Friedrich Lehmann-Haupt (1861—1938) war Althistoriker und Begründer der Zeitschrift „Klio" (erscheint seit 1901).
[5] Walther Amelung (1865—1927) war bis Mai 1915 freier Mitarbeiter der römischen Zweiganstalt des Archäologischen Instituts des Deutschen Reiches und wich, als Italien auf der Seite der Entente in den Krieg eintrat, nach Deutschland aus.
[6] Georg Loeschcke (1852—26. November 1915) wirkte als Archäologie-Professor in Bonn.

Ehrenberg an Meyer **19**

1. Oktober 1915 (Brief)

Hochverehrter Herr Geheimrat,
Bei der vielen freien Zeit, die ich habe, und bei der wenigen, die Ihnen sicherlich zur Verfügung steht, halte ich ein Verhältnis 1:2 unserer Briefe für mehr als gerecht; aber ich würde mich doch sehr freuen, wenn nun auf diesen zweiten Brief eine Antwort einliefe. Ich bin ja für jedes Ihrer Schreiben so überaus dankbar.
Vertretungsweise bin ich augenblicklich als Führer eines sogenannten Sturmabwehrgeschützes in der Infanterielinie. Es ist aber wenig los. — — Man braucht so etwas nur zu schreiben, da zitterte meine kleine Bude in sämtlichen Fugen: unser 38er schießt. Man sieht die mächtige gelbe Rauchsäule emporschießen und lange schweben. Es ist ein Antwortschießen auf ein französisches weittragendes Geschütz, das Bahnhöfe hinter der Front beschoß (vermutlich 28 cm). Aber sonst ist, wie gesagt, wirklich nicht sehr viel los. Die neue feindliche Offensive[1] ist in unserer Gegend nicht in Aktion getreten. Hoffentlich erledigt sie sich auch anderswo zufriedenstellend. Es dürfte die letzte große Kraftanstrengung unserer Feinde sein.
Nur der Balkan gefällt mir noch nicht recht. Bulgarien wäre mir als wohlwollender Neutraler, der Truppen und Munition durchläßt, (vorausgesetzt, daß wir stark genug sind, Serbien so zu Boden zu kriegen) eigentlich am liebsten. Sonst wird die Sache durch Griechenland und Rumänien so verwickelt, daß sicher — England den Nutzen davon haben wird. Wenn wir nur bald in Serbien einmarschieren könnten![2] Unsere Soldaten machen immer noch mehr Eindruck als unsere Diplomatie.

[1] Gemeint ist die Herbstschlacht in der Champagne vom 22. September bis 14. Oktober 1915.
[2] „In Serbien war seit dem Scheitern der österreichisch-ungarischen Offensive im Sommer und Herbst 1914 der Krieg zu bedeutungslosen Stellungskämpfen an Donau, Save und Drina erstarrt. Im Verlauf des Jahres 1915 entstand bei der OHL der Plan, Serbien endgültig niederzuwerfen, um die ständige Bedrohung der Flanke des österreichisch-ungarischen Heeres zu beseitigen, die Wirtschaft Serbiens auszubeuten und die zur Unterstützung der Türkei notwendige unmittelbare Landverbindung herzustellen. Als eine Voraussetzung dafür wurde seit Juli 1915 von den Mittelmächten verstärkt ein Bündnis mit Bulgarien angestrebt. Es sollte ermöglichen, die serbische Armee durch bulgarische Truppen im Rücken anzugreifen sowie auf die beiden übrigen Balkanstaaten Rumänien und Griechenland einen Druck auszuüben. Im diplomatischen Tauziehen um Bulgarien gewannen schließlich die Mittelmächte. Bulgarien ließ sich dabei von den größeren Gebietsversprechungen, den Erfolgen der Mittelmächte gegen Rußland im Sommer 1915 und dem Scheitern des Dardanellenunternehmens der Entente leiten. Am 6. 9. schloß Bulgarien mit Österreich-Ungarn und Deutschland politisch-militärische Verträge, in denen es sich zur militärischen Hilfe verpflichtete [...] Am 21. 9. machte Bulgarien mobil, und am 5. 10. trat es offen auf die Seite der Mittelmächte. Die Verhandlungen der Mittelmächte mit Rumänien schlugen fehl, aber die Haltung Bulgariens und der Kriegsverlauf in Rußland verhinderten zumindest vorläufig seinen Übertritt auf die Seite der Entente. Griechenland, dessen Regierung in ihrer Mehrheit mit der Entente sympathisierte, gestand dieser zu, für einen Angriff auf die Dardanellen griechische Mittelmeerinseln zu benutzen und zur Unterstützung Serbiens bei Saloniki alliierte Truppen (die Orientarmee) zu landen." So H. Otto — K. Schmiedel — H. Schnitter, Der erste Weltkrieg. Militärhistorischer Abriß, Berlin 1964, S. 97f.

Jedenfalls wünschte ich wirklich, *ich* marschierte da unten irgendwo mit! Ich bin jetzt wirklich kriegsmüde. Aber da mir mein Restchen Verstand beteuert, daß noch an Frieden nicht zu denken ist, so sehne ich mich wenigstens nach der Aktivität des wirklichen Krieges, heraus aus diesem hoffnungslosen Zustand, in dem man sich selbst verliert . . . Ich lese Ranke, Thukydides und andere, nicht gerade ungeistige Männer und habe doch das nicht auszumerzende Gefühl, damit Sysiphusarbeit [sic] zu verrichten!

Ich bitte um Verzeihung, daß ich mit diesen Klagen lästig falle. Aber wenn mich etwas ausfüllt, so ist es momentan das Mißvergnügen mit meiner eigenen Person — da komme ich nicht herum. Also nochmals bitte ich vielmals um Entschuldigung für diesen lamentablen Brief.

Mit aufrichtigsten Grüßen Ihr ganz ergebener

Victor Ehrenberg

Meyer an Ehrenberg 20

Berlin-Lichterfelde, 10. Oktober 1915 (Brief)

Lieber Herr Ehrenberg!
Endlich sollen Sie nun doch die Antwort auf Ihre Briefe erhalten. Sie war längst geplant, aber ich sass diese ganzen Ferien hindurch so sehr theils in wissenschaftlicher Arbeit, theils in Geschäften aller Art, dass sie von Tag zu Tage hinausgeschoben ward. Es hat mich sehr gefreut, von Ihnen zu hören, und ich hoffe sehr, dass Ihnen die Langeweile und das Stilliegen – über das auch mein Sohn in ähnlicher Lage bei Ypern klagt – doch die Laune nicht zu sehr verderben wird. Es gehört das ja zu der Gesamtlage, die wir durchmachen müssen: während in Russland die gewaltigen Erfolge erzielt sind[1], die uns jetzt den Arm wirklich frei machen, musste in Frankreich die feste Defensivstellung gehalten werden, an der jetzt wieder der feindliche Angriff trotz aller Opfer so völlig zusammengebrochen ist.[2] Ob wir wirklich die Absicht haben, wie man vielfach annimmt, jetzt in Frankreich die Offensive zu ergreifen, weiss ich nicht. Sind wir stark genug dazu, um das ohne zu grosse Opfer mit Sicherheit zu erreichen und die Feinde wirklich aus Nordfrankreich zu verdrängen und dann etwa bei Rouen oder weiter nördlich das Meer zu erreichen, so wäre das natürlich vortrefflich. Im übrigen aber liegt meines Erachtens die Entscheidung auf dem Balkan; und hier sind ja jetzt die entscheidenden Schritte geschehen mit unserem Einmarsch in Serbien[3], dem Eingreifen Bulgariens[4], und der Krisis in Serbien.[5]
Hier müssen sich in den nächsten Wochen ganz weittragende Resultate ergeben; wenn sich gezeigt hat, dass sie Constantinopel nicht gewinnen und die Stellung an den Dardanellen nicht forcieren können[6], und wenn dann der Suez-Kanal und Ägypten unmittelbar bedroht sind, sind die letzten Hoffnungen Englands wie Russlands gebrochen und ihre Lage fängt an verzweifelt zu werden. Die Anzeichen davon machen sich in der Presse Englands u. s. w. schon überall geltend[7], und das wird bald noch ganz anders kommen. Das Scheitern der russischen Finanzoperation in London[8] und manches andere kommt noch weiter hinzu.

[1] Im August/September 1915 vollendeten die deutschen Truppen die Besetzung Kurlands.
[2] Gemeint sind die Herbstschlachten im Artois und in der Champagne.
[3] Der zweite Feldzug der Mittelmächte gegen Serbien (Oktober/November 1915) führte zur vollständigen Niederlage Serbiens.
[4] Am 5. bzw. 6. Oktober 1915 waren die Beziehungen der Entente zu Bulgarien abgebrochen worden, am 14. Oktober trat Bulgarien in den Krieg gegen Serbien ein.
[5] Anmerkung von Ehrenbergs Hand: „soll wohl heißen Griechenland." Am 5. Oktober 1915 begann die Landung von Ententetruppen in Saloniki, worauf König Konstantin das Ministerium Venizelos entließ.
[6] Die am 25. April 1915 begonnene Landungsoperation eines französisch-englischen Expeditionskorps stand im Oktober bereits vor ihrem Scheitern. Das Unternehmen wurde im Dezember endgültig aufgegeben.
[7] Meyer berief sich hier wohl in erster Linie auf englische Pressestimmen, die in der „Vossischen Zeitung" abgedruckt wurden, vgl. z. B. die „Vossische Zeitung" vom 9. Oktober 1915 mit der Schlagzeile: „Der Zusammenbruch der englischen Balkanpolitik".
[8] Das Bemühen des russischen Finanzministers Bark um englische Kredite zur Stützung des durch die Einfuhr von Kriegsmaterialien geschwächten Rubel war nur zum Teil erfolgreich. Anfang Oktober 1915 wurde die Ausgabe von drei monatlichen russischen Schatznoten im Werte von 2 Millionen Pfund beschlossen. Diese Lösung blieb hinter den russischen Erwartungen zurück.

Damit wird nun die Frage der Friedensziele immer brennender. Hier stehe ich allerdings ganz und mit vollster Überzeugung auf dem von Ihnen bekämpften Standpunkt. Wir müssen uns eben in die neue Weltlage finden; die Anschauungen, denen wir uns früher hingeben konnten, sind definitiv zusammengebrochen, und gehören einer fernen Vergangenheit an. Gebieterisch verlangt unsere Lage, dass wir uns eine Stellung verschaffen, die uns nach allen Seiten hin sichert und eine Wiederkehr einer Lage wie der gegenwärtigen unmöglich macht. Thun wir das nicht, so sind alle gebrachten Opfer umsonst; dann steht ein zweiter gleichartiger Krieg binnen Kurzem in sicherer Aussicht, und wir verbluten trotz aller Siege. Wir müssen unseren Landbesitz erweitern, um ökonomisch unabhängig zu sein, müssen also grosse Gebiete im Osten nehmen und besiedeln, und hier zugleich den aus Russland vertriebenen Deutschen ein Kolonialland eröffnen. Wir können Belgien nicht ein zweites mal überrennen; soll der nächste Krieg nicht am Rheine beginnen, so müssen wir es in irgendeiner Form festhalten, als Vasallenstaat. Wir müssen eine feste Position am Meer gegen England haben, und wir müssen unsere Grenze gegen Frankreich rücksichtslos nach unseren Bedürfnissen revidieren, wenn möglich, mit Expropriation der bisherigen Eigenthümer. Das sind Notwendigkeiten, denen wir uns garnicht entziehen können. Dass wir damit über die nationale Basis unseres Staats hinausgreifen, ist schmerzlich, aber nicht zu ändern: wir haben es nicht gewollt, aber unsere Feinde haben uns in eine Politik hineingezwungen, wie es die römische seit dem hannibalischen Kriege gewesen ist.[9] Je fester und klarer wir dieser Lage ins Auge schauen, um so besser ist es, und um so eher werden wir die Fehler vermeiden können, die Rom damals begangen hat.

Damit haben Sie wenigstens in aller Kürze ein Bild meiner Auffassung, die übrigens nicht nur in weitesten Kreisen in ganz Deutschland getheilt wird, sondern mir ebenso in zahlreichen Äusserungen aus dem Feld entgegentritt. Da würde man es z. B. garnicht begreifen, wenn wir nicht die dominierende Stellung in Belgien – natürlich aber *nicht* Einverleibung in das Reich! – festhalten wollten. Ich habe daher nach Kräften in dieser Richtung mitgewirkt, z. B. auch bei Bassermanns Auftreten, und fahre darin fort, soweit es mir möglich ist. Ich würde es für ein ganz verhängnisvolles, nie wieder gut zu machendes Unglück halten, wenn die Gelegenheit, die sich uns jetzt eröffnet, aus ängstlichen oder sentimental-weichlichen Rücksichten verpasst würde. Es handelt sich eben wirklich um die Existenz unserer Nation.

Ich muss mich kurzfassen, denn ich habe noch sehr viele Briefe u. ä. zu schreiben. Also nehmen Sie mit dieser kurzen Skizze vorlieb, und lassen Sie recht bald wieder von sich hören!

Mit den besten Grüssen und Wünschen

Eduard Meyer

---

[9] Der 2. Punische Krieg (218–201 v. Chr.) setzte Rom in die Lage, die Mittelmeerwelt von Spanien bis Kleinasien zu unterwerfen. Zu Meyers Analogie vgl. Einleitung S. 20.

Ehrenberg an Meyer 21

Stellung im Bois de Pierreville[1], 19. Oktober 1915 (Brief)

Hochverehrter Herr Geheimrat,
Zunächst muß ich Ihnen meinen aufrichtigsten Dank sagen, daß Sie mir das, fürchte ich, etwas knabenhafte Gepolter meines vorletzten Briefes nicht übel genommen haben und im Gegenteil, mir einen ausführlichen Brief schrieben, um mir Ihre Ansichten darzulegen. Ich weiß, wie sehr Ihre Zeit in Anspruch genommen ist und bin Ihnen für dies nicht ganz verdiente Entgegenkommen wirklich von Herzen dankbar.
Daß aber tatsächlich Ihre Gedanken über die Ziele dieses Krieges so ganz von den meinen abweichen, war mir doch ebenso überraschend als schmerzlich. Daß ein solcher Gegensatz *nur* im *Sachlichen* bleibt, diese Gewißheit, die ich aus Ihrem Brief gewann, ist mir natürlich überaus wertvoll. Daß Ihre Stellungnahme von überaus vielen geteilt wird, das weiß ich. Aber vielleicht interessiert es Sie ein wenig, meine Ansichten zu hören, die ja auch aus dem ganz reinen Bestreben geflossen sind, für Deutschland das Beste zu wollen. Ich meine doch, wenn sich die Vertreter der verschiedenen Meinungen darüber klar bleiben, daß der andere ein genau so guter und begeisterter Patriot ist wie man selbst, dann wird es einen im wesentlichen schließlich doch *einigen* Tag des Friedens für Deutschland geben! –
Gewiß müssen wir der neuen Weltlage gerecht zu werden versuchen. Aber wird heute schon irgend jemand mit Bestimmtheit behaupten können, daß er dazu imstande ist? Ist „die Weltlage" wirklich etwas so klares, daß rein über sie nicht schon die verschiedensten Anschauungen herrschen können? Wie verschieden kann man manche der momentanen Konstellationen im Staatenleben beurteilen, was ihren Wert, ihren Sinn, ihre Dauer betrifft!
Mir scheint im Grunde nur das Eine ganz klar zu sein, die Forderung, die auch Sie erheben: daß die Opfer dieses Krieges für Deutschland nicht umsonst gegeben sind, daß der Friede des Heroismus der Nation wert ist. – Es scheint mir entscheidend zu sein festzulegen, welche Bedingungen hierfür unbedingt notwendig sind.
In allererster Linie muß der Friede die Garantie geben, daß in absehbaren Zeiten ein Krieg gegen uns nicht wieder möglich ist. Sie, sehr verehrter Herr Geheimrat, sind davon überzeugt, daß das nur durch die rücksichtslose Begründung einer überragenden Machtstellung Deutschlands möglich ist. Und hier bin ich anderer Meinung, gerade hier scheint mir der Schlüssel unseres Gegensatzes zu liegen. Ich kann es wirklich nicht zugeben, daß die eminenten Imponderabilien, die in einer solchen Frage mitzureden haben, von Ihnen nur als „ängstliche oder sentimental-weichliche Rücksichten" bei Seite geschoben werden.
Wenn Deutschland, das seine Feinde als das weltherrschaftslüsterne Land des militaristischen Despotismus verschrien haben (und wahrlich mit Unrecht!), infolge der wunderbaren Erfolge seiner Heere darauf kommt, sich eine gleichsam un-

[1] Knapp 20 km nordöstlich von Verdun gelegen.

angreifbare Stellung durch Knechtung anderer Völker, durch Unterdrückung der Nationalitäten zu verschaffen, so ist die lügnerische Beschuldigung zur Wahrheit geworden und das bisher halb bewunderte, halb gefürchtete Land wird sich mit einem Schlage dem Hasse der gesamten Welt gegenübersehen. Und dieser Haß, der sich aufbauen wird auf den zu Lügen gewordenen Worten unseres Kaisers, kann und darf uns nicht gleichgültig sein! Denn er wird — ganz einerlei, wie mächtig wir sind, den Krieg der Erde gegen uns gebären, der unser Ende überhaupt oder aber (im Falle unseres Sieges) das Ende unseres besseren Ichs, das Aufhören des deutschen *Geistes*, bedeuten wird. Zu diesem Kriege darf es nicht kommen: es gibt nur *ein* Mittel dagegen und das heißt nicht Macht, nicht Sicherung, das heißt: deutscher Geist!

Ich lasse mir den Glauben nicht nehmen — denn dann verlöre ich den innersten Gehalt meines Lebens — den Glauben, der heißt: Deutschland hat eine Mission. Der Weg mag Krieg sein, muß es sein: das Ziel ist Frieden, Freiheit, Menschtum . . .

Herr Geheimrat, kein Bismarck wäre zum Ziel gelangt, wenn er nicht dem *ideellen* Streben nach Einheit, das im deutschen Volk war, Realität gegeben hätte. Es gibt keine Realpolitik ohne idealen Grund, oder wenn sie es gibt, macht sie die Straße der englischen Politik, die in einem öde-hochmütigen, materiellen und egoistischen Imperialismus geendet hat. Das kann doch unser Weg nicht sein!

Entreißen wir England das ihm dienstbare Belgien, indem wir ein selbständiges Flandern schaffen! Wirtschaftlich, durch Handelsverträge u. s. w., mag es von uns abhängen, aber einen *Vasallen*staat, der stets wie die Lunte am Pulverfaß sein wird, dürfen wir schon aus Utilitätsgründen nie und nimmer schaffen. Freiheit den Völkern und Nationen! Nicht im Sinne des Demokratismus, sondern aus dem Gefühl der Verantwortung heraus vor der erhabenen Tradition des deutschen *Geistes*! —

Die Entwicklung unserer politischen Zukunft wird doch wohl sicher im Orient liegen. Sollen wir um der „strategischen Sicherung" willen uns hier die Zukunft verschließen, indem wir die Türkei gegen die Doppelfeinde Rußland-England gegebenenfalls *nicht* „sichern"? Doch das führt jetzt zu weit. Ohnedies nimmt dieser Brief Ihre Geduld und Zeit reichlich genug in Anspruch. Verzeihen Sie mir dies bitte. Aber „wem das Herz voll ist" u. s. w.

Von hier nichts Neues. Es ist weiter ruhig.

Mit aufrichtigen Grüßen Ihr ergebenster und dankbarer

Victor Ehrenberg

Ehrenberg an Meyer 22

Feuerstellung, 28. Dezember 1915 (Brief)

Hochverehrter Herr Geheimrat,
Von der alten Stelle aus, wo mich das Geschick und das geringe Entgegenkommen meiner Vorgesetzten vom Divisionär aufwärts wohl auch in Zukunft festhalten werden, sende ich Ihnen meine herzlichsten und aufrichtigsten Wünsche für das neue Jahr. Ob es uns den Frieden bringen wird, ist ja mehr als zweifelhaft. Möge es Sie und die verehrten Ihrigen vor Leid bewahren!
Für unser Vaterland wird es wieder ein schweres Jahr werden. Aber wir können doch vertrauen, daß es seine wundervolle Kraft weiter beweisen wird, seine Kraft und seine Größe!
Was mich angeht und meine Zukunftsgedanken, so sind meine Hoffnungen, nach Griechenland zu kommen[1], unter den Gefrierpunkt gesunken. Und so herrscht in mir eigentlich auch ganz vorherrschend das eine Gefühl der Sehnsucht nach Frieden, der Sehnsucht nach Arbeit. Und da so gar keine Möglichkeit der Erfüllung zu sehen ist, ist es ja nur zu natürlich, daß ich in dies neue Jahr nicht gerade mit Freudigkeit hinübergehe.
Der kurze Berliner Urlaub[2] hatte mir sehr wohl getan, nicht zum mindesten die große Liebenswürdigkeit und freundschaftliche Gesinnung, mit der Sie mir entgegenkamen – über allen sachlichen Widerspruch meinerseits hinweg. Dafür bin ich Ihnen, sehr verehrter Herr Geheimrat, von ganzem Herzen dankbar, und wenn es mir beschieden wäre, noch einmal wissenschaftlich arbeiten zu können, so soll – das weiß ich – diese meine Arbeit von meinem Danke sprechen.
Darf ich Sie bitten, auch Ihrer verehrten Frau Gemahlin meine aufrichtigsten Neujahrswünsche zu übermitteln.
Mit ergebenstem Gruße Ihr stets dankbarer

Victor Ehrenberg

---

[1] In seinen „Personal Memoirs", S. 36, erwähnt Ehrenberg einen Urlaub (vgl. den „kurzen Berliner Urlaub" in diesem Brief) nach Weihnachten 1915 (versehentlich schreibt er „1914"). Meyers Notizkalender enthält für den fraglichen Zeitraum keine auf Ehrenberg bezügliche Eintragung. Ehrenberg erhielt den Urlaub, um – nach eigenen Worten – die Aussichten eines Studenten der griechischen Geschichte, Griechenland zu besuchen, zu erkunden – „a curious piece of propaganda which came to nothing" (Personal Memoirs, S. 37). Vgl. zum Hintergrund den Bericht des ebenfalls einschlägig vorgebildeten Archäologen Ludwig Curtius, der im Februar 1916 „für den ursprünglich beabsichtigten Vormarsch der Armee nach Griechenland als Dolmetscher für Neugriechisch abkommandiert" wurde (Deutsche und antike Welt, Stuttgart 1950, S. 409). Vgl. auch die „neugriechischen Bücher" Ehrenbergs in Brief Nr. 25.
[2] S. Anm. 1.

23 Meyer an Ehrenberg

Berlin-Lichterfelde, 8. Januar 1916 (Karte)

Lieber Herr Ehrenberg!
Dass Ihre Hoffnungen sich nicht erfüllt haben, thut mir sehr leid. Das ist ja nun einmal der gewöhnliche Gang, und jedenfalls hat Ihnen die Sache den hübschen Urlaub eingebracht; damit müssen Sie sich trösten. Ich bin nun sehr gespannt, ob es demnächst gegen Salonik[1] endlich losgehen wird, und natürlich im übrigen, was sei es im Westen sei es im Osten sich vorbereitet. Im Orient scheint alles gut weiter zu gehen. – Ich möchte Ihnen doch noch sagen, dass ich in den Ferien, neben zahlreichen Aufräumungsarbeiten u. ä., auch Naumanns Mitteleuropa[2] mit dem lebhaftesten Interesse gelesen habe. Das ist in der That ein vortreffliches Buch und voll von Anregung und bedeutender Wirkung, einerlei, ob sich seine Gedanken und Hoffnungen verwirklichen lassen oder nicht – denn die Schwierigkeiten, die sich dem entgegenthürmen, sind allerdings doch gewaltig und werden noch anwachsen. Aber so liegt es im Grunde überall; und doch müssen wir vorwärts. Die Errichtung der vlämischen Universität in Gent[3] ist ein grosser Schritt, der eben thatsächlich ankündigt, dass wir das in irgendeiner Form festhalten werden, ebenso wie Warschau.[4] – Mit den besten Grüssen und Wünschen von uns allen

Eduard Meyer

[1] Im Dezember 1915 war die alliierte Orientarmee aus Mazedonien vertrieben worden. Ihre Reste sammelten sich bei Saloniki.
[2] Friedrich Naumann (1860–1919), Reichstagsabgeordneter der Fortschrittlichen Volkspartei, plädierte in seinem Buch „Mitteleuropa" (Berlin 1915) für einen Wirtschaftsverband, der vor allem die süd- und südosteuropäischen Staaten unter Führung Deutschlands vereinigen sollte.
[3] Ende 1915 verstärkten sich die Bemühungen der deutschen Regierung und Verwaltung, die Universität Gent als rein flämische Hochschule wieder zu eröffnen. Dadurch sollten die flämische Bewegung in Belgien unterstützt und der deutsche Einfluß gestärkt werden. Im März 1916 wurde der endgültige Beschluß zur Errichtung der flämischen Hochschule gefaßt, zum Wintersemester 1916/17 begann der Lehrbetrieb.
[4] Am 15. November 1915 wurde die Universität Warschau als polnische Universität durch die deutsche Verwaltung wiedereröffnet.

Meyer an Ehrenberg 24

Berlin-Lichterfelde, 8. Januar 1916 [Poststempel: 13. 2. 1916][1] (Karte)

Lieber Herr Ehrenberg!
Dass Ihre Hoffnungen sich nicht erfüllt haben, thut mir sehr leid. Aber das ist ja nun einmal der gewöhnliche Gang.
13/2 Soweit hatte ich geschrieben, dann kam irgend eine Störung, und seitdem ist diese Karte wie vieles andere liegengeblieben, weil immer Neues dazwischenkam, darunter auch Vorträge, literarische Arbeiten ect. Heute endlich bin ich etwas freier und benutze den Sonntag zum Briefschreiben. Da will ich Ihnen doch auch wieder ein paar Zeilen senden. Zu melden ist ja an sich nicht viel, hier gehen die Dinge so gleichmässig weiter, wie bei Ihnen, und wir alle harren in Spannung dessen, was da kommen soll. Eine grosse Freude war die energische Erklärung über den Ubootkrieg und die endliche Aufraffung zu fester Haltung gegen Amerika[2], die ja auch offenbar ihre Wirkung nicht verfehlt hat: weitere Nachgiebigkeit hätte die Gefahr eines Bruches und Krieges immer grösser gemacht, wo wir ihnen kräftig entgegentreten, weichen sie natürlich zurück. Hoffentlich bleibt nun unsere Regierung wirklich fest und führt aus, was sie angekündigt hat; dann wird es ja auch in England an der starken Wirkung nicht fehlen. Im übrigen heisst es eben nach wie vor Geduld haben; das Ende ist noch in weiter Ferne. – Inzwischen habe ich auch Naumanns Mitteleuropa mit grossem Interesse gelesen; das ist ein gedankenreiches, anregendes Buch. Die Probleme liegen freilich noch viel schwieriger, als er zugibt, und ich weiss nicht, ob sie sich werden verwirklichen lassen. – Von den Unseren haben wir gute Nachrichten. Lassen Sie bald wieder von sich hören!
Mit besten Grüssen

Eduard Meyer

[1] Der Inhalt dieser Karte überschneidet sich mit dem der vorigen (Nr. 23), da Meyer offenbar entfallen war, daß er diese bereits geschrieben hatte.
[2] Am 8. Februar 1916 hatten die deutsche und die österreichisch-ungarische Regierung eine Denkschrift an die Neutralen gerichtet. Danach sollten bewaffnete Handelsschiffe vom 26. Februar an als Kriegsschiffe behandelt werden. Die USA hatten gegen die Versenkung des Dampfers „Ancona" im Mittelmeer am 17. November 1915 durch ein österreichisch-ungarisches U-Boot protestiert.

25 Ehrenberg an Meyer

16. Februar 1916 (Brief)

Hochverehrter Herr Geheimrat,
Ich muß um Verzeihung bitten, daß ich so sehr lange nicht geschrieben habe, aber allzuviel ist mir in den letzten Wochen dazwischen gekommen. So danke ich recht verspätet für Ihre freundliche Karte vom 8./I., die mir wegen des Lobes, das auch Sie – bei doch gewiß vielfach abweichendem Standpunkt – Naumanns „Mitteleuropa" spenden, besonders Freude gemacht hat. Mir persönlich dünken, je länger der Krieg dauert, die Schwierigkeiten, die seinen Ideen entgegenstehen, mehr und mehr zu schwinden gegenüber der Unmöglichkeit, irgend ein anderes Bild des zukünftigen Europa sich auch nur auszudenken. Wie auch der Friede ausfällt, die Riesengefahr, die der Osten für Europa bedeutet, der Osten, d. i. Rußland *und* Asien, wächst und wird wachsen. Und so sehr ich im Grunde überzeugt bin, daß gegen diese Gefahr auch England noch einmal an unsere Seite treten muß und wird, so ist doch sicher, daß dies für lange Zeit *nicht* eintreten kann, längere Zeit wahrscheinlich, als der Sturm aus dem Osten braucht, um erneut loszubrechen. Und gibt es dann eine andere Rettung der abendländischen Kultur überhaupt als ein konsolidiertes, möglichst weites Mitteleuropa?! Ein Mitteleuropa, das Skandinavien und Holland, Polen und Rumänien (?), Bulgarien, Türkei und Griechenland mitenthalten muß, das auch – allem Widerwillen zutrotz – Italien den sicherlich erstrebten Eintritt in den Bund nicht verschließen wird.
Es mag etwas arge Phantasterei sein, was ich da treibe. Und ich wäre dankbar, wenn Sie diesen Most etwas zur Klärung brächten.
Von mir ist wenig zu sagen. Ich bin, wie Sie aus meiner Adresse[1] ersehen, versetzt – nicht zu meiner Freude. Im übrigen gab's viel Arbeit während der letzten Zeit; momentan herrscht Ruhe.
Zum Lesen bin ich wenig gekommen. Die neugriechischen Bücher sind inzwischen (leider!) alle heimgewandert. Aber wenn dafür die Aktivität militärischen Handelns wieder in Erscheinung tritt, bin ich mehr als zufrieden.
Über den Krieg läßt sich augenblicklich ja garnichts sagen. Es ist wie ein großes, letztes Atemholen. Mög es das *letzte* sein!
Mit der Bitte, mich Ihrer Frau Gemahlin bestens empfehlen zu wollen, bin ich mit aufrichtigsten Grüßen Ihr stets dankbarer

Victor Ehrenberg

[1] Der Briefumschlag, auf dem Ehrenbergs neue Adresse gestanden haben muß, ist nicht erhalten.

Ehrenberg an Meyer   26

den 31. Mai 1916 (Brief)

Hochverehrter Herr Geheimrat,
Aus einem kurzen Heimaturlaub heimkehrend, fand ich Ihren Brief[1] und Ihr freundlicher Weise übersandtes Büchlein[2] vor und danke Ihnen für beides sehr herzlich. Ich habe mich sehr gefreut, nach langem wieder von Ihnen zu erfahren, daß Sie mir all meinen Widerspruch in den Dingen, die jedem Deutschen jetzt mehr als alles am Herzen liegen, nicht verübeln. Ich bin Ihnen gerade dafür wirklich besonders dankbar, wenn auch meine Stellungnahme die alte geblieben ist.
So kann ich denn auch unseren Rückzug in der U-bootfrage[3] nicht ganz so tragisch nehmen. Gewiß, daß ein Rückzug nötig war, ist bedauerlich und konnte – vielleicht – vermieden werden, aber nur, wenn wir tatsächlich den U-bootkrieg anders geführt hätten. Dann wäre wohl der äußere Eindruck günstiger gewesen, die tatsächliche Wirkung aber noch geringer. Hätten wir aber jetzt „Biegen oder Brechen" gesagt – ich weiß nicht, ob wirklich die Mehrheit der Deutschen den Krieg mit Amerika mit Freuden begrüßt hätte!
Ich persönlich kann nur sagen, daß ich froh bin, die Regierung nicht auf einem Standpunkt zu sehen, den ich nun einmal nicht teilen kann. Von irgendwelcher „Traumwelt der Ideen von Menschenverbrüderung und ewigem Frieden" bin ich himmelweit entfernt. Und doch kann ich in einer völligen Negierung der übernationalen Kultur nur einen Rückschritt erblicken oder einen Irrweg. Vor allem aber halte ich es für unpraktisch zugleich und verbrecherisch, einem Volke einreden zu wollen, es hätte diesen Krieg militärisch schon absolut gewonnen, wir wären einfach „die Sieger". Das sind wir nicht, so Wundervolles auch der Krieg bisher gebracht hat. Aber es bleibt bestehen, daß die See in Englands Hand ist, unsere Kolonien verloren, die Russen in der Türkei und der Stellungskrieg im Westen keineswegs zu unseren Gunsten entschieden ist. Selbst wenn die Österreicher die Italiener gründlich verkloppen und selbst wenn uns noch eine große Tat im Westen gelänge (Verdun ist nicht gelungen) – selbst dann können wir keinen Frieden „diktieren". Auch dann wird der Friede ein Kompromiß, muß es sein, und wenn man das leugnet, bereitet man sich nur Enttäuschungen.
Doch auf Ihren Brief, sehr verehrter Herr Geheimrat, wollte ich eigentlich im entgegengesetzten Sinne antworten. Denn Sie sind ja auf einmal so arg pessimistisch geworden! Nein, das bin ich nicht, ebensowenig wie rosenrot optimistisch. Die Teuerung in Deutschland ist viel schlimmer als wir an der Front es uns meistens vorstellen, das hab ich auf Urlaub jetzt gelernt. Und doch wird sie

[1] Dieser Brief Meyers scheint verlorengegangen zu sein.
[2] Wahrscheinlich handelt es sich um die Schrift „Weltgeschichte und Weltkrieg. Gesammelte Aufsätze von Ed. Meyer", Stuttgart und Berlin 1916.
[3] Ende Februar 1916 war die deutsche Marineleitung zum verschärften U-Boot-Krieg übergegangen, mußte ihn aber nach dem Protest der USA am 24. April 1916 einstellen.

ohne Einfluß auf das wirkliche Kriegsende sein! Wir verhungern *vor* der Ernte nicht mehr, um so weniger nachher! Die schlimmste Folgeerscheinung der Teuerung ist sicher die seelische Depression des Volkes; hoffentlich tut wenigstens in Zukunft eine bessere Lebensmittelpolitik der Regierung das ihre, um dieser Depression, soweit möglich, Herr zu werden. –

Auf diese allzu theoretischen Zeilen noch einiges Persönliche: Ich bin 7 Wochen vor Verdun und zwar vor Vaux[4] gewesen und habe dabei wirklich ziemlich viel durchgemacht. Die Nerven haben tüchtig drangemußt. Im übrigen habe ich wieder viel Glück gehabt und bin aus all dem Schlamassel heil davongekommen. – Seit Mitte April sind wir nun schon zurückgezogen, zuerst in Lothringen, dann (seit 4 Wochen) hier im südlichen Elsaß. Es ist eine schöne fruchtbare Gegend, und die wundervollen Frühlingstage Anfang Mai waren einzig schön. Natürlich wird so ein bißchen Gamaschendienst getrieben, sämtliche Vorgesetzten fühlen sich verpflichtet zu besichtigen u. s. w., aber im großen und ganzen hält man es wirklich *sehr* gut hier aus. Mein Tatendurst ist seit den Wochen vor Verdun wirklich gestillt. Von der früheren Frische ist viel verloren. (Bei mir kommt hinzu, daß meine Umgehung bei der Beförderung[5] mir jetzt, wo die jungen Kriegsfreiwilligen Offiziere werden, doch etwas auf die Nerven geht; es ist wirklich nicht schön, so etwas). Doch davon wollte ich Ihnen eigentlich nichts vorklagen.

Daß Sie die Erholung so sehr nötig hatten, hochverehrter Herr Geheimrat, freut mich wirklich nicht. Und ich kann nicht anders, ich empfinde die Tatsache, daß Sie Ihre Kraft in so starkem Maße in den (wenn auch noch so wichtigen) Fragen der Politik einsetzen, als recht schmerzlich, zumal wenn ich an den II. Band der G. d. A.[6] denke und an so manches andere. Sie werden zwar sagen, die Politik wäre jetzt das einzig Wichtige. Aber ich kann dem – verzeihen Sie bitte – im Hinblick auf Sie wirklich nicht ganz zustimmen. –

Darf ich um eine Empfehlung an Ihre Frau Gemahlin bitten. Mit herzlichsten Grüßen in aufrichtiger Ergebenheit

Victor Ehrenberg

---

[4] Von Ende Februar bis Ende Juli 1916 griff die 5. deutsche Armee den Festungsknoten Verdun an. Es gelang u. a., zeitweilig das Fort Vaux nordöstlich von Verdun einzunehmen.

[5] In seinen „Personal Memoirs", S. 34, deutet Ehrenberg als Grund der verzögerten Beförderung die antisemitische Haltung seiner Vorgesetzten an.

[6] S. Anm. 3 zu Brief Nr. 10.

Ehrenberg an Meyer 27

den 22. Juni 1916 (Brief)

Hochverehrter Herr Geheimrat,
Darf ich mit einer Bitte kommen? – Ich habe die Absicht, in absehbarer Zeit ein Gesuch in der Art des beigelegten Entwurfs einzureichen, und möchte Sie sehr darum bitten, mir in ein paar Zeilen, die ich beilegen könnte, die Wahrheit und Dringlichkeit des Gesuches zu bestätigen. Wie bitter ernst es mir ist um das, was ich dort sage, brauche ich Ihnen nicht auseinanderzusetzen.
Da bekanntlich beim Militär alles Gestempelte besonderen Eindruck macht, würde es sich vielleicht empfehlen, wenn es möglich wäre, die Sache durch Dekanatsstempel und -Unterschrift noch zu stützen.
Ich weiß, sehr verehrter Herr Geheimrat, wie sehr Ihre Zeit in Anspruch genommen ist und welch starkes Ansinnen ich hiermit an Sie stelle. Aber ich weiß mir in meiner gänzlichen Ratlosigkeit nicht anders zu helfen. Ob es Erfolg haben wird, ist natürlich höchst fraglich. Aber versuchen möchte ich es doch einmal, ehe es in Wahrheit für mich zu spät ist.
Ich brauche wohl nicht zu betonen, wie überaus dankbar ich für alles, was Sie in dieser Sache für mich etwa tun, wäre. Sie haben mich durch Ihr unverändert interessiertes Entgegenkommen schon mehr verpflichtet, als ich Ihnen je in irgend einer Form zurückerstatten könnte. So mag auch dieses wie alles mit der steten Versicherung meiner dankbarsten und treuesten Ergebenheit erwidert werden. –
Wir liegen in der Champagne, in ruhiger Gegend; ich habe fast nichts zu tun und empfinde diese überflüssige Existenz unendlich schmerzlich.
Mit nochmaligem Ausdruck meiner aufrichtigsten Ergebenheit Ihr dankbarer

Victor Ehrenberg

Entwurf

Unterzeichneter erlaubt sich, aus nachstehend aufgeführten Gründen um einen mehrwöchigen Urlaub zu bitten.

Als der Krieg ausbrach, studierte ich seit 4 Semestern alte Geschichte, nachdem ich das Baufach aufgegeben[1] hatte. Dank intensiven Studiums war ich im Sommer 1914 gut in mein Fach eingearbeitet und fing langsam an, im eigentlichen Sinne wissenschaftlich zu schaffen. So riß mich der Krieg in einem Augenblick aus meinen Studien, als sie begannen, für mich fruchtbar zu werden. Da ich die Absicht habe, die Universitätskarriere einzuschlagen, kann es mir nie genügen (wie es sonst wohl oft geschieht), in einigen Semestern ein leidliches Examenswissen zu erwerben, sondern ich bedarf einer wirklich wissenschaftlichen Grundlage, auf der ich weiterarbeiten kann.

Die lange Dauer des Krieges nun hat mich aufs stärkste der Gefahr ausgesetzt, das, was ich in 2 Jahren gewonnen hatte, wieder völlig zu verlieren. Ich fühle diese Gefahr aufs stärkste und sehe mich zum mindesten der schlimmen Notwendigkeit gegenüber, in einem Alter, in dem ich sonst vielleicht meinen Doktor gemacht hätte, wieder ganz von vorne anfangen zu müssen. Aber es handelt sich hier nicht etwa um bloßen Zeitverlust (wie er ja so viele trifft), sondern ich muß mit nur allzuviel Berechtigung fürchten, nach Ablauf dieser jahrelangen Unterbrechung die Unmöglichkeit einzusehen, es in meinem Fache noch zu etwas zu bringen. Damit aber wäre mein Leben und meine Zukunft zerstört.

Ich sehe nur einen einzigen Ausweg, nachdem an Frieden noch in Monaten nicht zu denken ist. Ich müßte einige Wochen Muße haben, um mich mit meinem Fache wieder soweit zu beschäftigen, daß die früheren zwei Jahre nicht gänzlich umsonst gewesen wären und ich die Verbindung zwischen jener Zeit und der Zukunft aufrechterhalten kann.

Ich weiß, daß mein Gesuch ungewöhnlich ist. Aber da Leute zur Wahrung ihrer materiellen Interessen beurlaubt werden, wage ich zu hoffen, daß die Wahrung geistiger Werte und Interessen, auf denen in ganz anderem Maße das Glück eines Lebens ruht, nicht geringer eingeschätzt wird.

Die L. M. K.[2] I. und die weiteren Instanzen ersuche ich, dies Gesuch um die Gewährung eines 4-6wöchigen Urlaubs befürwortend weiterreichen zu wollen.

V. E.

---

[1] Im Jahre 1911 hatte Ehrenberg in Stuttgart ein Architekturstudium begonnen, es aber 1912 abgebrochen.
[2] Leichte Munitionskolonne.

Meyer an Ehrenberg 28

Berlin-Lichterfelde, 27. Juni 1916 (Brief)

Lieber Herr Ehrenberg!
Sehr gern schicke ich Ihnen beiliegend meine Befürwortung, die Ihnen hoffentlich genügt und zum Ziele verhilft. Es wird ja doch Urlaub recht viel erteilt, gelegentlich auch auf längere Zeit, und so halte ich das auch in Ihrem Falle nicht für unmöglich. Lassen Sie mich wissen, wie die Sache verläuft; wenn sie Erfolg hat, hoffe ich Sie natürlich hier zu sehen.
Ich hatte Ihnen eigentlich ausführlicher schreiben wollen, aber ich komme nicht dazu. In die letzte Zeit drängte sich wieder recht viel zusammen, auch politisches, und dazu fange ich wieder an, die Abspannung zu fühlen, die die Zeit uns allen mehr oder weniger bringt. Die Lage im Felde sieht ja auch nichts weniger als erfreulich aus; nach den schönen Hoffnungen, die wir vor einigen Wochen hegen durften, ist jetzt der Rückschlag erfolgt, vor allem in der Bukowina[1], aber jetzt sind die Österreicher ja auch in Italien wieder zurückgewichen![2] Das werden auch weitere Erfolge bei Verdun und selbst die schließliche Eroberung dieser Festung nicht ausgleichen, und wenn nicht ganz entscheidend mehr Erfolge gegen Russland errungen werden, bedeutet das, wie ich fürchte, eine neue gewaltige Verlängerung des Krieges. Die Hoffnungen unserer Feinde sind eben wieder neu belebt, und unsere Kräfte werden ununterbrochen aufs äusserste angespannt. Ich fürchte, die Entscheidung, die im März und April über den Ubootkrieg gefallen ist, wird sich dauernd als ein ganz verhängnisvoller Wendepunkt des Krieges erweisen; das, worauf wir damals verzichtet haben, ist auch durch den Seesieg am Skagerrak[3] nicht auszugleichen! Zu ändern ist daran nun nichts mehr, und wir müssen die Lage hinnehmen, wie sie nun einmal gestaltet ist, und uns in Geduld fassen!
Mit besten Grüssen und Wünschen

Eduard Meyer

[P.S.] Ob uns Mexico[4] viel helfen wird, müssen wir abwarten, und wollen uns vor voreiligen Hoffnungen hüten. Gut wäre es, wenn Amerika dadurch lahmgelegt würde und in ernstliche Schwierigkeiten käme. Die Situation in Griechenland ist ganz unabsehbar.[5]

[1] Gemeint ist die Offensive des Generals Brussilow (4. Juni bis Ende August 1916), die die österreichische Front in Bessarabien und Wolhynien zusammenbrechen ließ.

[2] Infolge der Brussilowoffensive waren die Italiener seit dem 15. Juni 1916 in der Lage, einen neuen Vorstoß an der Isonzofront zu unternehmen.

[3] 31. Mai/1. Juni 1916.

[4] Im Juni 1916 hatten sich die Spannungen an der amerikanisch-mexikanischen Grenze verschärft. Bei der Verfolgung mexikanischer Eindringlinge stießen US-Truppen unter General Pershing nach Mexiko vor. Bei Carrizal kam es am 21. und 22. Juni zu Scharmützeln mit mexikanischen Truppen. Ende Juni schien ein Krieg zwischen den USA und Mexiko nicht unwahrscheinlich.

[5] Am 21. Juni 1916 hatte die Entente ein Ultimatum an Griechenland gerichtet, das von diesem am folgenden Tage angenommen wurde.

29 Ehrenberg an Meyer

28. August 1916 (Brief)

Hochverehrter Herr Geheimrat,
Seit reichlich einer Woche bin ich wieder hier draußen, noch in der Champagne und weiter so ziemlich in Ruhe. 4 Wochen Urlaub, schöne und befriedigende Wochen, habe ich hinter mir. Es ist mir Pflicht, Ihnen davon zu berichten, so weit das möglich ist.
Zunächst aber möchte ich mich über Ihr Befinden erkundigen, das mir bei meinem letzten Besuche — ich gestehe es offen — doch Sorge machte. Ich vermute wohl richtig, daß Sie zur Zeit sich irgendwo zur Kur befinden, und will nur herzlichst hoffen, daß diese vollen Erfolg hat. Wenn es Ihnen keine Mühe macht, wäre ich für eine Mitteilung über Ihr Ergehen sehr dankbar.
Also ich war die ganze Urlaubszeit über in Göttingen und habe angefangen, Plato und Sueton-Tacitus zu lesen. Obwohl ich natürlich an allen Ecken konstatieren konnte, daß mir dies oder jenes mangelte — Aristophanes war mir zur Zeit jedenfalls auch zu schwere Kost! —, so sah ich doch andererseits, daß ich vorher allzu schwarz in die Zukunft geblickt hatte, daß ein (wenn auch etwas langwieriges) Einarbeiten keineswegs so unmöglich erscheint als ich mir vorgestellt hatte. Diese Erkenntnis, die auf meine seelische Stimmung natürlich sehr einwirkte, betrachte ich durchaus als eine sehr erfreuliche Frucht dieses Urlaubs. Im übrigen war dies *positive* Ergebnis natürlich *sehr* klein, um so kleiner, als ich in den letzten 2 Wochen mich mit etwas beschäftigte, was außerhalb der eigentlichen Facharbeit lag, nämlich der Niederschrift einer kleinen Broschüre „über Erziehung zur Bildung", in der ich in grundsätzlicher Polemik gegen die bis heute üblichen Richtungen der Erziehung, insbesondere der Schulerziehung, die Bildungserziehung (und u. a. eine dementsprechende Reform der Schule) fordere. Es sind das Probleme, die mir sehr am Herzen liegen. Ich habe sie kurz und gleichsam ein wenig manifestartig zu behandeln versucht, bin von den allgemeinen Voraussetzungen in die Spezialprobleme des Unterrichts hinabgestiegen, um dann zur Forderung einer gebildeten Gesellschaft als Ziel wieder aufzusteigen. Es sind natürlich viel oft gesagte Dinge wieder gesagt, aber manches ist neu und eigen, vor allem auch die Komposition des ganzen. Ich denke doch, daß es druckreif ist, und werde hoffentlich in den nächsten Monaten einen Verleger finden.[1] Ich schicke Ihnen, sehr verehrter Herr Geheimrat, zunächst mit Absicht keine Abschrift, da ich Ihre Zeit und Kraft allzusehr in Anspruch genommen weiß. Hoffentlich werde ich Ihnen noch vor Weihnachten ein gedrucktes Exemplar übersenden können. —
Der Krieg hat in den letzten Wochen ja leider nicht allzuviel Erfreuliches gebracht. Und ehe Hindenburg zu wirklich großem Gegenschlage bereit ist, wird es sicherlich Herbst werden. Bis dahin muß *gehalten* werden, vor allem an der Somme, wo leider immer noch langsame Fortschritte des Gegners festzustellen

---

[1] Diese Broschüre ließ sich nicht ermitteln, sie ist offenbar nicht gedruckt worden. Die Herausgeber sind der Deutschen Bücherei Leipzig für Recherchen zu Dank verpflichtet.

sind. Es ist merkwürdig, wie im Augenblick der Westen eigentlich wieder kritischer aussieht als der Osten. Die bulgarische Offensive wird uns hoffentlich Rumänien vom Halse halten.

In einem solchen Augenblicke von den Zielen des Krieges zu sprechen, in einem Augenblicke, da der ganze Krieg gleichsam in der Schwebe ist, scheint mir offen gesagt durchaus deplaziert, ganz einerlei, in welchem Sinne man spricht. Und so erscheint mir der neue Schäfersche Aufruf[2] ebenso überflüssig wie die Propaganda des Wedelschen Ausschusses.[3] Ich muß aber gestehen, daß (bei aller sachlichen Gegnerschaft gegenüber dem unabhängigen Ausschuß) die Art und Weise, in der dieser seine Ziele vertritt, sehr viel sympathischer ist als die der anderen, die eine Ungeschicktheit, eine Taktlosigkeit nach der anderen begehen (Harnack eingeschlossen).

Mit dem *Inhalt* des ja auch von Ihnen unterzeichneten Aufrufes (so erfreulich seine *Form* ist), aber bin ich immer noch nicht einverstanden. So sicher ein völlig selbständiges Belgien ein englisches Bollwerk sein würde, so sicher ist es völlig übertrieben, in einem von uns abhängigen Belgien die Grundlage unserer Weltmacht, der Freiheit der Meere, unserer Kolonialpolitik zu erblicken. Da kann ich einfach nicht mit. Und französisches Gebiet zu annektieren, hielte ich in mehr als einer Hinsicht für ein Unglück. Doch Sie wissen, daß ich in diesen Dingen nicht mit Ihnen übereinstimmen kann, und ich, der ich weiß, daß Sie meine Offenheit und Gegensätzlichkeit stets so freundlich annehmen, sollte eigentlich nicht immer dasselbe betonen. Es ist ja nur so, daß diese Dinge uns alle allzusehr beschäftigen, als daß man sie einfach übergehen könnte. —

Ich habe hier draußen (zum 1. Mal im Kriege) meinen Bruder getroffen, den ältesten (Privatdozent der Philosophie in Heidelberg).[4] Er liegt etwas links von uns, 2 1/2 Stunden zu reiten. Es war eine sehr große Freude für mich, umso mehr, als ich zu diesem Bruder in geistiger Hinsicht sehr aufblicke und wohl auch in vielem von ihm abhängig bin. Bei dem gänzlichen Mangel irgendwelcher Menschen, mit denen ich mich mal vernünftig unterhalten könnte, bedeutet dieses Wiedersehen für mich naturgemäß ganz besonders viel. —

Etwas zum Arbeiten komme ich hier, wenn es auch nicht übermäßig viel ist. Momentan lese ich nur Plato und etwas über ihn.

Ich wünschte sehr, dieser Brief trifft Sie in leidlichem Wohlbefinden und ich hoffe,

---

[2] Der Historiker und Politiker Dietrich Schäfer (1845—1929) wandte sich als Vorsitzender des einflußreichen, aus Wissenschaftlern, Industriellen und Großagrariern zusammengesetzten „Unabhängigen Ausschusses für einen Deutschen Frieden" im Juli 1916 mit dem Aufruf „An unser Volk" an die deutsche Öffentlichkeit. Dieser Aufruf bekräftigte die annexionistischen Tendenzen der sog. Professorendenkschrift vom 8. Juli 1915 pauschal, es wurde zum Durchhalten und zur Weiterführung des Krieges bis zum endgültigen Sieg aufgerufen, dessen Gewißheit man als zweifelsfrei unterstellte. Unterzeichner dieses Aufrufes waren U. von Wilamowitz-Moellendorff, O. von Gierke, W. Kahl, Ed. Meyer, D. Schäfer, R. Seeberg, A. Wagner.

[3] Fürst Karl von Wedel (1842—1919) leitete den im Juli 1916 gegründeten „Deutschen Nationalausschuß", der die gemäßigte Politik des Kanzlers Bethmann Hollweg gegen die radikalen Annexionisten vom Schlage D. Schäfers verteidigen sollte. Ehrenberg spielt auf Versammlungen an, die der Ausschuß in vielen Städten Deutschlands am 1. August 1916 zum Thema „An der Schwelle des dritten Kriegsjahres" abhielt. In Berlin trat Adolf von Harnack (1851—1930), Theologie-Professor an der Berliner Universität, Generaldirektor der Königlichen Bibliothek und Präsident der Kaiser-Wilhelm-Gesellschaft zur Förderung der Wissenschaften, als Redner auf und entwickelte ohne Billigung des Nationalausschusses staatssozialistische Gedanken.

[4] Hans Ehrenberg (1883—1958).

daß die Ferien Ihnen die nötige Gesundheit und Kraft geben, die Sie brauchen werden, um den langen schweren dritten Kriegswinter, der vor uns allen liegt, gut zu überwinden.
Mit herzlichstem Gruße Ihr dankbarst ergebener

Victor Ehrenberg

Ehrenberg an Meyer

28. September 1916 (Brief)

Hochverehrter Herr Geheimrat,
Hindenburg hat sich jäh unser erinnert und uns an die Somme geschickt, wo wir nun bei Bouchavesnes und Rancourt[1] so ziemlich am Brennpunkt des Krieges sitzen. Schön ist es nicht, aber als Artillerist kann man's aushalten. Die Infanterie hat es einfach entsetzlich.
Ich wäre dankbar, mal wieder von Ihnen zu hören, hoffe sehr, daß Ihnen die Ferienzeit gut getan hat. Ist mein letzter Brief (etwa vor 1 Monat geschrieben) in Ihre Hände gelangt?
Ich bin so empört über die Herren Valentin und Cossmann[2] – man schämt sich als Berufsmensch ihrer wahrlich. Sie sind offenbar einer des anderen wert.
Mit ergebensten Grüßen Ihr

Victor Ehrenberg

[1] Dörfer nördlich von Péronne, das während der englisch-französischen Offensive an der Somme (Ende Juni bis Ende November 1916) in der Hauptstoßrichtung lag.
[2] Im Juli 1916 hatte der Historiker Veit Valentin (1885–1947) nach befristeter Tätigkeit im Auswärtigen Amt im vertraulichen Gespräch mit Paul Nikolaus Cossmann (1869–1942), dem Herausgeber der „Süddeutschen Monatshefte", geäußert, das Reichsmarineamt und sein Staatssekretär von Tirpitz operierten mit bewußt übertriebenen Zahlen bei der durch U-Boote versenkten Tonnage. Cossmann informierte Regierungsstellen und den Alldeutschen Verband über Valentins Ansicht; die Presse bemächtigte sich der Angelegenheit. Nachdem Valentin seinen Widersacher Cossmann des Vertrauensbruchs bezichtigt und ihn sogar als Lügner bezeichnet hatte, strengte dieser einen Beleidigungsprozeß an. Die Affäre führte zwar zu einem Vergleich, doch ruinierten die Alldeutschen die akademische Laufbahn Valentins. Hintergrund des Konflikts waren u. a. die Differenzen zwischen Reichskanzler Bethmann Hollweg und dem Reichsmarineamt hinsichtlich der Opportunität des uneingeschränkten U-Boot-Krieges.

31 Meyer an Ehrenberg

Berlin-Lichterfelde, 3. Oktober 1916 (Brief)

Lieber Herr Ehrenberg!
Ehe ich dazu kam, Ihnen auf Ihren letzten Brief, den ich in Mergentheim erhalten habe, zu antworten, kam Ihre Karte vom 28. mit der Meldung, dass Sie jetzt an der Somme stehen. Dadurch hat sich ja Ihre ganze Lage gründlich umgestaltet, und Sie sind jetzt mitten in den furchtbaren und unabsehbaren Kämpfen, die tagtäglich neue Opfer fordern, ohne irgend ein Ziel erreichen zu können! Mögen Sie gnädig bewahrt und erhalten bleiben! Wir haben wirklich eine Erhaltung eines gesunden und leistungsfähigen Nachwuchses dringend nöthig!
Für Ihre Erkundigung nach meinem Befinden besten Dank. Ich habe einen Monat lang eine gründliche Kur in Mergentheim gebraucht, die hoffentlich nachhaltig wirkt, und war dann noch eine Zeit lang mit den Meinigen in Thüringen. So hoffe ich jetzt wieder dauernd recht arbeitskräftig zu sein. Hier hat mich natürlich viel, neben anderen Aufgaben, die Politik stark mit Beschlag belegt.
In der Sache Valentin – Cosmann, von der Sie schreiben, stehe ich auf Grund ziemlich genauer Kenntnis der Dinge ganz auf Seiten Cosman's.[1] Es handelt sich dabei wahrlich nicht um kleine Pressecampagnen, sondern um sehr ernste Dinge. Es galt und gilt, dem durch und durch unwahren Treiben zu Leibe zu rücken, mit dem, von oben begünstigt, gegen die Vertreter einer energischen, rücksichtslos durchgreifenden Politik und Kriegsführung zu Wasser und zu Lande gearbeitet wird, und das sich hier in seiner ganzen inneren Verlogenheit enthüllt. Das Treiben, das gegen Tirpitz in Scene gesetzt wurde, war in der That unerhört, und die Antwort des Reichskanzlers an diesen zeigt ja das Verhalten, das man hier einschlagen zu dürfen glaubte, und das böse Gewissen nur zu deutlich.[2] Es handelt sich darum, den letzten Moment auszunutzen, der uns jetzt noch einmal gegeben ist. Ich fürchte allerdings, alles wird nichts nützen, und er wird ebenso verpasst werden, wie im letzten Frühjahr. Alsdann sehe ich sehr trübe in die Zukunft und den Ausgang. Die Überzeugung ist mir völlig fest, dass alle Siege zu Lande, mögen sie noch so glänzend sein, nicht zum Ziele und nicht zu einem, ich will garnicht sagen günstigen, sondern auch nur erträglichen Frieden führen können, wenn wir nicht alle Mittel benutzen, die uns zu Gebote stehen, um gegen England, die Seele unserer Feinde und des gesamten Krieges, entscheidende Schläge zu führen – und dazu wird sich eben die Regierung nicht aufraffen. Ob Amerika dann noch offener in den Krieg eintritt als bisher, ist völlig gleichgültig, und ebenso, was die sonst noch vorhandenen Neutralen dazu

---

[1] Meyer stand mit dem Herausgeber der „Süddeutschen Monatshefte", Cossmann, als gelegentlicher Autor dieser Zeitschrift in Verbindung. Cossmann überließ Meyer interne Informationen über die Hintergründe des Streits mit Veit Valentin.

[2] Im Zusammenhang mit der Affäre Valentin-Cossmann veröffentlichten die „Süddeutschen Monatshefte" im September einen Protestbrief von Tirpitz' vom 6. August 1916 an den Reichskanzler und die Antwort Bethmann Hollwegs vom 22. August. In dem Antwortschreiben suchte sich der Kanzler aus der Affäre zu ziehen, indem er vorbrachte, gegenüber Valentin keine Disziplinarbefugnisse besessen zu haben.

sagen; nur durch einen ganz rücksichtslosen Entschluss können wir unsere Zukunft retren.

Doch ich will davon nicht noch weiter reden; Sie haben jetzt andere Dinge im Kopf und fühlen den furchtbaren Ernst ganz unmittelbar, und so begreife ich, dass Sie davon nichts hören mögen. Lassen Sie ja recht bald wieder von Sich hören! Mit den besten Grüssen und Wünschen Ihr ergebenster

Eduard Meyer

32 Ehrenberg an Meyer

24. Oktober 1916 (Brief)

Hochverehrter Herr Geheimrat,
Seit etwas über einer Woche bin ich aus der Sommeschlacht wieder heraus. Unser Regiment hat in den 3 Wochen wieder sehr schwere Verluste gehabt, und so werden wir wohl für einige Zeit vor einem Neueinsetzen in so unangenehmer Gegend bewahrt bleiben. Mir ist mein altes Glück wieder treu geblieben. — Jetzt sitzen wir wieder vor Verdun, diesmal am anderen Maasufer. Es ist hier seit wenigen Tagen artilleristisch recht lebhaft, aber ich glaube doch nicht recht, daß die Franzosen irgend etwas Ernstliches beabsichtigen. — Wir liegen wieder in einem netten Waldlager direkt an der Maastal-Eisenbahn, nachdem man uns einige Tage lang, bei abwechselndem Regen und Frost, in einem ganz verwahrlosten Lager untergebracht hatte, wo man sich nur sehr notdürftig, durch „innerliche" Wärmezufuhr auf dem Damm halten konnte. Jetzt, wie gesagt, hat man's für einige Zeit wieder ganz gut.
Ich habe mich *sehr* gefreut, über Ihr Befinden Gutes zu hören, und wünsche mit Ihnen herzlichst, daß die Besserung vorhält. Sie betonen, daß wir einen leistungsfähigen Nachwuchs brauchen. Aber ebenso dringend, sehr verehrter Herr Geheimrat, brauchen wir nach dem Kriege auch noch jene ältere Generation, die für uns aus allem Herausgerissene die Tradition verkörpert, an die wir anzuknüpfen haben. Es klingt vielleicht blasiert, ist es aber garnicht, wenn ich sage: Für uns Jüngere ist der Krieg mit allem, was er noch bringen mag, eine abgeschlossene Tatsache, der Sieg zweifelsfrei, weil schon vorhanden (ganz einerlei, was noch kommt: Die Niederlage *kann* nicht kommen!).
Darin liegt der tiefere Grund, weshalb wir der momentanen politischen Betätigung, soweit sie sich nur auf den Krieg und seine unmittelbarsten Folgen bezieht, ganz kühl und fremd gegenüberstehen und es, offen gesagt, bedauern müssen, wenn soviel beste geistige Kraft an Dinge verschwendet wird, die uns so unendlich weniger wichtig dünken als andere. Ich fürchte, dies alles klingt recht anmaßend, aber ich möchte es nur mal aussprechen, welch fabelhafte Distanz zwischen den Generationen besteht. In gewissem Sinne ist der Krieg für die älteren viel mehr ein Erlebnis als für die Jungen. So kommt es so leicht, daß man aneinander vorbeiredet, wie es doch leider (ich empfinde das wirklich sehr schmerzlich) zwischen Ihnen und mir der Fall ist. Ich hoffe allerdings bestimmt, daß das mit dem Frieden anders wird und bin deshalb so sehr glücklich, daß die *menschliche* Beziehung nicht abreißt, wo die *geistige* tatsächlich unterbrochen ist.
Ich habe in letzter Zeit mit viel Freude Treitschke[1] gelesen und war überrascht, bei aller Leidenschaft und Subjektivität doch eigentlich nichts davon zu finden, was seine Nachtreter immer propagieren: das ganze Ungeistig-Brutale, das ganz

---

[1] Heinrich von Treitschke, deutscher Historiker (1834—1896); sein Hauptwerk ist eine fünfbändige „Deutsche Geschichte im 19. Jahrhundert", die nach der 1. Auflage (Leipzig 1879—1894) mehrfach aufgelegt wurde.

reine *Macht*problem als einzig bewegendes Element. Treitschke hat einen sehr offenen und tiefen Blick für die ganz innerlichen geistigen Zusammenhänge. Und wenn er mit prachtvollem Pathos tief unter die Oberfläche taucht, verzeiht man es ihm gern, daß er durch eine gefärbte Brille sieht. In einzelnen Abschnitten allerdings scheint er mir doch sehr im äußerlich-politischen Geschehen hängen zu bleiben. Es würde mich besonders interessieren zu hören, wie Sie zu Treitschke stehen. Während vieles Sie verbindet, vor allem wohl auch jene ganz starke Überzeugung vom Selbstzweck des Staates, mag doch Ihrer eminenten Sachlichkeit manches an ihm zuwider sein.

Ich habe jetzt Rankes große Mächte[2] da (die ich früher schon las) und freue mich auf den Gegensatz.

Bleibt unser ruhiger Aufenthalt von Dauer, so werde ich hoffentlich auch zu Plato mich wiederfinden, der ja seit mehr als vier Wochen in meiner Kiste schlummert. Kürzlich las ich Wilamowitz's Rede über Alexander[3] und fand sie sehr schön. Allerdings bin ich der Ansicht, daß Alexanders Weltreich (als nur auf seiner Person basierend) von der gleichen inneren Sinnlosigkeit war wie das Napoleons. Diese Erkenntnis finde ich in Wilamowitz's Urteil jedenfalls nicht.

Man ruft mich ab.

Mit ergebensten Grüßen Ihr stets dankbarer

Victor Ehrenberg

---

[2] Ehrenberg hat wahrscheinlich Leopold von Rankes Buch „Die großen Mächte" in der Fassung Stuttgart und Berlin 1916 (Sammlung Cotta'scher Schulausgaben) gelesen.

[3] „Alexander der Große", gehalten in Warschau vor den Offizieren des Generalgouvernements, 4. April 1916, in: U. von Wilamowitz-Moellendorff, Reden aus der Kriegszeit, 5. Heft, Berlin 1916, S. 5—40, wieder abgedruckt in ders., Kleine Schriften, Bd. V 1 (unveränderter Nachdruck der 1. Aufl.), Berlin 1971, S. 181—203.

33 Ehrenberg an Meyer

8. Dezember 1916 (Brief)

Hochverehrter Herr Geheimrat,
Es ist lange her, daß ich Ihnen berichten konnte, daß wir von der Somme wieder fort waren, länger noch, daß ich von Ihnen hörte. Und wenn ich nicht wüßte, daß Sie mir Ihre freundschaftliche, wohlwollende Gesinnung auch dann bewahrten, wenn ich Ihnen in rebus politicis[1] widersprach, so müßte ich fast fürchten, daß Sie mein letzter offenherziger Brief doch gekränkt hat. Ist das der Fall? Es täte mir mehr als leid. Aber Ihre Arbeitsüberbürdung ist ja schon Grund genug, daß Sie nicht zum Schreiben kommen.
Der November verlief für mich ohne jedes besondere Ereignis. Jetzt aber bin ich zu einer Batterie versetzt und damit mehr als bisher in den täglichen kleinen Aufregungen des Krieges mittendrin. Ich bin Ältester in der Batteriestellung, alle Offiziere sind auf Beobachtung oder sonstwo, und so habe ich allerhand zu tun. Aber ich bin sehr froh darüber; man kommt nun viel weniger auf — dumme Gedanken.
Im übrigen bin ich völlig optimistisch, wenn ich auch an den Frieden im Frühjahr keinesfalls glaube. Das Militärische, dieser erstaunliche Geschwindmarsch durch Rumänien[2], ebenso wie das übrige (Polen[3] — Zivildienst[4] — Asquith[5]) weist mit aller Energie auf das siegreiche Ende zu. Aber allerdings: wenn wir in Fortsetzung des rumänischen Feldzugs nicht Rußland so entscheidend treffen können, daß es tatsächlich Sonderfrieden macht (wonach es momentan ja wirklich nicht aussieht), so haben wir im Frühjahr oder schon früher eine Gesamtoffensive aller unserer Gegner zu bestehen, die wir zwar auch — unter neuen Opfern — abschlagen werden, die den Krieg aber sicherlich bis zum Herbst verlängert. —
Gern würde ich hören, sehr verehrter Herr Geheimrat, wie es Ihnen und den Ihrigen geht. Ich hoffe sehr, daß die Wirkung der sommerlichen Kur noch vorhält. Und freuen würde es mich, wenn Sie mir auch „vom Bau" mal Neues und Schönes berichten könnten. Ich empfinde es ja als so sehr traurig (so gut ich es auch begreifen kann), daß Ihre wissenschaftliche Arbeit verhältnismäßig ruht. Wissen Sie eigentlich, Herr Geheimrat, *wieviel* Menschen auf die Neuauflage des 2. Bandes der G. d. A. warten oder gar auf eine Fortsetzung des Ganzen?![6] —
Doch ich weiß manchmal auch nicht, ob es recht ist, so zu fragen, ob nicht doch

---

[1] „in politischen Dingen".
[2] Nachdem Rumänien Ende August 1916 Österreich-Ungarn und Deutschland den Krieg erklärt und Anfangserfolge in Siebenbürgen errungen hatte, gingen die Mittelmächte im September zur Gegenoffensive über. Am 6. Dezember 1916 fiel Bukarest.
[3] Ehrenberg bezieht sich auf die Proklamation eines nominell selbständigen, tatsächlich aber von Deutschland und Österreich-Ungarn abhängigen polnischen Königreichs am 5. November 1916.
[4] Am 2. Dezember 1916 nahm der deutsche Reichstag das „Gesetz über den vaterländischen Hilfsdienst" an. Dadurch waren u. a. alle Arbeiter vom 16. bis zum 60. Lebensjahr verpflichtet, in kriegswichtigen Betrieben zu arbeiten.
[5] Herbert Henry Asquith (1852—1928), seit 1908 britischer Premierminister, trat im Dezember 1916 zurück.
[6] S. Anm. 3 zu Brief Nr. 10.

es schwächlich und unverständig ist, wenn ich auch für mich selber die Frage stelle, *was* könntest Du in diesen Kriegsjahren lernen und leisten! Es ist das Sinnlose dieses unendlichen Krieges, was uns den Zweifel aufdrängt, ob unser Dienst für das Vaterland immer und stets das Höchste ist; und doch ist er's! —
So geht das Jahr zu Ende. Auch 1916 hat uns ein großes Plus gebracht — trotz allem. Ich erachte als solches ebenso die Niederlage Rumäniens als die Erkenntnis, daß der Krieg im Westen von keiner Seite zu entscheiden ist. —
Ich wünsche Ihnen, sehr verehrter Herr Geheimrat, ein leidlich frohes und ungestörtes Weihnachtsfest — wehmütig wird es wohl fast für jeden sein in Deutschland — und guten Eintritt ins neue Jahr, das nun hoffentlich das letzte des Krieges sein wird.
Mit aufrichtigsten Grüßen Ihr stets ergebener

Victor Ehrenberg

34 Meyer an Ehrenberg

Berlin-Lichterfelde, 26. Dezember 1916 (Brief)

Lieber Herr Ehrenberg!
Endlich komme ich dazu, Ihnen einmal wieder zu schreiben, nachdem ich so lange meine Korrespondenz habe ruhen lassen. Selbstverständlich verarge ich Ihnen Ihre in manchen Dingen abweichende Auffassung in keiner Weise, im Gegentheil, ich begreife vollständig, dass Sie theils nach Ihrer Denkrichtung theils unter den Eindrücken an der Front über viele Dinge (z. B. jetzt auch über unser Friedensangebot[1]) wesentlich anders denken müssen als ich, und freue mich nur, wenn Sie mir das recht offen aussprechen.
Aber ich war in den letzten Monaten so in Anspruch genommen, dass eben alles andere liegen bleiben musste. Das, im übrigen sehr stark besuchte, Colleg gibt mir nicht allzu viel zu thun, um so mehr aber die Übungen, für die ich diesmal die Apostelgeschichte genommen habe[2], wobei ich mich, wie Sie sich denken können, in sehr vieles erst ernsthaft hineinarbeiten muss. Dazu kommen eine andere größere wissenschaftliche Arbeit[3], an der ich um so eifriger thätig bin, da ich die Zeit, wo ich mich wieder recht arbeitskräftig fühle, nach Möglichkeit ausnutzen will, und natürlich auch immer wieder mancherlei politisches u. ä. So ist Woche auf Woche vergangen, bis zu den Ferien. Mit meinem Befinden kann ich, abgesehen von einer vorübergehenden Influenza, recht gut zufrieden sein; hoffentlich hält es auf die Dauer an.
Von politischen Dingen rede ich jetzt nicht weiter; die wahre Gestalt unserer gegenwärtigen Lage ist mir unklarer als je, und vor allem kenne ich Motive und Ziele der m*aass*gebenden Persönlichkeiten garnicht. So schwanke ich, und wir alle, zwischen Furcht und Hoffnung, und wir wollen die Hoffnung nicht aufgeben, dass hinter den an die Öffentlichkeit tretenden Aktionen wirklich eine klare und sichere Anschauung und ein fester Wille steckt oder dass diese sich doch durchsetzen werden. An einen Frieden ist ja gegenwärtig nicht ernsthaft zu denken; ist die Friedensaktion das Vorspiel und die Einleitung zu einer ganz energischen und rücksichtslosen Kriegführung und zugleich zu einer bestimmten und festen Abweisung der amerikanischen Intervention, so kann noch alles gutgehen, und dann kann das Jahr 1917 uns wirklich an das ersehnte Ziel bringen und nachholen was vor einem Jahr versäumt oder doch nicht erreicht wurde!
Über die guten Nachrichten, die Sie über sich mittheilen können, freue ich mich sehr. Auch von den Unseren haben wir weiter gute Nachrichten. Möge das neue Jahr uns neben den unvermeidlichen schweren und vielleicht noch furchtbareren Opfern, die uns sicher bevorstehen, auch das einbringen, wofür sie dargebracht sind und was allein sie rechtfertigen kann. Mit den besten Grüssen und Wünschen

Eduard Meyer

[1] Am 12. Dezember 1916 unterbreiteten die Mittelmächte ein Friedensangebot, das zwischen dem 13. und 19. Dezember durch die Entente abgelehnt wurde.
[2] Im Wintersemester 1916/17 hielt Meyer eine Vorlesung über die Geschichte der römischen Kaiserzeit und das Seminar „Die Anfänge des Christentums, speziell die Apostelgeschichte".
[3] Gemeint ist wohl Meyers Werk „Caesars Monarchie und das Principat des Pompejus. Innere Geschichte Roms von 66 bis 44 v. Chr.", Stuttgart und Berlin 1918.

Ehrenberg an Meyer

8. Januar 1917 (Brief)

Sehr verehrter Herr Geheimrat,
Ihr letzter Brief, für den ich Ihnen sehr herzlich danke, hat mir in mehrfacher Hinsicht besondere Freude gemacht. Vor allem natürlich die guten Nachrichten über Ihr Befinden sowie Ihre Mitteilung über die größere wissenschaftliche Arbeit, auf deren Inhalt ich natürlich einigermaßen gespannt bin.
Daß ich mich über das deutsche Friedensangebot gefreut habe und auch noch heute rückhaltlos freue, ist gewiß, so wenig ich mir auch Hoffnungen gemacht hatte. Die Tatsache selbst – als sittliche wie als realpolitische *Tat* – war wunderschön und groß. Von der Antwort der Entente hatte ich allerdings nicht erwartet, daß sie ihre Ablehnung in einer derartig törichten Form bringen würde; diese Note ist das kindische Gepolter eines, der das Mißlingen seiner Pläne einsieht, aber noch nicht eingestehen will. Jetzt geht nun der Krieg weiter, mit der gleichen Energie, die die Sommeschlacht zum Sieg machte und den rumänischen Feldzug (der jetzt neue Perspektiven eröffnet) führt. Daran – das ist meine Überzeugung – kann auch Herr Wilson nichts ändern. Ihnen wird ja wohl die deutsche Antwort an Amerika[1] nicht abweisend genug gewesen sein, aber ich halte diese konzilianten Redensarten für durchaus geschickt. Daß jetzt, nach der Ablehnung der Entente, für Wilsons Tätigkeit kaum mehr Raum ist, beweist des Kaisers neuer Aufruf ans Heer[2], wird Wilson wohl auch selbst einsehen.
So tritt wieder alles vor den militärischen Dingen zurück. Und sie sehen gut aus. Im Westen wird hoffentlich eine zweite elende Schlappe wie Verdun nicht noch einmal erfolgen, obwohl mit ähnlichen französischen Vorstößen gerechnet werden muß. Ob es im Osten wirklich zu einer Doppeloffensive (Odessa-Petersburg) kommen wird? Ich wage es kaum zu hoffen. Ein Winterfeldzug in Kurland muß unerhört schwierig sein. Doch jedenfalls wird die kommende feindliche Frühjahrsoffensive schon eine völlig veränderte strategische Situation im Osten vorfinden, und das ist die Hauptsache.
Von mir ist nicht viel zu erzählen. Es ist nicht gerade ruhig hier, aber starke Tätigkeit gab es nur an paar Tagen, gestern leider auch durch einen Zufallstreffer ein paar Verwundete in der Batterie. Am Toten Mann[3], von wo ich neulich unser Feuer beobachtete, sieht es toll aus. Was die Infanterie auszuhalten hat, ist unbeschreiblich; daß sie trotzdem z. T. noch fabelhaften Schneid hat, kaum begreifbar. Einmal müssen auch diese Kräfte ihre Grenze finden. –
Mit aufrichtigsten Grüßen Ihr dankbar ergebener

Victor Ehrenberg

[1] Das Auswärtige Amt übergab dem Botschafter der USA am 27. Dezember eine Note der deutschen Regierung als Antwort auf ein Schreiben des amerikanischen Präsidenten Wilson vom 21. Dezember. In der Note wird Wilsons Gedanke, Grundlagen für die Herstellung eines dauernden Friedens zu schaffen, begrüßt und die baldige Zusammenkunft von Delegierten der kriegführenden Staaten an einem neutralen Ort vorgeschlagen.
[2] Im Befehl des Kaisers vom 31. Dezember 1916 an Heer und Marine werden die Leistungen der Streitkräfte im Jahre 1916 gelobt und Siege auch im neuen Jahr erwartet.
[3] Le Mort Homme, Höhe 265 bei Verdun.

36 Meyer an Ehrenberg

Berlin-Lichterfelde, 11. Februar 1917 (Karte)

Verehrter Herr Ehrenberg!
Nachdem ich eine dringende politische Arbeit[1] im wesentlichen erledigt und eine schwere Erkältung, die mich acht Tage ans Bett gefesselt hat, glücklich überwunden habe, will ich Ihnen doch auch gleich wieder schreiben. Inzwischen hat sich ja nun die Lage gründlich geändert: endlich!!! hat man sich zu dem rücksichtslosen Ubootkrieg aufgerafft,[2] und es zeigt sich, wie gewaltig sich unsere Lage dadurch gebessert hat und wie unbegründet die Sorgen waren, die bisher davon zurückhielten. Für die Stimmung im Lande hat das natürlich einen gewaltigen Umschwung gebracht: alles athmet auf, und wir hoffen wieder mit vollem Vertrauen auf einen günstigen Ausgang. Es war aber auch höchste Zeit! Hoffentlich entsprechen dem nun auch die Operationen zu Lande, die wohl in etwa 1–2 Monaten einsetzen werden: dann lässt sich das schon fast entschwundene Ziel noch erreichen. Die Klärung des Verhältnisses zu Amerika ist ein gewaltiger Vortheil, auch für die flämische Frage, die jetzt ernstlich in Bewegung kommen muss.
Mit den besten Grüssen und Wünschen Ihr

Eduard Meyer

Hoffentlich geht Ihnen alles weiter gut wie bisher. Lassen Sie bald wieder von Sich hören!

[1] Gemeint ist wohl Meyers Schrift „Der amerikanische Kongreß und der Weltkrieg", Berlin 1917.
[2] Die Ankündigung des uneingeschränkten U-Boot-Krieges vom 31. Januar 1917 durch Deutschland führte am 3. Februar zum Abbruch der diplomatischen Beziehungen mit den USA.

Ehrenberg an Meyer

22. Februar 1917 (Brief)

Hochverehrter Herr Geheimrat,
Aufrichtigen Dank für Ihre Karte vom 11. Es ist ja natürlich, daß Ihnen die Ereignisse dieser Wochen als Erfüllung lang erstrebter Wünsche eine große Freude bereiteten. Daß sie aber für jedermann dasselbe, ein „Aufatmen", bedeuteten, das kann ich von mir jedenfalls nicht sagen. Ich habe allerdings volles Vertrauen in unsere leitenden Männer und insofern hoffe auch ich, daß der U-bootkrieg wenn nicht entscheidend, so doch ganz überaus wesentlich sein wird. Aber den Optimismus, der England in 2 Monaten verhungert sieht, kann ich nicht mitmachen; Gott geb's, daß ich zu skeptisch bin! Dagegen bin ich, was die kommenden Dinge zu Lande angeht, vollständig sicher, daß keine feindliche Offensive mehr als ein gewisses Zurückdrücken unserer Fronten erreichen wird. Wir haben von der Somme her gelernt, was es bedeutet, *von vorn herein* mit Artillerie und Munition aufs stärkste versehen zu sein, und ich halte auch eine Doppeloffensive an der Westfront für zwar sehr ernst und verlustreich auch für uns Verteidiger, aber doch für im Grunde nicht gefährlich. –
Beiliegend schicke ich Ihnen einen kleinen politischen Aufsatz[1], den ich vor kurzem schrieb, denn ich denke, Sie werden trotz gewißlich gegenteiliger Meinungen dafür Interesse haben. Darf ich aber darum bitten, mir den Artikel zurückzuschicken, da er mein einziges Exemplar darstellt; ich wäre Ihnen dafür sehr dankbar, wie ich natürlich auf Ihr Urteil gespannt bin.
Mir ist's inzwischen ganz leidlich ergangen. Jetzt liegen wir in Deutsch-Lothringen in Ruhe, exerzieren, halten und hören Vorträge u. s. w. und warten, bis es dem lieben Feinde einfällt anzugreifen. Dann wird man uns irgendwo, wo es am bösesten zugeht, einsetzen: alles in allem keine gerade beglückende Aussicht! Doch weiß man ja zu sehr: jetzt geht alles hart auf hart, jetzt geht's wirklich um alles – da kommt man gar nicht in Versuchung, etwas anderes zu tun als: die Zähne zusammenbeißen und – rein ins Vergnügen! „Heldentum" ist das nicht mehr, ganz im Gegenteil. Aber seine Schuldigkeit wird auch dieser seelische Zustand tun. Nur *müßte* dies Jahr wirklich das Ende bringen! Sonst käme doch vielleicht der große seelische Rückschlag, den die Masse schon längst gehabt hat, der aber verhängnisvoll würde, wenn die unteren Führer ihn erführen! –
Haben Sie Kälte und Wetterumschlag nach der früheren Erkältung gut überstanden? Ich hoffe sehr, daß es Ihnen gut geht und Sie wieder tief in Arbeit stecken, was dafür ja wohl bester Beweis ist. Hoffentlich bekomme ich bald mal wieder Nachricht von Ihnen.
Mit aufrichtigem Gruße Ihr dankbarst ergebener

Victor Ehrenberg

[1] Vgl. Brief Nr. 38.

38 Ehrenberg an Meyer

27. März 1917 (Brief)

Hochverehrter Herr Geheimrat,
Die letzten Wochen haben für uns ziemliche Unruhe gebracht, sodaß man wenig zum Nachdenken, noch weniger zum Schreiben kam. Aus unserm lothringischen Ruhequartier wurden wir plötzlich alarmiert, um im Eiltempo in der westlichen Champagne eingesetzt zu werden, wie wir vermuten, als Flankenschutz der großartigen Rückwärtsbewegung.[1] Der Franzmann ist aber bisher hier sehr ruhig gewesen, obwohl wir ihn mit viel Schießen sicher ziemlich ärgerten. Allmählich allerdings wird er auch lebhafter. Man ist natürlich fabelhaft gespannt, was werden wird. Es ist wohl sicher, daß die Rekonzentration noch mehr bezweckt als die Lahmlegung der feindlichen Offensive. Dieser erste Zweck ist ja prachtvoll gelungen, und man hat absolutes Vertrauen aufs weitere. Ich denke, diese Gefühle sind gleich bei uns wie daheim. Ich jedenfalls habe das Empfinden, daß das Ende bis zum Herbst gewiß ist. Briands Sturz[2] empfinde ich doch als recht bedeutungsvoll. Über die großen Dinge in Rußland[3] dagegen läßt sich doch noch garnichts sagen. Möglich, daß den augenblicklichen Herren noch die Leitung aus der Hand gleitet und die friedenssüchtigen Massen wieder die Bourgeoisie stürzen, möglich, aber doch keineswegs sicher. Aber wie ungeheuer groß ist das alles, was augenblicklich geschieht! Überall herrscht „Hochspannung" — es ist unmöglich, daß sie sich löst ohne entscheidende Entladung. —
Mein letztes Schreiben mit der Beilage „Bankrott des Parlamentarismus"[4] vermute ich in Ihrer Hand und bitte nochmals, mir den Aufsatz zurückschicken zu wollen. Ich vermute, daß Sie mit meinem Lobe Bethmanns recht wenig einverstanden sind, aber andererseits lag mir daran, daß Sie erkennen, daß ich keineswegs auf dem üblichen demokratischen Boden stehe. Trotzdem habe ich mich über Bethmanns letzte Rede im Abgeordnetenhaus[5] bedenkenlos gefreut. Es würde mich sehr interessieren zu erfahren, ob Sie, sehr verehrter Herr Geheimrat, in den Fragen der inneren Politik auch auf *dem* Standpunkt der extremen Konservativen stehen, deren Ansichten in der äußeren Politik Sie teilen. Sie werden begreifen, daß ich das aufrichtig bedauern müßte. Denn für mein Empfinden stellt die extreme Rechte — neben der nicht ernst zu nehmenden extremen Lin-

---

[1] Gemeint ist der organisierte Rückzug mehrerer deutscher Armeen auf die „Siegfriedstellung" (16. bis 19. März 1917).
[2] Aristide Briand (1862—1932) war wiederholt französischer Ministerpräsident, u. a. vom Oktober 1915 bis zu seinem Rücktritt am 17. März 1917, der wegen der wirtschaftlichen Schwierigkeiten Frankreichs als Folge des deutschen U-Boot-Kriegs und wegen innenpolitischer Spannungen notwendig wurde, die in vergeblichen Verhandlungen um die Neubesetzung des Postens des Kriegsministers zutage traten.
[3] Gemeint ist die bürgerlich-demokratische Revolution vom 12. März 1917.
[4] S. Einleitung S. 25.
[5] Theobald Friedrich Alfred von Bethmann Hollweg (1856—1921) war Reichskanzler von 1909 bis Juli 1917. Ehrenberg spielt auf die Rede vor dem Abgeordnetenhaus vom 14. März 1917 an, in der Bethmann Hollweg als preußischer Ministerpräsident die Debatte über den Etat des Herrenhauses dazu nutzte, Reformen des preußischen Wahlrechts nach dem Friedensschluß in Aussicht zu stellen.

ken – das einzige Element dar, das bewußt reichsfeindlich ist. Und kann es im Augenblick eigentlich etwas Schlimmeres geben?!
Von mir persönlich ist nicht allzuviel zu sagen. Ich bin abwechselnd auf Beobachtung im Schützengraben und in Batteriestellung und führe ein ziemlich unruhiges und nicht übermäßig erfreuliches Leben. Aber im Augenblick nimmt man das leichter in Kauf als je. Man freut sich ja, wenn man mal das Empfinden hat, wirklich nützen zu können. Und gerade auf Beobachtung, wo man den ganzen Tag nicht zur Ruhe kommt, Batterien einschießt, Sperrfeuer prüft, anderen Beobachtern hilft u. s. w., da ist das einigermaßen der Fall.
Hoffentlich höre ich bald von Ihnen, daß es Ihnen und den Ihrigen gut geht. Auch wenn ich etwas Neuigkeiten vom „Fach" erfahren könnte, würde ich mich sehr freuen. Hoffentlich sind Sie recht frisch, daß Ihnen die Arbeit, die ja wieder stark an Sie herantreten wird, nicht zuviel wird. Ist eigentlich Wilamowitz noch immer von alter Frische und Regheit? –
Mit aufrichtigsten Grüßen Ihr dankbarst ergebener

Victor Ehrenberg

39 Meyer an Ehrenberg

Berlin-Lichterfelde, 10. April 1917 (Brief)

Lieber Herr Ehrenberg!
Ich habe Ihnen längst schreiben wollen – aber wie Sie sehen, es kam immer etwas dazwischen. Im März war ich längere Zeit unterwegs um Vorträge über Amerika zu halten,[1] und bei der Heimkehr hatte sich hier wieder viel aufgehäuft. Dazu kommt dann, dass ich doch auch einmal wieder stramm wissenschaftlich arbeiten wollte und gearbeitet habe – und so ist die Zeit eben vergangen.
Inzwischen haben sich ja nun die Dinge gewaltig weiter entwickelt. Der Bruch mit Amerika[2] hat überall ganz kühl gelassen, er ändert ja an der Situation kaum etwas, da Amerika schon vorher alles that was es konnte um uns zu schaden. Der rücksichtslose Ubootkrieg dagegen hat einen gewaltigen Aufschwung der vorher sehr deprimierten Stimmung erzeugt, und ermöglicht es, durch die schwere wirtschaftliche Lage hindurchzukommen. Da stehen freilich noch schlimme Monate bevor, doch werden wir bis zur neuen Ernte durchkommen. Viel besser wird es freilich auch dann nicht werden können – aber das würde es auch nicht, wenn in allernächster Zeit Frieden geschlossen würde, da es 1–2 Jahre dauern muss, bis auch nur die ärgsten Störungen und Schwierigkeiten überwunden sind – und die Zustände wie sie vor dem Kriege bestanden, werden überhaupt niemals wiederkehren. Meine Überzeugung, dass 1914 den Wendepunkt der modernen Entwicklung bildet, und dass es von da aus bergab geht, festigt sich immer mehr – es sei denn, dass etwa die gelbe Rasse[3] die Aufgaben übernimmt, an denen die weisse jetzt endgültig gescheitert ist.
Im übrigen müssen wir in Geduld abwarten, so gespannt wir sind und so sehr sich die Ereignisse drängen. Die Tragweite und Entwicklung der russischen Revolution ist ja noch ganz unübersehbar, und was man im Westen oder sonst vorhat, weiss ich natürlich auch nicht.
Ihren Aufsatz schicke ich Ihnen beifolgend zurück. Ich habe ihn mit grossem Interesse gelesen. Ihrer Schätzung Bethmanns vermag ich freilich nicht beizustimmen, obwohl er in der *inneren* Politik mit Geschick und Erfolg operiert hat; aber den Aufgaben der äusseren Politik ist er meines Erachtens nicht gewachsen gewesen und ist es auch jetzt nicht; dazu ist er viel zu sehr Doktrinär. Ich schicke Ihnen gleichzeitig eine Schrift über die Vorgänge in Amerika im vorigen Jahr,[4] die auch auf unsere unglückselige Politik ein helles Licht wirft. Ich habe übrigens in den innerpolitischen Fragen niemals auf dem Standpunkt

---

[1] Beim gegenwärtigen Stand der Auswertung des Nachlasses von Eduard Meyer läßt sich für diese Zeit nur eine Einladung beibringen, in Mühlheim/Ruhr über „Probleme der Gegenwart" zu sprechen.
[2] Am 6. April 1917 erklärten sich die USA als im Kriegszustand mit Deutschland befindlich.
[3] Nach den Siegen über China (1894/95) und Rußland (1904/05) galt Japan für die europäischen Nationen und die USA als kommende Großmacht – eine Entwicklung, die häufig mit Bedrohungsvorstellungen verbunden wurde (z. B. in dem verbreiteten Schlagwort von der „gelben Gefahr"). Bei Meyer ist diese negative Sicht ins Positive gewendet: die „gelbe Rasse" wird zum Hoffnungsträger.
[4] Ed. Meyer, Die Lage in Amerika (Zeit- und Streitfragen, Korrespondenz des Bundes deutscher Gelehrter und Künstler, Jg. 1, Nr. 3), 1917.

der Conservativen gestanden, sondern auf dem der Nationalliberalen, für die ich gelegentlich auch thätig gewesen bin. In allem wesentlichen stimme ich mit den Ansichten meines Freundes Friedberg[5] überein.

Die Thorheit der Conservativen in ihrem Verhalten zur Wahlrechtsfrage liegt ja jetzt klar vor Augen: sie haben genau das Gegentheil von dem erreicht, was sie erstrebten, und eben so verkehrt operirt und ihre Partei ruinirt, wie seiner Zeit Eugen Richter den Freisinn ruinirt hat.[6] Der Wahlrechtserlass des Kaisers ist durch sie geradezu erzwungen und war eine Nothwendigkeit geworden. Theoretisch stehe ich dieser Frage sehr kühl gegenüber. Als ein Menschenrecht kann ich das Wahlrecht überhaupt nicht anerkennen, und seine Gestaltung halte ich lediglich für eine Opportunitätsfrage; ein theoretisch richtiges Wahlrecht gibt es überhaupt nicht und kann kein Mensch erfinden. Aber es ist wie die moderne Entwicklung sich einmal gestaltet hat, eine unabweisbare Nothwendigkeit geworden. Nach Jahrtausenden wird unsere Gestaltung desselben und des ganzen Parlamentarismus einmal eben so fremdartig erscheinen, wie uns die entsprechenden Einrichtungen der Staaten des Alterthums.

Ich muss schliessen, und sende noch die besten Grüsse und Wünsche. Hoffentlich ist der feindliche Durchbruchversuch bei Arras[7] wirklich gescheitert und halten wir unsere Stellungen im Westen unerschüttert!

Mit bestem Gruss

Eduard Meyer

---

[5] Robert Friedberg (1851–1920) war bis November 1917 Vorsitzender der nationalliberalen Fraktion im Preußischen Abgeordnetenhaus. Er hatte hier in einer Rede vom 14. März 1917 die konservativen Angriffe vom 9. März gegen den Parlamentarismus scharf zurückgewiesen und eine Reform des Wahlrechts gefordert, die am gleichen Tage auch Reichskanzler Bethmann Hollweg in einer Rede zugestand (s. Brief Nr. 38) und ebenso — wenngleich in abgeschwächter Form — in der Osterbotschaft (vom 7. April 1917) Wilhelms II. als Königs von Preußen zugesichert wurde. Mit ihrem Versuch, das Dreiklassenwahlrecht in Preußen zu sichern, hatten die Konservativen also zunächst das Gegenteil erreicht: sie hatten die Regierung dazu veranlaßt, sich auf die Reform festzulegen. Meyer war mit Friedberg seit der gemeinsamen Privatdozentenzeit in Leipzig befreundet.

[6] Eugen Richter (1838–1906) war ein führender Politiker der linksliberalen Fortschrittspartei, später der Deutsch-freisinnigen Partei. Diese spaltete sich 1893 wegen Richters prinzipieller Opposition gegen die Regierung und seiner autokratischen Parteiführung.

[7] Am 2. April 1917 begann eine englische Offensive im Artois bei Arras.

40 Meyer an Ehrenberg

Berlin-Lichterfelde, 29. April 1917 (Karte)

Lieber Herr Ehrenberg!
So hat auch Sie das Geschoss erreicht![1] Ich freue mich aber sehr, dass die Verwundung wie es scheint doch nicht schwer ist, wenn sie auch quälend sein und zur Genesung längere Zeit brauchen mag, und wünsche von Herzen gute Besserung! Einen Brief habe ich Ihnen gleichzeitig mit meinem Buch geschrieben, und er hat Sie hoffentlich inzwischen erreicht. Heute sende ich nur rasch die herzlichsten Wünsche, ehe ich morgen die Vorlesungen anfange[2] – ich bin gespannt, wie es diesmal aussehen wird. Hoffentlich geht es nun nicht nur draussen zu See und Land, sondern auch im innern wenigstens erträglich – da liegt meine Hauptsorge, die laue Stimmung oben und das Regiment Scheidemann[3], unter dem wir stehen, lässt die schwersten Befürchtungen aufkommen. Hoffentlich erfüllen sie sich nicht!
Mit den besten Wünschen für guten Verlauf der Heilung

Eduard Meyer

[1] Im April und Mai 1917 griffen französische Truppen den Teil der Siegfriedstellung an, der dem Lauf der Aisne folgte. Ehrenberg wurde im April während der Schlacht an der Aisne am rechten Bein verwundet. Der Brief, der Meyer darüber informierte, ist verlorengegangen.
[2] Meyer las im Sommersemester 1917 die „Geschichte des Altertums (Orient und Griechenland bis zur Begründung des Perserreiches)" und hielt das Seminar „Die Zeit des Nikiasfriedens (Thukyd. V)".
[3] Philipp Scheidemann (1865–1939), ein sozialdemokratischer Politiker, wurde nach der Fraktions- und Parteispaltung im April 1917 Fraktionsvorsitzender der Mehrheitssozialisten. Meyer spielt wahrscheinlich auf Versuche der SPD an, die wachsende Unzufriedenheit der Bevölkerung (Aprilstreiks 1917) zur Einflußnahme auf die Reichsregierung zu nutzen.

Ehrenberg an Meyer 41

Frankfurt/Main, 18. Mai 1917 (Brief)

Hochverehrter Herr Geheimrat,
Aufrichtigen Dank für Ihre freundlichen Wünsche und nachträglich auch noch für den Brief ins Feld, der mir hierher nachgeschickt wurde. Es geht mir, um das gleich zu sagen, ganz gut. Ich humpele schon ziemlich herum und hoffe, in diesen Tagen zum ersten Male ausgehen zu können. Bis ich aber wieder völlig kriegsverwendungsfähig bin, wird wohl noch der Juni vergehen, — wenigstens, wenn ich den Urlaub mit einrechne. Wenn ich hier entlassen werde, muß ich ja zu meinem Ersatztruppenteil in — Lissa (Posen); hoffentlich werde ich auf der Reise auch bei Ihnen vorsprechen können.
Ich lese momentan Rankes wundervolle Englische Geschichte — neben manchem anderen. Zum „Arbeiten" kommt man natürlich auch jetzt nicht. Auch Stegemanns kluge und interessante Kriegsgeschichte[1] lese ich; sie ist für den geringen zeitlichen Abstand von den Dingen auf *jeden* Fall (einerlei, wieweit sie später einmal widerlegt wird) eine sehr ungewöhnliche Leistung.
Der letzte Dienstag wird auch Ihnen, denke ich, Freude bereitet haben. Ich halte Bethmanns Rede in *jeder* Beziehung für glücklich. Die durchaus energische Abwehr nach rechts und links war unumgänglich, nach rechts aus Gründen, die ja schon länger offenbar sind und die die meines Erachtens auffallend ungeschickte Rede Roesickes nur verstärkt hat — nach links, weil Scheidemann jetzt wirklich immer mehr in alten Doktrinarismus fällt, der allerdings allmählich gefährliche Formen annimmt. An ein eigentliches „Regiment Scheidemann" habe ich allerdings nicht geglaubt, und Bethmanns Rede hat mir ja recht gegeben. *Sehr* gut war auch, was er über Rußland sagte: Bereitschaft zum Frieden ohne Drängen zum Sonderfrieden, den (das läßt sich heute sagen) auch der russische Sozialismus *nicht* will.[2]
Die Einigkeit des Blocks von Zedlitz zu Naumann[3] halte ich für keinen Zufall.

---

[1] H. Stegemann, Geschichte des Krieges, 4 Bde., Stuttgart und Berlin 1917–1921; davon erschienen 1917 die ersten beiden Bände.

[2] In der Reichstagssitzung vom 15. Mai 1917 begründete der Abgeordnete Rösicke die Kriegsziel-Interpellation der Konservativen an den Reichskanzler Bethmann Hollweg. Anlaß dazu bot ein Beschluß des sozialdemokratischen Parteiausschusses vom 20. April 1917, der einen gemeinsamen Frieden ohne Annexionen und Kriegsentschädigungen gefordert hatte. Indem er der Reichsregierung Begünstigung der Sozialdemokratie vorwarf, verlangte Rösicke vom Kanzler ein Bekenntnis zum Siegfrieden. Die sozialdemokratische Interpellation erinnerte den Reichskanzler an die Bereitschaft der provisorischen Regierung Rußlands sowie Österreich-Ungarns, einen Frieden ohne Annexionen zu schließen. In seiner Begründung der sozialdemokratischen Interpellation wies Scheidemann auf die bevorstehende Internationale Sozialistische Konferenz in Stockholm hin, auf der Sozialisten aus den kriegführenden Ländern gemeinsame Vorarbeiten für den Frieden leisten wollten. Bethmann Hollweg lehnte Erklärungen im Sinne einer der beiden Seiten ab. Wie die Oberste Heeresleitung setzte er auf den Erfolg des Westheeres und des U-Boot-Kriegs, schloß allerdings eine Verständigung mit Rußland nicht aus.

[3] Octavio Freiherr von Zedlitz und Neukirch (1840–1919) war Führer der Freikonservativen im Preußischen Abgeordnetenhaus. Zu Naumann vgl. Anm. 2 zu Brief Nr. 23.

Tatsächlich besteht doch in den Hauptsachen der inneren Politik kein prinzipieller Unterschied mehr zwischen den gesamten Mittelparteien. Diese Tatsache (als Beweis der notwendigen Demokratisierung) ist meines Erachtens ebenso natürlich als die, daß Bethmann als ihr einziger und *natürlicher* Führer auf jeden Fall gehalten werden *muß*.

In *dem* Sinne, wie Sie 1914 als Epochenjahr bezeichnen, kann ich es nicht anerkennen. Ich bin ganz felsenfest überzeugt, daß das 20. Jahrhundert in viel stärkerem Maße als das kulturlose 19. für Europa eine Zeit geistiger *Erneuerung* bedeuten wird und damit unmöglich einen Abstieg. Wir stehen so sichtlich in einer allgemeinen Vertiefung des religiösen, des sittlichen, ja des in jeder Hinsicht geistigen Menschen, daß alle politische Verwirrung und Schwächung diesen Schwung nach *oben* nicht wird hemmen können! Glauben Sie wirklich an das „Völker Europas ...?"[4] Ich kann mir nicht denken, daß eine Rasse[5], deren Hauptvertreter nichts ist als ein geschickter Imitator europäischer Zivilisation, unser politisches und kulturelles Erbe in absehbarer Zeit wird antreten können.

Politisch wird die Zukunft vom Gegensatz der mitteleuropäischen und der angelsächsischen Welt beherrscht werden, das glaube ich heute auch. Wieweit Romanentum, Russentum und Ostasien an unserer Seite zu finden sein wird, darüber wage ich nichts zu prophezeien.

Doch ich halte hier politische Vorträge und nehme Ihre Zeit wirklich über Gebühr in Anspruch. Verzeihen Sie bitte aber „wessen Herz voll ist" u. s. w.

Hoffentlich hat sich das Semester angenehm für Sie angelassen. Im allgemeinen scheint ja – durch Frauen und Kriegsbeschädigte – der Besuch der Universitäten relativ hoch zu sein. Über was lesen Sie? Gern wüßte ich natürlich auch, worüber Sie wissenschaftlich tätig sind. Hoffentlich kann man das bald gedruckt erfahren. – Mir graut es vor dem zukünftigen Studium doch noch recht. Vor allem bedrückt mich das Gefühl, im *Sprachlichen* noch einfach *alles* vor mir zu haben. Der Gedanke, etwa bei Wilamowitz im Griechischen geprüft zu werden, ist schlimmer als noch einmal Aisneschlacht. –

Leben Sie wohl, sehr verehrter Herr Geheimrat; nochmals vielen Dank für Ihr freundliches Gedenken und aufrichtigen Gruß.

Ihr stets dankbarer

Victor Ehrenberg

---

[4] Ehrenberg spielt auf die Propagandazeichnung „Völker Europas, wahret eure heiligsten Güter!" an, in der Wilhelm II. mit Hilfe des Malers Hermann Knackfuß seiner Furcht vor einem Vordringen der Völker Asiens allegorischen Ausdruck verlieh.

[5] Antwort auf Meyers Äußerung über die „gelbe Rasse" in Nr. 39.

Ehrenberg an Meyer 42

Cassel, Pfingsten 1917[1] (Brief)

Hochverehrter Herr Geheimrat,
Da mit der (allerdings sehr langsam) fortschreitenden Heilung meines Fußes die Möglichkeit, wieder ins Feld zu kommen, allmählich nähertritt, habe ich mich mit meinem Batterieführer in Verbindung gesetzt, (nachdem sowohl er wie der Regimentskommandeur mir diesbezügliche Andeutungen gemacht hatten) um, wenn möglich, nun endlich meine Beförderung durchzusetzen.[2] Ohne Aussicht hierauf würde ich natürlich nicht zum alten Regiment zurückkehren. Ich habe mir dabei erlaubt, mich auf Sie, sehr verehrter Herr Geheimrat, zu berufen, falls man über mich persönlich gewisse Auskünfte haben wollte. Ich muß um Verzeihung bitten, daß ich nicht erst ausdrücklich um Erlaubnis hierzu bat, aber angesichts der freundschaftlichen Gesinnung, die Sie mir gegenüber stets zeigten, glaubte ich, hierauf verzichten zu dürfen. Diese Bitte läßt sich ja nun — nach getaner Tat — nicht mehr nachholen, aber ich denke doch, in Ihrem Sinne gehandelt zu haben. Ob man sich an Sie wenden wird, ist zweifelhaft, da man in solchen Fällen im allgemeinen mehr über den Vater als den Sohn Auskünfte haben will, und ich hierfür natürlich noch andere Persönlichkeiten namhaft gemacht habe. Sollte Ihnen aber doch eine Anfrage zugehen, so bitte ich, diese Belästigung zu verzeihen, und danke Ihnen schon heute im voraus für alles aufs herzlichste.
Ich habe für ein paar Tage hierher Urlaub bekommen, muß aber wieder in das Frankfurter Lazarett zurück, das also auch bis auf weiteres meine Adresse bleibt. Die Heilung schreitet, wie gesagt, auffallend langsam fort, ich humpele noch sehr und kann nur kurze Zeit Stiefel tragen. Ich bin über diese Entwicklung nicht unglücklich (wenn auch nicht so vergnügt wie meine Mutter!) und fasse mich ohne große Schwierigkeiten in Geduld. Seit ich etwas ins Freie komme, läßt sich der Zustand ja auch ganz gut ertragen. Bin ich erst wieder kriegsverwendungsfähig, so gehe ich so schnell als möglich wieder heraus, aber bis dahin kann ich mir nach 3 Kriegsjahren ja schließlich ruhig etwas Zeit lassen.
Im Westen scheint sich ja Neues vorzubereiten. Eine Änderung der Lage zu unseren Ungunsten halte ich für unmöglich, ob anderseits eine deutsche Offensive in irgend einer Form nochmals möglich wird, erscheint mir doch recht zweifelhaft. So kann man nichts tun als die Wirkung der Uboote abwarten. Der nächste Winter wird für Deutschland unsäglich schwer werden; möge uns der Himmel davor bewahren, daß dann noch Krieg ist. Dann wird das Volk die anderen Leiden unendlich viel leichter ertragen. —
Mit herzlichem Gruße Ihr stets dankbarer und ergebener

Victor Ehrenberg

[1] Das Pfingstfest 1917 fiel auf den 27. und 28. Mai.
[2] Erst im Herbst 1918 wurde Ehrenberg zum Leutnat befördert, vgl. Brief Nr. 48.

43 Ehrenberg an Meyer

Frankfurt/Main, Reservelazarett XI, Osthafenplatz 8 III, 11. Juli 1917 (Brief)

Hochverehrter Herr Geheimrat,
Wenn ich solange nichts von mir hören ließ, so ist der Hauptgrund der, daß ich schon vor einiger Zeit damit rechnete, entlassen zu werden und dann vorhatte, Sie persönlich aufzusuchen. Inzwischen hatte sich mein Fuß wieder etwas — obwohl unbedenklich — verschlimmert, sodaß ich noch hier bin und wohl auch noch etwas bleiben werde. Vielleicht fahre ich aber noch vor meiner Entlassung auf Urlaub. Und da ich Sie, sehr verehrter Herr Geheimrat, dann auf jeden Fall sehen möchte, bitte ich Sie, mir doch möglichst bald mitzuteilen, wie lange Sie noch in Berlin sind. Ich hoffe sehr, meinen Urlaub dementsprechend einrichten zu können. —
Es geht mir hier in Frankfurt recht gut. Ich gehe jetzt auch öfters auf die Bibliothek und wenn ich auch nicht im eigentlichen Sinne „Fach" arbeite, so durchstöbere ich doch allerlei ἱστορικά und πολιτικά[1] und habe, denke ich, davon immerhin Nutzen. Teilweise schlägt es sich auch schriftlich nieder. Haben Sie mich übrigens abgestempelt als „junger Freikonservativer" (!), im Blatte des Herrn Grabowsky gefunden?[2]
Durch die politischen Ereignisse des Augenblicks sehe ich nicht durch. Groß und bedeutungsvoll sind sie ja jedenfalls, wie man auch zu ihnen stehen mag. Hoffentlich bringen sie — so oder so — Klärung.
Wenn ich in der Beurteilung der Kriegslage meinen bisherigen Optimismus etwas heruntergeschraubt habe, so ist wohl in erster Linie der viel stärkere Einblick in Stimmung und Leiden der Heimat schuld, den ich in diesen Monaten nehmen konnte. Auch irritiert es mich, daß selbst Hindenburg jede mögliche Entscheidung *nur* vom U-bootkrieg erwartet und jede eigentlich militärische Entscheidung damit ausscheidet. Übrigens bin ich vom U-bootkrieg nicht etwa enttäuscht, ich hatte ohnedies Herrn Zimmermanns Versprechungen[3] nie recht geglaubt und immer damit gerechnet, daß England — in den Winter hinein mindestens — gut aushält. Anderseits ist ja sicher, daß England es meisterhaft versteht, die Wirkungen der U-boote tatsächlich abzuschwächen, indem in großzügiger Weise an Tonnage gespart wird (z. B. Salonik!).[4] Und wer kann sagen, wie die Stimmung der Ententevölker ohne Amerikas Kriegserklärung heute wäre?!

[1] „Historisches und Politisches".
[2] Adolf Grabowsky (1880—1969), Herausgeber der Zeitschrift „Das neue Deutschland", bezeichnete Ehrenberg so in der Ausgabe vom 15. Juni 1917, Heft 18, S. 477 und 478. Er reagierte damit auf eine Zuschrift Ehrenbergs aus dem Lazarett und druckte diese gleichzeitig ab. S. Anhang S. 137.
[3] Arthur Zimmermann leitete vom November 1916 bis August 1917 als Staatssekretär das Auswärtige Amt und gab u. a. im Hauptausschuß des Reichstags optimistische Erklärungen über die Auswirkungen des deutschen U-Boot-Einsatzes ab.
[4] Die britische Führung war — im Gegensatz zu der französischen — am Balkan wenig interessiert und daher bestrebt, Truppen aus ihrer Orientarmee in Mazedonien abzuziehen und nach Mesopotamien bzw. Palästina zu verlegen.

Daß ich trotzdem an ein gutes Ende, allerdings nie, Herr Geheimrat, an einen von uns diktierten Frieden glaube, bleibt natürlich bestehen.

Wissen Sie übrigens, ob an den angeblichen österreichischen Sonderfriedensgelüsten mehr dran ist als Gerede auf Grund der tatsächlich vorhandenen deutschfeindlichen Friedensstimmung?

Wie ich von meinem Onkel[5] erfuhr, sprachen Sie ihm gegenüber von mir wohlwollend – mit Ausnahme der Politik! In letzterem wird ja voraussichtlich nicht sobald eine Änderung eintreten; – wie ich hoffe, auch im ersteren nicht.

In steter Ergebenheit und Dankbarkeit Ihr Sie herzlichst grüßender

Victor Ehrenberg

---

[5] Wahrscheinlich ist Richard Ehrenberg, Professor für Nationalökonomie an der Rostocker Universität, gemeint. Anfang Juni 1917 hatte Eduard Meyer in Rostock einen Vortrag gehalten (vgl. Einleitung S. 13); damals könnte er diesem Onkel V. Ehrenbergs begegnet sein. Richard Ehrenberg hatte der Diskussion zwischen den Generationen um Deutschlands Zukunft in dem von ihm herausgegebenen Archiv für exakte Wirtschaftsforschung 8 (1917) H. 4 [auch selbständig erschienen: R. Ehrenberg (Hrsg.), Alte und Junge über Deutschlands Gegenwart und Zukunft. Unterhaltungen zwischen Feld und Heimat, Jena 1917] Raum gegeben. Die Perspektive der „Jungen" wurde darin von Franz Rosenzweig, Victor Ehrenbergs Vetter, vertreten (unter den Pseudonymen „Adam Bund", „Macedonicus", „ein Junger"). Auf die Meinungsbildung Victor Ehrenbergs dürften diese Texte nicht ohne Einfluß gewesen sein.

44 Meyer an Ehrenberg

Berlin-Lichterfelde, 14. Juli 1917 (Karte)

Lieber Herr Ehrenberg!
Dass Sie hoffen, bald herkommen zu können, freut mich sehr. Ich werde bis etwa 5./6. August hier bleiben, und dann auf mehrere Wochen zur Kur fortgehen. Wir durchleben jetzt sorgenvoll die schwerste Zeit des Krieges; vor ein paar Tagen war ich, wie zahlreiche andere, in vollster Verzweiflung und Hoffnungslosigkeit. Jetzt dämmert wieder ein Hoffnungsschimmer. Wir thun was wir können um wenigstens unsere Auffassung zum Ausdruck zu bringen. Der unendliche Schaden, den Bethmann angerichtet hat, lässt sich freilich nicht wieder gut machen, und die versäumten Gelegenheiten nicht wieder einholen; aber vielleicht ist doch noch einige Aussicht, die Lage zu retten − falls an seine Stelle wirklich ein tüchtiger Mann kommt, was freilich noch ganz unsicher ist.[1]
Mit besten Grüssen und Wünschen

Eduard Meyer

[1] Am 14. Juli 1917 wurde Reichskanzler Bethmann Hollweg entlassen.

Rembertow, 2. Februar 1918 (Brief)

Hochverehrter Herr Geheimrat,
In meine polnische Einsamkeit kam die Nachricht, daß Ihnen die Friedensklasse des Pour le mérite verliehen worden ist.[1] Indem ich mich beeile, Ihnen zu dieser schönen und besonderen Auszeichnung meine aufrichtigsten Glückwünsche auszusprechen, möchte ich auch betonen, wie merkwürdig mich dieses Ereignis in diesen Tagen berührte. Während man sonst nur von dem pour le mérite für den 25. abgeschossenen Flieger oder so ähnlich liest, ist dies auf einmal „Friedensklasse", ist Anerkennung eines großen, friedvollen Lebenswerkes! Es ist wie ein Ruf aus anderer Welt, die wir ersehnen und die immer noch nicht kommt!
Die neuesten Ereignisse in Berlin[2], die ja uns am nächsten angehen, haben mir – das gebe ich offen zu – hier sehr große Enttäuschung bereitet. Obwohl ich überzeugt bin, daß die alte Sozialdemokratische Partei nichts mit der Sache zu tun hat, so hätte ich doch ein klares Dementi erwünscht, das vermutlich aus parteipolitischen Gründen unterblieben ist. Ich sehe (das werden Sie bei meinem Standpunkt begreifen) auch die große Schuld der Gegenseite, aber der Streik selbst bleibt natürlich unentschuldbar. Jetzt sehe ich wirklich schwarz in die Zukunft! –
Ich bin seit 3 Wochen hier bei Warschau bei einem der üblichen Offiziersaspirantenkurse. Es ist nicht besonders kurzweilig, aber Warschau und überhaupt der mir bisher unbekannte Osten ist für mich recht interessant. Bis Ende März bleibe ich hier.
Von Ihnen, sehr verehrter Herr Geheimrat, habe ich sehr lange nichts gehört. Allerdings: angesichts der immer schärfer werdenden Scheidung der Geister ist es wahrhaft schwer, sich zu unterhalten. Auch hier sehne ich mich danach, daß wieder Dinge in den geistigen Vordergrund treten, die erhaben sind über das Geschrei des Tages! Das ist nicht blasiertes Ästhetentum oder ähnliches – aber die Realität wirft uns allzusehr in den Tiefen herum – man sehnt sich nach Luft und Licht!
Wie anders sieht die Welt aus, als ich noch in meinem letzten Brief erhoffte! –
Mir ist auch wieder ein Freund im Lazarett gestorben[3], wohl der nächste, den ich hatte. Es wird gräßlich einsam um uns werden, wenn einmal Friede ist! –
Darf ich hoffen, daß Sie einmal Zeit finden, mir zu schreiben? Ich wäre Ihnen sehr dankbar.
Mit aufrichtigsten Grüßen Ihr stets ergebener und dankbarer

Victor Ehrenberg

[1] Die Auszeichnung Meyers mit dem Pour le mérite für Kunst und Wissenschaft erfolgte im Januar 1918.
[2] Gemeint ist der Massenstreik der Berliner Arbeiter vom 28. Januar 1918 nach Bekanntwerden der maßlosen deutschen Annexionsforderungen in Brest-Litowsk. Die Streikenden verlangten die schnelle Herbeiführung des Friedens ohne Annexionen und Kriegsentschädigung.
[3] Oscar Renner (gest. am 26. Januar 1918), vgl. die Widmung Ehrenbergs in „Neugründer des Staates", München 1925.

46 Meyer an Ehrenberg

Berlin-Lichterfelde, 6. April 1918 (Brief)

Lieber Herr Ehrenberg!
Nun ist es schon zwei Monate her, dass Sie mir geschrieben haben, und noch immer habe ich Ihnen nicht geantwortet. Ich war damals, den ganzen Februar hindurch, an der Ostfront, zu Vorträgen bei der Armeeabteilung Gronau, von Division zu Division, in den Pripetsümpfen. Das war nach jeder Richtung hin höchst interessant und erfreulich. Ich habe gerade noch den Anfang des Vormarsches miterlebt[1], und bin dann noch zwei Tage in Warschau gewesen, gesprochen habe ich überall über England und über Amerika, wie ich glaube, mit guter Wirkung.
Dann fand ich hier alle Hände voll zu thun, um so mehr, da ich die Zeit ausnutzen musste, bis ich jetzt wieder auf mehrere Wochen fortgehe. Ich werde mit dem wesentlichsten, was ich vorhatte, gerade fertig werden; aber zum Schreiben bin ich dadurch nicht gekommen. Ich gehe nun nächste Woche zu den Hochschulkursen nach Warschau, also, wenn Sie noch auf der Schiessschule sind, ganz in Ihre Nähe. So könnten Sie dann vielleicht dorthin kommen, und ich würde mich sehr freuen, Sie zu sehen. Ich halte meine dortigen Vorträge vom 12.–15 April. Dann gehe ich weiter in die baltischen Provinzen, wo ich in der zweiten Hälfte des Monats in Riga, Dorpat und Reval sprechen soll[2], dort nicht vor dem Militär, sondern vor dem gebildeten Publikum, in einer grossen Serie ähnlicher Vorträge, zu der eine Reihe der angesehensten Gelehrten geladen sind, von hier D. Schäfer, Wilamowitz, Seeberg, Sering, Roethe, Riehl und ich.[3]
Jetzt über Politik zu sprechen, hat wenig Sinn mehr, wo die Waffen und die Heeresleitung jetzt endlich glücklich wieder das entscheidende Wort haben.[4] Ich hoffe, und habe Grund dazu, dass sie auch für die äussere Politik den Ausschlag geben werden, wie sie es schon im Osten gethan haben.[5] Unser schwächliches auswärtiges Amt muss nachgeben und hat sich ihrem Willen und ihrer über-

---

[1] Nach dem vorläufigen Scheitern der Friedensverhandlungen mit Rußland waren seit dem 18. Februar 1918 deutsche Truppen u. a. bis zu den Pripjetsümpfen (südlich von Minsk) vorgerückt.

[2] Vgl. das Vorwort zur 2. Auflage von „Caesars Monarchie" (vom 8. Juni 1919), S. XIV: „Ich kann diese neue Auflage nicht schließen, ohne der so ganz anderen Stimmungen und Erwartungen zu gedenken, unter denen das Buch geschrieben und gedruckt ist. Einen großen Teil der Korrekturen habe ich vor mehr als Jahresfrist in den herrlichen Frühjahrstagen 1918 in den baltischen Landen gelesen, als es mir vergönnt war, dort inmitten einer hoffnungsfrohen, von schwerstem Druck barbarischer Fremdherrschaft und rohester Revolution glücklich erlösten, von vollem Vertrauen in eine große und gesicherte Zukunft getragenen Bevölkerung eine Reihe wissenschaftlicher Vorträge zu halten." Vgl. auch Einleitung S. 14.

[3] Folgende Berliner Professoren sind gemeint: Dietrich Schäfer (s. Anm. 2 zu Brief Nr. 29); Ulrich v. Wilamowitz-Moellendorff (s. Anm. 1 zu Brief Nr. 4); Reinhold Seeberg (1859–1935), Ev. Theologie; Max Sering (1857–1939), Nationalökonomie: Gustav Roethe (1859–1926), Germanistik; Alois Riehl (1844 bis 1924), Philosophie.

[4] Am 21. März 1918 hatte die deutsche Frühjahrsoffensive in Frankreich begonnen.

[5] Gemeint ist der Friede von Brest-Litowsk mit Rußland vom 3. März 1918.

legenen Einsicht beugen müssen, und so geht es hoffentlich weiter, trotz aller Flaumacherei und der österreichischen Intrigen![6]

Wie die Friedensresolution vom 19. Juli[7], die entsetzliche Rederei im Reichstag und die ununterbrochenen Friedensangebote nur dazu gedient haben, den Feinden die Hoffnung auf den Sieg zu beleben und den Krieg zu verlängern, werden Sie jetzt selbst einsehen. Dazu haben sie uns auf einen innerlich unwahren Standpunkt gestellt, der bei den Verhandlungen in Brest-Litowsk so bös zu Tage trat, und uns auch jetzt noch immer eine klare, ehrliche Politik und ein offenes Bekenntnis zu den Notwendigkeiten, aus denen wir garnicht herauskönnen – die Dinge sind da viel stärker als die Menschen –, erschwert und vielfach unmöglich macht. Zugleich werden wir dadurch nur noch viel mehr auf die Wege Roms gedrängt: wir sind jetzt überall dabei, eine Masse von Vasallenstaaten zu schaffen, die nur durch uns eine gesicherte Existenz haben, und werden so in die Welthändel nur noch immer mehr hineingezogen. Das ist nun einmal unser Schicksal, und wenn wir versuchen, dem aus dem Wege zu gehen, wird es nur schlimmer, nicht besser.

Vor einiger Zeit wurde mir ein Artikel von Hans Ehrenberg in Heidelberg aus der Vossischen Zeitung zugesandt „das alldeutsche (!!) System!"[8] Das ist ja wohl Ihr Vetter, und Sie werden den Aufsatz kennen. Was ich davon halte, brauche ich wohl nicht erst zu sagen.

Unsere inneren Verhältnisse sind dank Bethmann und Consorten hoffnungslos verfahren, und ich sehe da sehr trüb. Diese Leute können nicht begreifen, dass die äussere Politik *immer* das entscheidende ist und die inneren Verhältnisse so eingerichtet werden müssen, wie es diese erfordert. Wer das nicht begreift, dem ist nicht zu helfen.

Im nächsten Semester werde ich nicht lesen, das hat jetzt kaum noch Zweck, und ich möchte meine Zeit zusammenhalten. Dagegen will ich Übungen halten[9], wenn sich Leute dazu finden.

Nun muss ich schliessen. Lassen Sie sich durch mein langes Schweigen ja nicht abschrecken, sondern schreiben Sie bald wieder, wenn wir uns nicht vorher sehen.

Mit besten Grüssen und Wünschen

Eduard Meyer

---

[6] Meyer spielt hier offenbar auf die Bemühungen um einen Sonderfrieden an, die Kaiser Karl durch seinen Schwager Prinz Sixtus von Parma ohne Wissen des Außenministers Graf Czernin gegenüber Frankreich betreiben ließ.

[7] Am 19. Juli 1917 hatte der Deutsche Reichstag mit den Stimmen der Sozialdemokraten, des Freisinns und des Zentrums eine Friedensresolution beschlossen.

[8] Hans Ehrenberg (1883–1958), Privatdozent für Philosophie in Heidelberg, hatte am 3. und 5. März 1918 in der „Vossischen Zeitung" zwei Artikel gegen das „alldeutsche System", das er als „chauvinistischen Nationalismus" bezeichnete, geschrieben (s. Anhang S. 155–159). Hans war ein B r u d e r Victor Ehrenbergs.

[9] Meyer hatte für das Sommersemester 1918 die Vorlesung „Geschichte der makedonischen Reiche und der Begründung der römischen Weltherrschaft (Geschichte des Altertums 360–168 v. Chr.)" angekündigt. Er hielt ein Seminar „Die Chronik von Lindos" mit 7 Teilnehmern (laut Hörerliste im Nachlaß).

47 Ehrenberg an Meyer

24. Juli 1918 (Brief)

Hochverehrter Herr Geheimrat,
Es ist lange her, daß Sie von mir hörten. Ich habe inzwischen schon die 2. Offensive[1] mitgemacht, die ja so ziemlich der Gegensatz der vorigen war. Sie ist – das verdecken ja auch die vorsichtigen Berichte nicht völlig – durchaus mißlungen. Es waren recht böse Tage für uns. Wir waren Marnedivision, machten den Übergang mit und saßen dann drüben fest. Es hat natürlich rechte Verluste gegeben (übrigens beim Franzmann auch). Mir hat er auch wieder ein kleines Denkzeichen gegeben, Prellschuß an der Schulter. Aber die Sache war so leicht, daß ich bei der Truppe blieb. — Jetzt ist's hier wieder ruhiger, während von Westen her das Gebummer der französischen Gegenoffensive (die man in Deutschland auch nicht mehr erwartet hatte!) dröhnt. Ich bin überzeugt, daß auch hier wieder irgend ein überraschendes Manöver uns die Initiative zurückgibt, aber deprimiert ist man doch. —
Und dann die hohe Politik! So wenig ich auch jetzt noch geneigt bin, betreffs der Kriegsziele mit den rechtsstehenden Parteien übereinzustimmen, so widerlich und kläglich dünkt mich das, was die Linke „äußere Politik" nennt. Der Liberalismus hat es leider noch immer nicht gelernt, politisch zu denken. So war Kühlmanns Rede[2] auch für mich niederschmetternd und sein Abgang eine Erleichterung.
Was mich aber momentan am meisten niederdrückt, das ist das unentwirrbare österreichische Chaos[3], das an unsere Wurzeln geht! Ehe hier nicht reine Luft geschaffen wird, (und damit erst wieder die Voraussetzungen für das notwendige „Mitteleuropa"), ist an eine klare Politik kaum zu denken. Vielleicht, wenn der brester Friede doch revidiert würde, wäre auch eine Art von Lösung für Österreich möglich. Ich verstehe diese Revision aber keineswegs im Sinne der „Vossischen", die natürlich ganz übers Ziel hinausschießt.[4] —
So, das ist mal wieder eine epistula politica.[5] Aber wessen das Herz voll ist u. s. w.!

[1] Die erste Offensive, an der Ehrenberg beteiligt war, sind wahrscheinlich die deutschen Angriffe vom 27. Mai bis 13. Juni im Raum Soissons gewesen. Bei der zweiten handelt es sich um die „Marneschutz"-Offensive vom 15. bis 17. Juli 1918.
[2] Richard von Kühlmann (1873—1948), Staatssekretär des Auswärtigen Amtes, erklärte am 24. Juni 1918 vor dem Reichstag, der Krieg lasse sich nicht mit rein militärischen Mitteln entscheiden. Daraufhin brachte ihn die Oberste Heeresleitung zu Fall.
[3] Nach dem Scheitern der Offensive in Oberitalien in der zweiten Junihälfte 1918 zeigten sich im österreichisch-ungarischen Heer starke Demoralisierungserscheinungen. Die Krise der Donaumonarchie äußerte sich auch in dem Nationalitätenkongreß am 10. April 1918 in Rom, auf dem Repräsentanten der Tschechen, Slowaken, Südslawen, Rumänen und Polen das Selbstbestimmungsrecht für die Völker Österreich-Ungarns verlangten.
[4] Anspielung auf verschiedene Leitartikel von Georg Bernhard in der „Vossischen Zeitung" im Juli 1918. Darin fordert der Autor von einer künftigen deutschen Regierung, ihre Bereitwilligkeit selbst zu einer großzügigen Revision des für Rußland unerträglichen Brester Friedens klar zu bekunden. Es liege im Zukunftsinteresse Deutschlands, den russischen Aufbau zu unterstützen.
[5] „Ein politischer Brief."

Und was gibt es in uns weltentfremdeten Soldaten noch sonst, das uns über das Militärische hinausgeht? Die Friedenswelt ist, glaube ich, für uns endgültig versunken. Zu was unsereiner nach diesem Kriege noch brauchbar sein wird, ich ahne es nicht. Viel wird's sicher nicht sein. Denn wir verbrauchen uns. Und so fürchte ich nur allzusehr, daß der Friede uns stumpf und leer finden wird. *Hoffen* wir, daß die nächste Generation die Früchte ernten wird, für die die Generation der Krieger den Boden bereitet hat! —

Gern würde ich hören, wie es Ihnen geht, sehr verehrter Herr Geheimrat. Auch ob Sie noch zu anderem Zeit finden als zur Politik.

Mit aufrichtigem Gruße Ihr stets dankbarer und ergebener

Victor Ehrenberg

48 Meyer an Ehrenberg

Berlin-Lichterfelde, 28. Oktober 1919 (Brief)

Lieber Herr Ehrenberg!
Ihr Brief[1] liegt schon ein paar Tage vor mir, und endlich will ich mich doch aufraffen, ihn zu beantworten. Wie ich denke und was ich empfinde, brauche ich Ihnen nicht erst zu sagen, und endloses Reden und Schreiben würde doch nichts weiter helfen und die furchtbaren Thatsachen nicht aus der Welt schaffen. Alles ist zusammengebrochen[2], gutentheils durch eigene, schwere Schuld, worauf wir gebaut haben und was unser Stolz war, und ich sehe garkeine Rettung und keinen Halt mehr. Wir werden uns allem unterwerfen, was uns diktiert wird, an einen wirklichen Widerstand ist nicht zu denken, und der Versuch würde nur zu noch schwereren inneren Krisen, zu blutigem Bürgerkrieg und zu vollster Auflösung führen, und dadurch die Bedingungen, die uns auferlegt werden, nur noch stärker machen und dem Bolschewismus, der als die furchtbarste Gefahr droht, noch weiter die Wege öffnen. Von der Schuldfrage will ich jetzt nicht reden, das kann zur Zeit nichts nützen, so klar die Dinge ja vielfach liegen. Wir haben eben aufs neue erwiesen, daß von politischem Verstand im deutschen Volk keine Rede ist und daß es auf jede, auch noch so thörichte, Phrase rettungslos hineinfällt. Jetzt ist Preußen zertrümmert, und ich fürchte, das Reich wird ihm folgen, und in den kleinen, nach allen Seiten eng begrenzten Verhältnissen, denen wir entgegengehen, auch auseinanderfallen. Und wo ist etwas, worauf man wieder aufbauen könnte, wie vor einem Jahrhundert?[3] Sie, die junge Generation, mag daran glauben, und es ist gut, wenn sie es thut, aber ich vermag es nicht. Möge ich eines besseren belehrt werden! Die wirtschaftliche Noth wird furchtbar werden, und die, welche jetzt voll Hoffnung sind, daß der Frieden ihnen Ruhe und neues Gedeihen bringen werde, werden die bitterste Enttäuschung erleben. Wir müssen uns zurückbilden zum Agrarstaat, und dann mögen vielleicht noch einmal wieder gesunde Wurzeln einer neuen Volkskraft erwachsen, wenn Berlin, an dem wir gekrankt haben, und in dem alles Faule und Verderbliche zusammenkam (in Quintessenz im Auswärtigen Amt), seine Stellung verloren hat und wieder zu einer Mittelstadt zusammengeschrumpft ist.
Doch ich breche ab, denn ich kann Ihnen ja nichts sagen, was Trost und Zuversicht gewährte. Ich versuche, mich in geistige, wissenschaftliche Thätigkeit zu retten, aber bis jetzt gelingt das schlecht. Da ist es gut, daß ich in diesen Wochen wenigstens den Zwang hatte, den die Vorträge in Cassel, über altorientalische Religionsgeschichte, mir auferlegt haben, zu denen ich in wenigen Tagen reise. Und vielleicht gelingt es dann nachher, mich ernstlich in die Arbeiten zu werfen, die ich vorhabe, und dadurch momentan wenigstens die Gegenwart zu ver-

---
[1] Der entsprechende Brief Ehrenbergs fehlt.
[2] Am 3./4. Oktober 1918 hatte die deutsche Regierung ein Waffenstillstandsangebot an den amerikanischen Präsidenten Wilson gerichtet, am 26. Oktober war General Ludendorff entlassen worden, am 27. Oktober hatte Österreich einen Waffenstillstand angeboten.
[3] Anspielung auf die preußischen Reformen unter Stein und Hardenberg nach der Niederlage gegen Frankreich 1806.

gessen. — Mein Buch über Caesar und Pompejus wird in diesen Tagen erscheinen, ebenso eine Schrift über die Aufgaben der höheren Schulen und den Geschichtsunterricht, der auch für eine ganz andere Gestaltung der Dinge concipiert war.[4]
Zum Leutnant die besten Glückwünsche. Von uns habe ich sonst nichts weiter zu berichten. Das Semester ist natürlich trübselig. Die Ferien habe ich, nachdem ich vorher so viel unterwegs gewesen war, in Ruhe hier verlebt.
Mit besten Grüssen und Wünschen

Eduard Meyer

[4] „Caesars Monarchie", s. Anm. 3 zu Brief Nr. 34; „Die Aufgaben der höheren Schulen und die Gestaltung des Geschichtsunterrichts", Leipzig und Berlin 1918.

49 Ehrenberg an Meyer

Frankfurt/Main, Friedrichstr. 5^{II}, 13. März 1919 (Brief)

Hochverehrter Herr Geheimrat!
Wenn ich Ihnen heute schreibe, so tue ich es einmal, um, wenn auch etwas spät, Ihnen aufrichtig für Ihre freundlichen Wünsche zu meiner Verlobung zu danken.[1] Ich bin ja dem Schicksal so unendlich dankbar, daß es mir dieses große Glück beschert hat gerade jetzt, wo in der Welt das Traurigste und Schlimmste geschieht. Man ist wie auf einer Insel, um die ein aufgeregtes Meer tobt. Oft genug schämt man sich seines Glückes und nennt sich Egoist – aber bei allem Mitleid und Miterleben, das man natürlich aufs stärkste empfindet, zwingt durch vier Kriegsjahre genährte Sehnsucht nach Glück und Frieden und Arbeit doch, das, was man hat, zu halten; man muß sich immer wieder erst neu besinnen, daß all dies Trübe um uns tatsächlich *unser* Deutschland, *unsere* Zukunft ist!
Soweit man Pläne machen kann, tun wir es. Aber immer tritt Unvorhergesehenes auf. Eben erfahre ich vom vorzeitigen Abbruch des Zwischensemesters, ohne daß Gründe angegeben sind?! Noch weiß man nicht, ob nicht doch noch das Vaterland ein letztes Mal von uns den Waffendienst verlangt. Ich muß allerdings gestehen: wenn ich mich dazu entschlösse, müßte es noch anders als heute durch losgelassene Verbrecherbanden mir klargemacht werden, daß es wirklich nötig ist, daß die um ihre beste Zeit schon gebrachte akademische Jugend noch einmal Zeit und Kraft und letzten Endes immer mehr von ihrem bischen Zukunft opfert![2] –
Wenn also nichts dazwischenkommt, heiraten wir am Palmsonntag und gehen zum Sommer nach Tübingen. Nach verzweifeltem Suchen haben wir zwar nicht in Tübingen selbst, aber in einem Nachbarstädtchen (Rottenburg) Zimmer gefunden. Q. D. B. V.![3]
Die Arbeit, das Studium ist noch ein großer Berg. Aber angefangen habe ich doch wenigstens mit dem Aufwärtsklettern. Ich habe mich auch entschlossen, um etwas mehr Halt und Richtung zu haben, so langsam auf die Doktorarbeit loszusteuern, und wäre sehr dankbar, wenn Sie mir dazu einen Rat geben wollten, sehr verehrter Herr Geheimrat.
Ich denke, die Arbeit aus der Zeit des griechischen Mittelalters, bzw. des Übergangs zur eigentlichen *Hoch*-Zeit des Griechentums zu nehmen, also 9.–6. Jahrhundert. Die Zeit interessiert mich besonders und in ihr vor allem die Zusammenhänge zwischen staatsrechtlich-politischer, wirtschaftlicher und allgemein-

---
[1] Ehrenberg verlobte sich mit Eva Sommer (1891–1973) am 12. Januar 1919, vgl. Personal Memoirs S. 43. Das Glückwunsch-Schreiben Meyers ist verlorengegangen.
[2] Während der Märzkämpfe 1919 forderten das Reichswehrministerium und das preußische Kultusministerium die ehemaligen Soldaten und Offiziere unter den Studenten auf, sich zum Kampf gegen die Erhebungen der revolutionären Arbeiterschaft zu melden. Über die Einzelheiten an der Frankfurter Universität berichtet C. Zuckmayer, Als wär's ein Stück von mir, Wien 1967, S. 280–281. Vgl. H. P. Bleuel, Deutschlands Bekenner. Professoren zwischen Kaiserreich und Diktatur, Bern – München – Wien 1968, S. 138–139.
[3] *Quod Deus bene vertat* – „was Gott zum Guten wenden möge".

kultureller Entwicklung vom Mittelalter zur Neuzeit. Es ist nun für mich furchtbar schwer, ein „Tor" zu finden, durch das ich eintreten kann. Hier ist mir Herr Dr. Laum[4], der hier zur Zeit allein Alte Geschichte liest, besonders freundlich entgegengekommen. Aber begreiflicherweise würde ich aus Ihrem Munde besonders gerne einen Rat hören, der mir etwas klarere Richtung geben könnte. Daß die Neuauflage Ihres 2. Bandes[5] noch nicht erschienen ist (und wohl auch kaum so bald erscheinen wird?), ist allerdings eine Art von Hemmnis, überhaupt an diese Zeit heranzutreten.

Klar bin ich mir natürlich über die Notwendigkeit intensiver archäologischer Vorarbeit bei *jedem* historischen Thema dieser Zeit. –

Doch ich nehme Ihre Zeit heute schon wieder allzulang in Anspruch. Ich hoffe sehr, Sie haben die letzten gräßlichen Wochen ohne allzuschlimme Erlebnisse und Erregungen überstanden, und wäre dankbar, hiervon die Bestätigung bald von Ihnen selbst zu bekommen.

Mit ergebensten Grüßen bin ich in steter Dankbarkeit und Verehrung Ihr

Victor Ehrenberg

---

[4] Bernhard Laum (1884–1974), Nationalökonom und Wirtschaftshistoriker, war damals Privatdozent in Frankfurt/Main.

[5] S. Anm. 3 zu Brief Nr. 10.

50 Ehrenberg an Meyer

Rottenburg, Eberhardstr. 33, ab 1. VII.: Tübingen, Freiackerstr. 52.
19. Juni 1919 (Brief)

Hochverehrter Herr Geheimrat,

Der Gedanke, wie entsetzlich diese Tage für Sie sein müssen, drückt mir (mehr noch als mein schlechtes Gewissen wegen der langen Schreibpause) die Feder in die Hand. Mir scheint es relativ gleichgültig, ob wir diesen Frieden unterzeichnen [1] oder nicht, gleichgültig vom Standpunkt aus, daß salus rei publicae suprema lex.[2] Denn in *jedem* Fall gehen wir Furchtbarstem entgegen. Deutschland zerfällt. Von außen zerstückelt, von innen sich selbst zerfleischend: Wiederkehr jahrhundertealten Elends! Und zu den alten Gegensätzen von Preußen und Süddeutschland, von Luthertum und Katholizismus, treten die neuen, die die Revolution zwar nicht geschaffen, aber in ihrer ganzen Schärfe enthüllt hat! Wenn angesichts dieses Chaos gerade die ältere Generation alle Hoffnung aufgegeben hat, so ist das nur zu begreiflich. Ich selber, der ich an mir das Wunder einer Wiedergeburt erlebt habe und täglich neu erlebe, kann nicht verzweifeln – trotz allem!
Wir werden einmal das Bild der Welt wandeln, – wir Deutschen, – wenn wir selbst gewandelt sind, wenn wir wieder Brüder geworden sind, im Glauben an Gott und an die Mission, die Er uns auferlegt, geeint, liebende (soziale) Menschen und deutsche Menschen! Dann wird irgendwie das Rad der Geschichte die Oberen und die Unteren vertauschen: vielleicht im „Stahlbad des Krieges", vielleicht aber auch dank der wachsenden, sich ausbreitenden Kraft der Idee! – Unser aber, die wir den Zusammenbruch erlebten, ist es, die Flecken des Materialismus, der letzten Endes Ursache dieses Elends ist, abzuspülen, um Wegbereiter zu werden für die, die wieder sehen werden, wenn auch in gewandelter Gestalt, was die Bismarckzeit sah: Germania triumphans![3]
Gottlob: das Haus des Geistes ist noch nicht zertrümmert. Und es ist die Keimzelle der Zukunft. Ich aber will mich glücklich nennen, wenn es mir erlaubt sein wird, an seinem Ausbau mitzuarbeiten.
Ich fühle mich, hochverehrter Herr Geheimrat, verpflichtet, Ihnen von dem, was in mir in diesen Monaten vorgegangen ist, in mir und mit mir, zu berichten. Ich schrieb Ihnen meines Wissens zuletzt im März von Frankfurt aus. Mitte April habe ich geheiratet und an der Seite meiner Frau Glück und reichste Lebenskraft und -zuversicht gefunden. Relativ leicht bin ich in die Arbeit gekommen; das verdanke ich teils der eigenen Wandlung, zum anderen Teil aber der großen und freundschaftlichen Hilfe und dem warmen Entgegenkommen, das mir Wilhelm Weber[4] entgegengebracht hat. Es waren ja seiner Zeit mehr äußere Gründe, die mich nach Tübingen brachten. Und immer noch dachte ich daran, später zu

---

[1] Der Vertrag von Versailles wurde am 28. Juni 1919 unterzeichnet.
[2] „das Staatswohl ist das oberste Gebot", vgl. Cicero, Über die Gesetze 3, 3,8: *salus populi suprema lex esto*,
[3] „das triumphierende Deutschland".
[4] Wilhelm Weber (1882–1948) war damals Ordinarius für Alte Geschichte in Tübingen.

Ihnen nach Berlin zurückzukehren. Sie, sehr verehrter Herr Geheimrat, werden es aber verstehen, das weiß ich, wenn ich heute entschlossen bin (immer soweit Herr Foch[5] nichts dagegen hat), hier zu bleiben und hier zu promovieren. Sehr sprechen natürlich allgemeine Gründe mit: die wundervolle Ruhe und Harmonie meiner jungen Ehe wäre durch die vielen Schwierigkeiten und Unannehmlichkeiten der Großstadt nur in Gefahr, getrübt zu werden; zwar trägt man gewißlich sein Glück *in* sich, aber solange es die Zeiten erlauben, soll man es doch auch vor allzu hartem Griff des Lebens bewahren! Außerdem aber sehne ich mich danach, das Student-sein zum Abschluß zu bringen. Ich bin ja fast 28 Jahre alt. Jeder neue Universitätswechsel aber hält wieder auf. Mit Prof. Weber habe ich mich über ein Arbeitsthema geeinigt, wenn auch die genauere Spezifikation des Themas sich erst aus der Arbeit selbst ergeben muß. Es ist der Gegensatz zwischen νόμος und φύσις, zwischen menschlichem und göttlichem Recht, zwischen πολίτης und ἄνθρωπος[6], dessen Entstehung und Wandlung im Geistesleben des 5. Jahrhunderts ich aufdecken und darstellen möchte.[7] Es ist zweifellos ein sehr großes Thema und ich weiß, daß es höchste Anforderungen an mich stellt. Aber versuchen will ich's! – Meine frühere Absicht, ein Problem des 8.–6. Jahrhunderts zu behandeln, hat Prof. Weber wohl mit Recht als ein für einen Anfänger zu quellenarmes und hypothesenreiches Gebiet zurückgewiesen. –

Ich scheide damit aus dem eigentlichen Schülerverhältnis zu Ihnen, sehr verehrter Herr Geheimrat. Es ist mir mehr als Phrase, wenn ich es als Bedürfnis empfinde, dem schmerzlichen Gefühl hierüber Ausdruck zu geben. Nach Friedrich Leo[8], dem ich's verdanke, daß ich das Land der Wissenschaft auf dem rechten Wege betrat, waren Sie es ganz vor allem, der mich führte und dem ich Größtes zu verdanken habe. Der Entschluß, Berlin aufzugeben, ist mir aus diesem Grunde nicht leicht geworden. Mit meinem Danke aber für das, was war, verbinde ich die Bitte, mir Ihr freundschaftliches und gütiges Wohlwollen bewahren zu wollen und mich auch weiterhin stets als das betrachten zu wollen, was ich zeitlebens bleiben werde: Ihr Schüler. –

Erhalten Sie sich, hochverehrter Herr Geheimrat, in diesen Tagen Ihre Kraft, um dies Schwere und Entsetzliche zu überstehen. Wir bedürfen Ihrer noch lange!

Mit aufrichtigstem Gruße bin ich Ihr immer dankbarer und ergebener

Victor Ehrenberg

---

[5] Der französische Marschall Foch (1851–1929), seit Januar 1919 Mitglied des Obersten Kriegsrats der Alliierten, nahm maßgeblichen Einfluß auf die Gestaltung der Verhältnisse nach dem Waffenstillstand.

[6] „Bürger und Mensch".

[7] Ehrenbergs Tübinger Dissertation vom 16. November 1920 trug den Titel „Die Rechtsbegriffe der frühen Polis". Erweitert erschien sie unter dem Titel „Die Rechtsidee im frühen Griechentum. Untersuchungen zur Geschichte der werdenden Polis", Leipzig 1921.

[8] Friedrich Leo (1851–1914), klassischer Philologe, lehrte seit 1889 in Göttingen.

51 Ehrenberg an Meyer

Rottenburg am Neckar, Eberhardstr. 33, 24. Juni 1919 (Brief)

Hochverehrter Herr Geheimrat,
Mit liegt sehr viel daran, daß Sie meinen letzten Brief nicht mißverstehen, und deshalb wage ich es, schon wieder zu schreiben. Ich schrieb, daß es mir gleichgültig scheine, ob unterzeichnet werde oder nicht; ich dachte dabei ausschließlich an die materiellen und politischen Folgen, die mir in beiden Fällen gleich unerträglich erscheinen. Aber nachdem es nun soweit hat kommen können, wie es gekommen ist, nachdem wir nun das Schmachvollste, was man einem Volke ansinnen kann, unterschrieben haben [1], muß ich Ihnen doch sagen, wie furchtbar ich gerade dies empfinde. Nie hätte man dies tun dürfen! Und mir ist völlig unbegreiflich, wie das sein wird, wenn Deutschland die Männer, die es jahrelang umjubelte und die, wo sie fehlten, doch nur aus nationalem Überschwang und reinem Idealismus heraus gefehlt haben, wie es diese der Gemeinheit und dem Haß wird ausliefern können![2] Ich kann es mir einfach nicht vorstellen.
Wird eine spätere Zeit den sittlichen Zusammenbruch eines gequälten und gepeinigten Volkes verstehen und begreifen? Und wird sie erkennen, wo doch in Wahrheit in diesen Tagen die schlimmste Unmoral herrschte?! Wir müssen es hoffen.
Stets Ihr aufrichtig ergebener

Victor Ehrenberg

[1] Die deutsche Regierung unterschrieb den Versailler Vertrag am 28. Juni 1919. Ehrenberg bezieht sich auf den Beschluß der Nationalversammlung vom 23. Juni, die Friedensbedingungen anzunehmen und zu unterzeichnen.
[2] Die Artikel 227–230 des Versailler Vertrags sahen vor, den Kaiser und einen bedeutenden Kreis führender deutscher Politiker, Militärs und Beamter wegen völkerrechtswidriger Handlungen vor ein internationales Gericht zu stellen.

Ehrenberg an Meyer

Tübingen, Hechingerstr. 12, 17. November 1921 (Brief)

Hochverehrter Herr Geheimrat,
Infolge einer Erkrankung komme ich erst heute dazu, Ihnen für die große Überraschung und Freude zu danken, die Sie mir durch die Übersendung Ihres neuen Buches bereitet haben.[1] Ich habe von der Lektüre einen sehr tiefen Eindruck gehabt, wenn ich auch zu einem eigentlichen Urteil weder fähig noch befugt bin. Sie werden ein solches auch nicht von mir erwarten. Aber das möchte ich Ihnen doch sagen, wie mir dies Buch wieder ein imponierender Ausdruck dessen ist, was Sie gerade uns Jungen so gewaltig über die meisten anderen Gelehrten herausragen läßt: Ihrer Universalität. Sie bedeutet für unsereinen ein unerreichbares Ziel, aber eben deshalb auch ist sie stete *Forderung*. Ich meine, in nichts, in keiner noch so besonderen Ansicht oder Darstellung, ist das Weiterwirken des wissenschaftlichen Menschen so fest begründet als eben in dieser Tatsache einer steten, immer neuen und eindringlichen Forderung an die, die auf derselben Straße marschieren wollen!
Es würde mir als Feigheit erscheinen, wenn ich nun Ihnen gegenüber nicht auch ausspreche, was ich – als Jude – schmerzlich empfinden muß. Es sind jene *allgemeinen* Urteile über die Juden, die in ihrer unverkennbaren Betontheit meinen Widerspruch herausforderten und gerade in Ihrem Munde mir weh taten. Ich verstehe es ja völlig, zumal in diesen Zeiten, wie man zu solchem Urteil kommt, vielleicht kommen muß. Aber um so mehr empört es sich in mir gegen die Verallgemeinerungen, und ich glaube, Sie werden es gut verstehen, daß ich diesem Gefühl Ausdruck geben mußte, nicht obschon, sondern gerade weil ich in Ihnen zugleich den wissenschaftlichen Führer und den gütigen Lehrer verehre. –
Ich selbst stecke in allerlei Arbeiten, die aber alle noch arg in den Anfängen sind, so daß ich noch nicht recht darüber reden kann. Einzig ein Aufsatz über „die Anfänge des griechischen Naturrechts"[2], eine Art Fortsetzung zu meinem Buche, ist im wesentlichen fertig; aber ich halte ihn lieber noch im Schreibtisch fest.
Ich hoffe sehr, daß die Ferienerholung bei Ihnen anhält. Darf ich um eine Empfehlung an Frau Gemahlin bitten.
Mit nochmaligem aufrichtigem Danke in Verehrung Ihr stets ergebener

Victor Ehrenberg

[1] Ed. Meyer, Ursprung und Anfänge des Christentums, Bd. 2: Die Entwicklung des Judentums und Jesus von Nazaret, Stuttgart und Berlin 1921.
[2] Anfänge des griechischen Naturrechts, in: Archiv für Geschichte der Philosophie 35, 1923, S. 119–143.

53 Ehrenberg an Meyer

Tübingen, Hechingerstr. 12, 22. November 1921 (Brief)

Hochverehrter Herr Geheimrat,
Es ist besonders gütig von Ihnen gewesen, auf meinen Brief so unmittelbar und so ausführlich zu antworten[1], und ich danke Ihnen dafür sehr aufrichtig. Ich kann diesen Dank nicht deutlicher zum Ausdruck bringen, als indem ich nochmals schreibe, was ich denke.
Dabei glaube ich allerdings, daß es unfruchtbar wäre, über „das Judentum" oder „die Juden" zu sprechen. Ich gehöre keineswegs zu denen, die den Juden *so* stark im Herzen und auf der Zunge tragen, daß sie alles nur aus diesem Gesichtswinkel betrachten. Viel eher kann ich sagen, daß ich zu denen gehöre, von denen auch Sie schreiben, die das Schlechte im Judentum aufs deutlichste empfinden und darunter leiden, obschon ich sagen muß, daß die „jüdischen Antisemiten" sich genauso unwürdig benehmen wie jene Deutschen, die ihr eigenes Land und Volk an den Pranger stellen!
Worauf es aber ankommt, ist die Frage der wissenschaftlichen Objektivität. Sie, sehr verehrter Herr Geheimrat, sind ein Muster hierin, – was ich Ihnen nicht gesagt hätte (weil es mir selbstverständlich ist), wenn Sie nicht meinen Brief dahin verstanden hätten, als wollte ich Ihnen *bewußten* Mangel an Objektivität vorwerfen! Muß ich das wirklich nochmals ausdrücklich versichern, daß mir das *völlig* fern lag?! Im Gegenteil: Gerade um der Universalität, die ja notwendig Objektivität ist, willen, die Ihr Buch erfüllt, erschreckten mich vereinzelte Bewertungen.
Ich glaube aber – und damit komme ich auf das, wovor Sie mich warnen –, ich kann mich von einer nur gefühlsmäßigen Beurteilung freisprechen. Wenn heute ein sachlich und objektiv schreibender Franzose oder Engländer ein Buch über deutsche Geschichte schriebe und da etwa dem „erhabenen Geist von Weimar" die „Brutalität von Potsdam" als die unvereinbaren Gegensätze (das Edle und das Gemeine) im deutschen Geist gegenüberstellte, so würde mich gegen diese *Bewertung* dieselbe Empörung und derselbe Widerspruch erfüllen. Ist das „sentiment", nun gut!
Sie werden sagen, eine derartig willkürliche Konstruktion sei doch etwas völlig anderes. Gewiß mag mein Gleichnis *graduell* stark abweichen, aber doch nur graduell! Denn daß ein Gegensatz zwischen der Welt Goethes und der der Freiheitskämpfer bestand (um ein Beispiel zu nennen), haben beide Teile empfunden; ein Kern in jener Konstruktion ist sicher richtig (wobei man im Einzelfall über den *Wert jeder* Sphäre keineswegs einig zu sein braucht!).
Deshalb: ist es auch *objektiv richtig*, daß an manchen Punkten der jüdischen Geschichte „Ideales und Gemeines"[2] neben einander bestehen, so steht die Verallgemeinerung einer solchen Feststellung doch – ich kann nicht anders! –

---
[1] Dieser Brief Meyers ist verlorengegangen.
[2] Zitat aus Ed. Meyer, Ursprung und Anfänge des Christentums, Bd. 2, Stuttgart und Berlin 1921, S. 32.

mit der großzügigen Objektivität Ihrer sonstigen Darstellung in unlöslichem Widerspruch.

Doch ich halte Sie schon mehr als gut ist, auf. Ich mußte Ihnen dies aber nochmals schreiben, um nicht *dem* Fehler zu verfallen, der uns Juden besonders nachgesagt wird: dem Mangel an Selbstwürde. Daß ich nicht „empfindsam" bin im Sinne jener, die überall den Antisemitismus wittern, das wollen Sie mir bitte glauben. Vor allem aber seien Sie versichert, daß ich mir der Pflicht zur Objektivität bewußt bin und gerade auch dort, wo ich als Jude besonders leicht für ira et studium[3] zugänglich bin, bestrebt sein werde, das *Wahre* und nicht das Erwünschte zu finden! Dafür ist mir Ihr Brief ein erneuter Antrieb.

In unveränderter Verehrung Ihr dankbarst ergebener

Victor Ehrenberg

[3] „Zorn und parteilichen Eifer", Umkehrung des *sine ira et studio* bei Tacitus, Annalen 1,1.

54 Ehrenberg an Meyer

Frankfurt/Main, Blanchardstr. 20, 13. Februar 1923 (Brief)

Hochverehrter Herr Geheimrat,
Ehe das Semester zu Ende geht, möchte ich doch Ihnen schreiben. Denn dies Semester, das mein erstes war als akademischer Dozent[1], ist zugleich das letzte gewesen, das Sie noch in Amt und Würden sah.[2] Sie sind ja – gottlob! – ein eklatantes Beispiel dafür, daß die Altersgrenze ein leeres Schema ist. Denn die Grenze fruchtbarster Lehrtätigkeit haben *Sie* noch lange nicht überschritten und werden es auch so bald nicht tun! Und das ist die Hauptsache. Mehr als je bedarf die deutsche Wissenschaft ihrer großen Vertreter. Und wenn die Emeritierung Ihnen die Befreiung von vielen, allzuvielen Pflichten und Ehrenämtern bringen sollte, so werden wir alle das nur freudig begrüßen in dem Gedanken, daß Ihre kostbare Zeit und Arbeit dann uneingeschränkter der Wissenschaft gehören kann, daß wir hoffen dürfen, noch vieles von Ihnen zu lernen. Auch Ihre Gesundheit wird, so hoffe ich, den Vorteil haben.
Ob allerdings die nächsten Monate und Jahre Ihnen und uns allen die Ruhe zur wissenschaftlichen Arbeit geben werden? Es sieht wenig danach aus. Aber wenn wir dafür darauf hoffen dürfen, daß Deutschlands Niedergang seinen tiefsten Punkt erreicht hat (wenn nicht wirtschaftlich, so doch moralisch und vielleicht auch politisch), so wird es ja zum Besten sein. Eine *rasche* Umgestaltung der politischen Lage dürfen wir, so glaube ich, nicht erwarten. So schwer es oft sein wird, ist *Geduld* (aktive, nicht passive) unsere Hauptstärke. Wir wollen hoffen, daß das deutsche Volk zu ihr die Kraft hat! σωφροσύνη[3]: das ist's! Ich weiß nicht, ob Sie von uns Jüngeren nicht lieber andere Töne hören: aber ich bin nun mal ein μέσος ἀνήρ.[4]
Ich war und bin tüchtig in der Arbeit. Die richtige Lehrtätigkeit (mit Seminar) beginnt ja erst im Sommer, und dafür bin ich in Vorarbeiten. Ich lese im Sommer 2stündig über „Staat + Staatslehre der Griechen" und 1stündig über „die große Zeit Athens". – Noch vor und nach Weihnachten habe ich Kahrstedts neues Buch[5] sehr genau durchgearbeitet. Ich war ja leidlich vorbereitet, da ich im letzten Sommer gerade über Sparta gearbeitet hatte. Kahrstedts Buch hat mich, so imponierend die Absicht und die Gesamtanlage ist, schwer enttäuscht. Ich halte seinen Versuch, die spartanischen Verhältnisse mit den Begriffen des römischen und des modernen Staatsrechts zu fassen, für verfehlt, als Ganzes wie in zahlreichen Einzelheiten. Immer wieder ertappt man ihn bei der Vergewaltigung

---

[1] Seit 1922 war Ehrenberg Privatdozent.
[2] Seit 1. April 1921 war das Gesetz über die Einführung einer Altersgrenze vom 15. Dezember 1920 (vgl. Preußische Gesetzessammlung, Jg. 1920, S. 621) in Kraft. Danach wurden u. a. Lehrer an den wissenschaftlichen Hochschulen mit dem auf die Vollendung des 65. (in Ausnahmefällen wie Eduard Meyer auf die des 68.) Lebensjahres folgenden 1. April (bzw. 1. Oktober) von ihren amtlichen Verpflichtungen entbunden.
[3] „Besonnenheit".
[4] „Mann der Mitte".
[5] U. Kahrstedt, Griechisches Staatsrecht I: Sparta und seine Symmachie, Göttingen 1922.

historischer Einzelfakta, die er in juristische Normen pressen will. Ich habe meine Kritik des Buches in einem Vortrag vor der hiesigen Akademischen Gesellschaft für Altertumswissenschaft vertreten und das Wesentlichste an meinen Sparta-Aufsatz im Hermes[6] (der aber wohl noch länger nicht erscheinen wird) angehängt. Ich habe zuerst gezögert, mein Urteil zu veröffentlichen, denn schließlich ist es kein besonders schöner Anblick, wenn der Jüngere dem Älteren so am Zeuge flickt. Aber es ist in diesem Falle ein Buch, das schon durch seinen Titel (und auch sonst) den Anspruch erhebt, gleichsam als Grundlage aller weiteren Forschung auf diesem Gebiet zu dienen, und einem solchen Buch gegenüber schien mir eine grundsätzliche Stellungnahme schlechthin notwendig, einerlei, ob sie pro oder contra ausfiel.

Was das Persönliche angeht, so bin ich mit der Aufnahme, die ich an der Universität gefunden habe, recht zufrieden. Besonders ist Gelzer[7] weiter überaus angenehm und fördernd. Im übrigen sind wir noch immer ohne Wohnung und ohne *jede* Aussicht auf eine. Das erschwert das Leben natürlich sehr. Ich habe in meiner „Bude" jetzt wenigstens Schreibtisch und Bücher und kann auf diese Weise gut arbeiten. Aber die getrennte Familie ist ja alles andere als schön. Und dazu wird unser Junge[8] im nächsten Monat ein Geschwisterchen[9] bekommen, was unter besagten Verhältnissen auch immerhin seine zwei Seiten hat. Gott sei Dank geht es aber meiner Frau gesundheitlich sehr gut und dem Buben erst recht!

Sie sehen, hochverehrter Herr Geheimrat, ich erzähle Ihnen sogar von diesen häuslichen Dingen. Aber sie greifen ja heute mehr als jemals ins Leben ein, und anderseits weiß ich, daß ich bei Ihnen auf gütiges Interesse rechnen darf. Ich hoffe sehr, daß mein Brief Sie in alter Frische und Gesundheit antrifft. Wollen Sie bitte Ihrer Frau Gemahlin meine besten Empfehlungen bestellen. Mit aufrichtigen Grüßen in steter Dankbarkeit und Verehrung Ihr sehr ergebener

Victor Ehrenberg

---

[6] „Spartiaten und Lakedaimonier", in: Hermes 59, 1924, S. 23—72, nachgedruckt in: Victor Ehrenberg, Polis und Imperium. Beiträge zur Alten Geschichte, hrsg. von K. F. Stroheker und A. J. Graham, Zürich und Stuttgart 1965, S. 161—201. In diesem Aufsatz geht es um Grundfragen der Frühgeschichte Spartas vom 8. bis 6. Jh. v. Chr.

[7] Der Althistoriker Matthias Gelzer (1886—1974) war seit 1919 Professor in Frankfurt/Main.

[8] Gottfried Rudolph Otto Ehrenberg, geboren 1921, seit 1944 Geoffrey Rudolph Elton.

[9] Ludwig Richard Benjamin Ehrenberg, geboren 1923, seit 1944 Lewis Richard Benjamin Elton.

55 Ehrenberg an Meyer

Frankfurt/Main, Blanchardstr. 20, 7. Juni 1923 (Brief)

Hochverehrter Herr Geheimrat,
Nach längerem möchte ich gerne mal wieder bei Ihnen vorsprechen und von mir erzählen. Sie schrieben mir ja einmal, daß ich Ihnen ruhig öfter schreiben sollte, auch wenn ich ohne Antwort bliebe. Letzteres ist ja nun leider — aber begreiflicherweise — der Fall, und so kann denn mein heutiger Brief wirklich in der Hauptsache nur von mir sprechen, in der Hoffnung, daß Sie mir Ihr gütiges Interesse weiter bewahrt haben. Ich hoffe aber sehr, daß es Ihnen, sehr verehrter Herr Geheimrat, gesundheitlich und persönlich gut geht, — vom Außer- und Überpersönlichen der Gegenwart zu reden, das ja in Wahrheit jeden Einzelnen nicht nur seelisch, auch praktisch bis ins Eigenste berührt, ist nicht Sache dieses Briefes.
Ich stecke bis über die Ohren in Semesterarbeit. Ich habe zu meiner großen Freude ganz viel Hörer, natürlich kaum Altphilologen, die ja aussterben, aber Juristen und Nationalökonomen oder neuere Historiker, die von den Thematas angelockt sind. Ich lese 2stündig: „Staat + Staatslehre der Griechen" und 1stündig „Die große Zeit Athens". Außerdem habe ich ein Seminar (allerdings nur 2 Mann) und halte noch (im wesentlichen des Mammons wegen, da ich dafür Lehrauftrag bekommen „soll") Römische Rechtskurse für Juristen mit Realschulbildung, also zwar nicht lateinische Grammatik, aber es ist doch ein ziemliches „Holzhacken". Mit alledem, vor allem natürlich den Kollegs, habe ich genügend Arbeit, sodaß ich zu anderem garnicht oder nur sehr wenig komme. Mein Hermesaufsatz über Sparta[1] hat sich noch vergrößert, aber wann wird er gedruckt? Dagegen hoffe ich, Ihnen nächstens meinen Pauly-Wissowa-Artikel Losung[2] zuschicken zu können.
Die Lehrtätigkeit selbst macht mir sehr große Freude, allerdings das Seminar (wo ich ein ganz junges, aber sehr gescheites Semester habe) noch erheblich mehr als das Kolleg, wo man doch manchmal das Gefühl nicht los wird, daß man über die Köpfe weg (statt in sie hinein) spricht. — Für den Winter habe ich Römisches vor: Prinzipat (im Seminar das Monumentum Ancyranum[3]). Dazu werde ich sehr viel Vorarbeit nötig haben, und so sind die Ferien hiermit + evtl. noch einem größeren Pauly-Wissowa-Artikel (Metoikoi)[4] reichlich gefüllt. So ist es vielleicht recht gut, daß meine Frau durch unseren zweiten, am Palmsonntag geborenen Buben diesen Sommer noch fest ans Haus gebunden ist und damit jede Reise — ganz abgesehen von der materiellen Seite, von der man ja aber nicht absehen *kann* — ausgeschlossen ist. An den 2 Jungens haben wir große

---
[1] S. Anmerkung 6 zu Brief Nr. 54.
[2] Paulys Realencyclopädie der classischen Altertumswissenschaft, neue Bearbeitung von G. Wissowa u. a. (im folgenden: RE), Artikel „Losung", Bd. XIII 2, Stuttgart 1927, Sp. 1451–1504.
[3] In Ankara gefundene Inschrift mit dem Tatenbericht des Augustus.
[4] Den in Bd. XV 2 der RE (Stuttgart 1932, Sp. 1413–1458) abgedruckten Artikel „Metoikoi" hat H. Hommel gezeichnet.

Freude, sie sind beide sehr gesund und der ältere schon ein fideles und gescheites Bürschchen. – Schmerzlich ist natürlich nur, daß wir noch immer nicht die leiseste Aussicht auf Wohnung, und im Hause meiner Schwiegereltern doch nur zwei Schlafzimmer für uns und die Kinder haben, keinen eigenen Wohnraum, ich ein Arbeitszimmer, wo ich gottlob meine Bücher habe, zwei Häuser weit als „Bude"! So ist dafür gesorgt, wofür ja auch andere Kräfte diesseits und jenseits des Rheins sorgen, daß das Leben nicht zu schön wird![5]

Aber wie gesagt, das Berufliche (auch soweit es „persönlich" ist) ist sehr erfreulich, und das ist ja auf jeden Fall *eine* Hauptsache. –

Darf ich noch mit einer Bitte kommen? Können Sie mir vielleicht zwei Ihrer älteren Bücher zum Autorpreis verschaffen, nämlich „Theopomps Hellenika"[6] und „Kleine Schriften"[7]. Ich brauche Ihnen ja nicht zu sagen, wie schwer das Bücherkaufen ist, und so wäre ich für eine billigere Beschaffung dieser zwei Bücher, die ich besonders gern hätte, wirklich sehr dankbar. Aber selbstverständlich wollen Sie sich aus dieser Bitte keinerlei Mühe entstehen lassen!

Darf ich um freundliche Empfehlung an Ihre Frau Gemahlin bitten.

Mit aufrichtigem Gruß in dankbarer Verehrung Ihr ganz ergebener

Victor Ehrenberg

[5] Anspielung auf die von deutschen Führungskreisen provozierte Besetzung des Ruhrgebiets durch französische und belgische Truppen (seit Januar 1923) und die daraus resultierenden wirtschaftlichen und politischen Spannungen.
[6] Ed. Meyer, Theopomps Hellenika, Halle 1909.
[7] Ed. Meyer, Kleine Schriften, 1. Aufl. Halle 1910, 2. Aufl. Halle 1924.

56 Ehrenberg an Meyer

Frankfurt/Main, Blanchardstr. 20, 14. Oktober 1923 (Brief)

Hochverehrter Herr Geheimrat,
Vor wenig Tagen bekam ich Ihr neues Werk.[1] Ich danke Ihnen dafür aufs aller-aufrichtigste, nicht nur für die Tatsache des großen Geschenks, sondern vor allem auch für die gütige Gesinnung gegen mich, die ich in Ihrer Gabe neu bestätigt fand und die für mich das kostbarste Geschenk bedeutet. Dieser gewaltige dritte Band schließt Ihr Werk über das Christentum in wahrhaft monumentaler Weise ab. Mir steht (auch wenn ich ihn schon eindringlicher und vollständiger, als es mir bisher möglich war, gelesen hätte) ein Urteil in keiner Weise zu, aber das möchte ich doch sagen, wie ungeheuer eindrucksvoll ich etwa die Darstellung von „Christentum und Hellenismus" fand, die mit Recht die maßlose Überschätzung der hellenistischen Einflüsse (etwa der Mysterienreligionen) auf das Christentum zurückweist, wie sie gerade auch von theologischer Seite geübt wird. Ich habe bei einer Einzelheit in dem Artikel „Losung" (Spalte 15ff.)[2] versucht, die Verbindung des Urchristentums zum Judentum und die Freiheit von griechischen Einflüssen aufzuzeigen; allerdings konnte ich das eigentliche Problem (woher der Name Klerus?) kaum mehr als andeuten, und manches hätte ich anders angesehen, wenn Ihr Buch damals schon erschienen gewesen wäre. Ich würde den kleinen Exkurs hier garnicht erwähnen, wenn ich nicht wünschte, ich könnte diesem ersten kleinen Schritt weitere folgen lassen. Aber darauf muß ich einstweilen verzichten, vielleicht kann ich später einmal zu diesen Dingen zurückkehren, wenn Wissen und Horizont sich bei mir entsprechend ausgeweitet haben! —
Sie, sehr verehrter Herr Geheimrat, haben nun ein Werk vollendet, das, mag es auch im einzelnen angefehdet werden, als ein monumentum aere perennius[3] neben der GdA. steht. Der Glückwunsch, den ich Ihnen aussprechen möchte, ist ebenso ein Ausdruck ehrfürchtiger Bewunderung als herzlicher Dankbarkeit. Für Sie bedeutet der Abschluß dieses Werkes aber, wie ich glaube, kein Sich-Ausruhen. Und ich, dem ja die griechische Geschichte das am meisten am Herzen liegende darstellt, habe nun die Hoffnung, daß Sie zur GdA. zurückkehren, daß wir sei es erneut Ihre Stellungnahme zur älteren griechischen Geschichte kennen lernen, sei es die Geschichte der hellenistischen Oikumene bekommen als einen neuen Beweis Ihrer Abendland und Morgenland zusammenzwingenden und zusammensehenden Gestaltungskraft! Mein Glückwunsch ist daher zugleich ein Glückwunsch an uns andere, zugleich und vor allem aber der herzliche Wunsch für Sie, daß weder äußeres Geschehen noch das Alter Sie hemmen möge, daß Ihre jugendliche Schöpfergabe, Ihre unverbrauchte Kraft Ihnen und uns noch sehr, sehr lange unvermindert erhalten bleibe! Q. D. B. V.[4] —

[1] Ed. Meyer, Ursprung und Anfänge des Christentums, Bd. 3: Die Apostelgeschichte und die Anfänge des Christentums, Stuttgart und Berlin 1923.
[2] S. Anm. 2 zu Brief Nr. 55.
[3] „ein Denkmal, dauerhafter als Erz": Horaz, Oden 3, 30,1.
[4] S. Anm. 3 zu Brief Nr. 49.

Ich bin zur Zeit ganz mit Vorbereitungen für den Winter beschäftigt. Ich will Kolleg und Seminar über das Prinzipat halten. Dabei möchte ich versuchen, ebenso das Politische wie das Staatsrechtliche wie das Geistesgeschichtliche zu erörtern, und will hoffen, daß ich meine Absichten einigermaßen verwirklichen kann. Es war besonders hübsch, daß auf der Münsterer Tagung[5], die ich mitgemacht habe und die trotz der bösen Zeit ganz besonders erfreulich verlaufen ist, gerade die Probleme des Prinzipats von verschiedener Seite behandelt wurden. Richard Heinze[6] sprach über Cicero de republica, – gegen Sie und Reitzenstein[7]. Der Vortrag war z. T. sehr fein, aber seine kühne Hauptthese, daß Ciceros Schrift *keinerlei* monarchische Tendenz habe, hat mich in keiner Weise überzeugt; verschiedene ältere Fachkollegen erklärten sich weitgehend überzeugt! Aber wenn Heinze z. B. sagte, der princeps[8] bei Cicero (der πολιτικός: gubernator et rector[9] etc.) wäre kein Einzelner, sondern ein Menschentyp, so wie orator nicht der einzelne Redner sei, sondern „der" Redner, so ist meines Erachtens doch ganz übersehen, daß der πολιτικός (schon bei Platon) *allein herrschen* soll. Nach Heinze will Cicero nur die πάτριος πολιτεία[10]. Aber in dieser πάτριος πολιτεία steht doch gerade hier ein Scipio mit seiner weitgehend monarchischen Stellung! Gerade das scheint mir wesentlich, daß im princeps altrömische Vorstellungen (princeps senatus![11]) und griechische Theorien sich vereinigten; nur dadurch war es Augustus möglich, einen Staat zu schaffen, der zugleich monarchisch und römisch war! Nach Heinze sprachen Gelzer über die Popularen und von Premerstein[12] über soziale Voraussetzungen des Prinzipats; vor allem durch angeregte Diskussionen wuchsen die drei Vorträge zu einer Einheit zusammen, wie man es auf Kongressen kaum je erlebt. Auch sonst waren die Tage besonders schön und anregend, gerade als junger Dozent hat man von so etwas sehr viel. Dazu ist Münster eine ganz entzückende Stadt.

Aber natürlich stand die Zeit ganz unter den politischen Eindrücken. Ich will nicht viel darüber schreiben. Ohnedies sind uns ja so sehr die Hände gebunden, daß alle Worte letzten Endes sinn- und zwecklos sind. Sie werden, wie ich annehme, gegen Stresemann[13] noch erheblich kritischer und skeptischer sein als ich es bin, aber auch ich sehe schwarz. Daß immerhin – nach so langer Passivität – etwas *geschieht*, eine Aktivität wenigstens versucht wird, bleibt ein großer Gewinn.

Ein schmerzliches Symbol der Zeit ist auch die – hoffentlich nicht endgültige – Einstellung des Hermes. Ich bin persönlich leidtragend, da mein umfangreicher

---

[5] Gemeint ist die 54. Versammlung deutscher Philologen und Schulmänner vom September 1923. Vgl. F. Bucherers Bericht darüber in: Das humanistische Gymnasium 34, 1923, S. 86–90.

[6] Richard Heinze (1867–1929) war klassischer Philologe an der Leipziger Universität. Der Vortrag erschien unter dem Titel „Ciceros 'Staat' als politische Tendenzschrift" in: Hermes 59, 1923, S. 73–94.

[7] Richard Reitzenstein (1861–1931) wirkte als klassischer Philologe und Religionshistoriker an der Universität Göttingen. Zur Diskussion mit R. Heinze vgl. R. Reitzenstein, Zu Cicero de re publica, in: Hermes 59, 1923, S. 356–362.

[8] „der Erste", „Führer", "Regent".

[9] „der Staatsmann: Lenker und Leiter".

[10] „die Verfassung der Väter".

[11] „der Erste im Senat".

[12] Anton Ritter von Premerstein (1869–1935), Altertumskundler an der Marburger Universität.

[13] Gustav Stresemann (1878–1929) leitete von August bis November 1923 eine Regierung der „Großen Koalition".

Aufsatz „Spartiaten+Lakedaimonier", in dem ich mich auch mit Kahrstedt auseinandersetze, im 1. Heft 1924 erscheinen sollte![14] —

Die häuslichen Dinge sind, alles in allem genommen, gut. Meine 2 Buben gedeihen prächtig, und das ist schließlich die Hauptsache. Wohnungsaussichten: null. Seit einiger Zeit bekomme ich übrigens eine staatliche „Unterhaltsbeihilfe", die ist, was ihr Name sagt, Beihilfe, als solche aber hocherfreulich. Man könnte ja sonst nicht mehr leben. — Haben Sie, hochverehrter Herr Geheimrat, nochmals herzlichen und aufrichtigen Dank. Darf ich um freundliche Empfehlung an Frau Gemahlin bitten?

Mit ergebensten Grüßen in steter Verehrung und Dankbarkeit Ihr

Victor Ehrenberg

[14] S. Anm. 6 zu Brief Nr. 54.

Meyer an Ehrenberg 57

Berlin-Lichterfelde, 23. Juli 1924 (Brief)

Lieber Herr Dr.!
Schon wieder muss ich dringend um Nachsicht bitten, daß ich Ihren Brief[1] so lange unbeantwortet gelassen habe. Der Grund ist der übliche: während ich mich recht abgespannt fühlte – ich werde in den Ferien jedenfalls endlich einmal wieder recht gründlich ausspannen –, drängten sich die Geschäfte und Aufgaben ununterbrochen, darunter unter anderem eine längst versprochene eingehende Besprechung des Spengler'schen Werkes für die Deutsche Literaturzeitung[2], die mich sehr viel Zeit und Konzentration kostete – sie wird jetzt in einer der nächsten Nummern erscheinen. So blieb wie gewöhnlich alles andere liegen; auch Ihren Spartaaufsatz[3] habe ich erst jetzt lesen können. Und dazu kommt nun noch als besonderes Pech, daß ich Ihren Brief trotz beharrlichen Suchens jetzt nicht finden kann, obwohl ich ihn vor Augen sehe und er mich in den letzten Wochen oft genug gemahnt hat. Aber wenn ich ihn in die Stadt mitnahm, um dort einen freien Augenblick zum Schreiben zu benutzen, so kamen jedesmal andere Dinge geschäftlicher Art dazwischen, die ich erledigen musste; und so ist es bis heute gegangen.
Was nun Ihre Frage betreffs Bewerbung um das archäologische Stipendium betrifft, so halte ich die Aussichten für nächstes Jahr nicht allzugross; diesmal war es doch wesentlich ein Zufall, daß es möglich war, zwei Historiker zu berücksichtigen, und das wird vermutlich im nächsten Jahr die Sache schwieriger machen, zumal wenn eine grössere Zahl von Bewerbungen tüchtiger Archäologen kommen sollte, die ja statutenmässig den Vorrang haben. Ausserdem liegt ja darin eine Erschwerung, daß Sie die statutenmässige Altersgrenze bereits überschritten haben, also davon dispensiert werden müssten. Trotzdem würde ich durchaus raten, daß Sie eine Bewerbung einreichen; denn die Möglichkeit, daß die Sache für Sie günstig liegt, bleibt ja doch immer, und ein Versuch kann jedenfalls nichts schaden.
Ihren Aufsatz habe ich jetzt mit grossem Interesse gelesen. Ich bin natürlich momentan nicht imstande, zu allen Fragen Stellung zu nehmen. Daß er viel richtiges enthält, ist zweifellos; vor allem freut es mich, daß Sie die Idee, Sparta sei ein Adelsstaat, nachdrücklich verwerfen: es gibt in Sparta wohl konkurrierende Familieninteressen, wie überall auf der Welt, aber von einem Adel findet sich hier auch nicht die geringste Spur, abgesehen von dem Vorrang der heraklidischen Kämpferschaften. Und ebenso ist es durchaus richtig, daß die Einteilung nicht eine des Gebietes ist, sondern die der in den Bezirken des Vorortes konzentrirten Bürgerschaft. Ob aber wirklich die Gleichsetzung von Phylen und Oben[4] zu-

---

[1] Der entsprechende Brief Victor Ehrenbergs ist nicht erhalten.
[2] Ed. Meyer, Rezension zu Oswald Spengler, Der Untergang des Abendlandes, München 1922–1923, in: Deutsche Literatur-Zeitung 45, 1924, Sp. 1759–1780.
[3] S. Anm. 6 zu Brief Nr. 54.
[4] Phylen und Oben: Untergliederungen der Bürgerschaft Spartas von umstrittener Bedeutung.

trifft, ist mir doch sehr fraglich: die sogenannte Rhetra[5], meines Erachtens ein Erzeugnis der Zeit um 400, unterscheidet hier zweifellos, und damals mußte man doch wissen, was beide Worte bedeuteten.

Auch sonst möchte ich doch, bis auf weitere Nachprüfung, an meinen früheren Ansichten[6] festhalten. Daran, daß es absurd ist, die dorische Wanderung zu läugnen, halte ich natürlich mit Ihnen fest. Nach meiner jetzigen Auffassung ist sie, wie schon Grote annahm, eine Invasion vom Meere, von Süden aus: Kreta ist der Ausgangspunkt und der Mittelpunkt der dorischen Welt, was ja auch die spartanische Ableitung der Institutionen aus Kreta anerkennt; die Ableitung aus Delphi ist spätere, literarisch entwickelte Octroyirung. — Nicht zustimmen kann ich nach wie vor der Ansicht, daß die Heloten der älteren („achäischen") Bevölkerung angehörten (wenn natürlich auch Mischungen eingetreten sind); das ist eine ganz sekundäre Konstruktion, die sich im Altertum nur ganz vereinzelt findet, um so mehr dagegen von den Neueren ausgeführt ist. Ich denke mir die Entwicklung: Konzentration der herrschenden Bevölkerung, d. h. der Wehrmannschaft, im Mittelpunkt der Landschaft, während die Bauernschaft in Hörigkeit (zumeist Klientel) hinabsinkt, wie im übrigen Griechenland, und dann eroberndes Vordringen dieser Wehrgemeinde gegen das Umland — die Parallele bildet die Entwicklung der thebanischen Macht in Boeotien usw., und ebenso [?] die Roms gegen Latium, nur daß hier an Stelle der Knechtung die Einverleibung in die Bürgerschaft tritt. Dadurch unterscheidet sich dann Sparta natürlich ganz wesentlich von den übrigen Staaten.

Doch genug davon. Nur das möchte ich noch erwähnen, daß mir für das Königtum und seinen sakralen Ursprung neben der Angabe Herodots über die Tyndariden[7] und der Befristung auf 8 Jahre die Angabe Thukydides V 16 von fundamentaler Bedeutung erscheint, daß Pleistoanax bei seiner Rückberufung τοῖς ὁμοίοις χοροῖς καὶ θυσίαις καταγαγεῖν ὥσπερ ὅτε τὸ πρῶτον Λακεδαίμονα κτίζοντες τοὺς βασιλέας καθίσταντο.[8]

In der Tradition, die zu diesen Massnahmen geführt hat, ist der sakrale Ursprung des Doppelkönigtums doch ganz deutlich ausgesprochen und das tritt ja in den dem Königtum auch sonst zustehenden Rechten ganz deutlich hervor: sie sind Inkarnationen der Schutzgottheiten Lakedaimons, der Tyndariden.

Nehmen Sie freundlichst mit diesen kurzen Bemerkungen vorlieb. Ich freue mich sehr, Sie im Herbst in Frankfurt zu sehen.[9] Bei der Sitzung zu Pfingsten reichte die Zeit dazu leider nicht, da ich gleich wieder zurückmußte.

Bei uns geht es alles in gewohnter Weise, den Verhältnissen nach ganz erträglich. Hoffentlich bleibt es auch bei Ihnen so!

---

[5] Gemeint ist die „große Rhetra", der Form nach ein delphisches Orakel, das dem sagenhaften Gründerkönig Spartas, Lykurg, gegeben wurde und das die Staatsordnung Spartas neu regelte. Zum forschungsgeschichtlichen Zusammenhang vgl. H. Schaefer, Victor Ehrenbergs Beitrag zur historischen Erforschung des Griechentums, in: Historia 10, 1961, S. 387—408, bes. S. 392ff., nachgedruckt in: H. Schaefer, Probleme der Alten Geschichte, Göttingen 1963, S. 428—440.

[6] Ed. Meyer, Lykurgos von Sparta, in: ders., Forschungen zur Alten Geschichte, Bd. 1, Halle 1892, S. 213—286; zu den lykurgischen Rhetren s. S. 261ff.

[7] Herodot, Historien 5, 75, 2. Tyndariden ist ein anderer Name für die Dioskuren Kastor und Pollux, die Stammesgötter der Dorier.

[8] „[den Pleistoanax] mit den gleichen Chören und Opfern heimzuführen, mit denen sie bei der ersten Gründung Spartas die Könige eingesetzt hatten". Pleistoanax, ein spartanischer König, regierte von 458 bis 408/07 v. Chr.

[9] Frankfurt/Main, s. Karte Nr. 59.

Ob unser Volk sich jetzt endlich einmal ermannen und zu einem energischen Nein aufraffen wird? Es bietet sich ihm noch einmal wieder eine Möglichkeit [10]; aber ich fürchte, es wird sie so wenig ergreifen wie bisher! Ein Volk das dem schrankenlosen Parteiklüngel des Parlamentarismus anheimgefallen ist, hat damit auf die Möglichkeit selbst verzichtet, seine wahren Interessen und Aufgaben zu vertreten, und Hoffnung auf Rettung ist kaum mehr vorhanden.
Mit bestem Gruss Ihr

Eduard Meyer

[10] Meyer meint vielleicht die Zustimmung des Reichstags zum Dawes-Plan.

58 Ehrenberg an Meyer

Frankfurt/Main, Blanchardstr. 20, 23. Januar 1925 (Brief)

Hochverehrter Herr Geheimrat,
Wenn ich Ihnen heute meine aufrichtigsten und verehrungsvollsten Glückwünsche zur Vollendung Ihres 70. Lebensjahres aussprechen möchte, so tue ich das gleichsam in doppelter Eigenschaft, als Wissenschaftler und als Schüler. Und wenn ich stolz darauf bin, einmal Ihr Schüler gewesen zu sein (eine Zeit, die der Krieg viel zu rasch unterbrach!), so soll auch heute mein Glückwunsch vor allem von der Dankbarkeit und Verehrung des Schülers getragen sein. Unter den vielen, die Ihnen nicht nur weitere glückliche und zufriedene Jahre wünschen, sondern Ihnen, hochverehrter Herr Geheimrat, auch ihren Dank sagen für jegliche Art von Förderung, von Belehrung, von Fürsorge, – unter ihnen will ich wahrlich nicht fehlen! Sie werden in diesen Tagen viel auf die sieben vergangenen Jahrzehnte zurückblicken. Allzuvieles, was uns alle und jeden einzeln angeht, ist, seit Sie – im Kriege – Ihren 60. Geburtstag begingen, sehr anders geworden, sehr anders ausgegangen, als jeder gehofft hatte. Aber doch wird die ehrerbietige Verehrung und tiefe Dankbarkeit, die zu Ihrem Festtage wie ein Meer zu Ihnen emporbranden wird, Ihnen sagen, so eindringlich sagen, daß nichts anderes dagegen laut wird, welch großes, fruchtbringendes, wundervolles Leben, welch unvergängliches, herrliches Wirken hinter Ihnen liegt! Mein aufrichtiger Wunsch und meine feste Zuversicht ist, daß die – so Gott will – vielen Jahre, die noch vor Ihnen liegen, die wahre Krönung und Vollendung dieses Lebens und Wirkens bedeuten sollen!
Ich hätte dringend gewünscht, daß die allgemeine und weit über den Kreis der Schüler und Freunde hinausgehende Verehrung Ihres Werkes und Ihrer Person auch nach außen eindeutigen Ausdruck gefunden hätte. Es ist jetzt fast ein Jahr her, daß ich mich an einen Ihrer älteren Schüler wandte, um ihn zur Schaffung einer gemeinsamen Festgabe[1] in der schönen und meines Erachtens noch nicht überlebten Form eines wissenschaftlichen Sammelwerks zu veranlassen. Ich habe auf diesen Brief nie eine Antwort bekommen. Wenn ich meinen Empfindungen wenigstens in einem kleinen Zeitungsartikel[2], den ich Ihnen gleichzeitig zuschicke, ein weiteres Echo zu verschaffen suche, so werden Sie das, hochverehrter Herr Geheimrat, wie ich zu hoffen wage, freundlich aufnehmen. Mein neues Büchlein[3], von dem ich Ihnen im Herbst erzählen durfte, ist leider nicht mehr rechtzeitig zu Ihrem Festtage fertig geworden. Doch hoffe ich, es Ihnen in wenigen Wochen als verspätete Gabe überreichen zu können.
Ich sende Ihnen nochmals, sehr verehrter Herr Geheimrat, die ehrerbietigsten

---

[1] Meyers 70. Geburtstag am 25. Januar 1925 wurde in anderer Form gewürdigt. Ein Kreis von Kollegen, Freunden und Schülern stiftete eine Ehrengabe von rund 5000 Mark, um dem Jubilar eine schon lange erhoffte Reise nach Ägypten, Palästina und Kreta zu ermöglichen. Die Reise dauerte von Oktober 1925 bis März 1926.
[2] Eduard Meyer (zum 70. Geburtstag), in: Frankfurter Zeitung vom 21. Januar 1925. S. Anhang S. 145 ff.
[3] Neugründer des Staates. Ein Beitrag zur Geschichte Spartas und Athens im 6. Jh., München 1925.

und wärmsten Wünsche. Mögen Sie den Tag in Gesundheit und in froher, stolzer Zufriedenheit begehen, mögen Sie noch viele lange Jahre uns erhalten bleiben, als der verehrte Vater und Führer, als das leuchtende Vorbild, dem mehr als eine wissenschaftliche Generation nachgeeifert hat, mehr als eine noch nacheifern wird!

Darf ich darum bitten, auch Ihrer verehrten Frau Gemahlin meine herzlichsten und ergebensten Glückwünsche übermitteln zu wollen.

In steter Dankbarkeit und getreuer Verehrung bin ich, hochverehrter Herr Geheimrat, Ihr aufrichtig ergebener

Victor Ehrenberg

59 Meyer an Ehrenberg

Berlin-Lichterfelde, 10. Juni 1925 (Karte)

Verehrter Herr Dr.!
Ihren Brief habe ich bei der Rückkehr von einer Pfingstreise hier vorgefunden, Da ich morgen (Donnerstag) zur Sitzung der römisch-germanischen Kommission nach Frankfurt reise, können wir die Sache vielleicht mündlich weiter besprechen. Ich komme um 5.03 an und werde im Baseler Hof, Wiesenhüttenplatz, absteigen. Vielleicht können Sie mich dort gleich nach meiner Ankunft aufsuchen; für später wird meine Zeit vermutlich besetzt sein, so dass ich eine bestimmte Stunde dann nicht mehr angeben kann.
Mit bestem Gruss Ihr

Eduard Meyer

Meyer an Ehrenberg

60

Berlin-Lichterfelde, 27. März 1926 (Karte)

Lieber Herr Dr.!
Bei unserer Rückkehr habe ich Ihren Brief aus Athen vorgefunden, und freue mich, daß Sie Ihre Reise so gut haben ausnutzen können.[1] Wir sind Ende Oktober, eben an dem Tage, an dem Ihr Brief datiert ist, von hier abgereist[2], waren zwei Monate in Aegypten und Nubien, dann in Palaestina und an der Phoenikischen Küste, und sind dann an den Küsten Kleinasiens entlang nach Constantinopel, und von dort nach Griechenland gereist, wo wir noch drei Wochen verbracht haben. Alles ist sehr gut verlaufen. Jetzt sind wir 2 1/2 Wochen wieder hier, und ich sitze noch daran, die Massen der Briefe, Zusendungen und sonstigen Geschäfte zu bewältigen, die sich inzwischen aufgehäuft haben, und hoffe dann wieder energisch an die Hauptarbeit gehen zu können.
Hoffentlich ist bei Ihnen und den Ihrigen alles weiter gut gegangen.
Mit besten Grüssen Ihr

Eduard Meyer

[1] Der betreffende Brief Ehrenbergs ist nicht erhalten. Über seine Reise berichtet Ehrenberg in seinen Personal Memoirs, S. 58: „Eduard Meyer [...] provided for me a grant from the 'Notgemeinschaft'; helped also by a grant from the University, I was able to travel to Rome and Greece."
[2] Zu Meyers Reise s. Anm. 1 zu Brief Nr. 58.

61 Meyer an Ehrenberg

Berlin-Lichterfelde, 17. Januar 1927 (Karte)

Verehrter Herr Dr.!
Heute, wo ich wieder einmal darangehe, von der inzwischen aufgehäuften Korrespondenz wenigstens das dringendste zu erledigen, will ich doch auch Ihnen einen kurzen Gruss senden, zugleich mit bestem Dank für Ihren Neujahrsbrief.[1] Über Ihren Aufsatz[2] über die lykurgische Rhetra dagegen möchte ich zur Zeit nichts sagen, da es mir ganz unmöglich ist, mich gegenwärtig wieder in diese Probleme zu vertiefen — überhaupt bleibt unendlich vieles, was ich eigentlich lesen müsste, notgedrungen liegen. Alle Zeit, die mir bleibt (es kommt fortdauernd nur allzuviel anderes und dringendes dazwischen), muss ich für GdA II zusammenhalten, von der ich glücklich wenigstens die Amarnazeit und die kretisch-mykenische Kultur hinter mir habe, so dass ich hoffe, mit dem ersten Teil (bis zum 12. Jahrhundert) in absehbarer Zeit fertig werden zu können. Hoffentlich kommen Sie nun auch mit Ihren Arbeiten weiter gut vorwärts. Dass Ihnen die übernommenen Artikel[3] oft unbequem sind, begreife ich sehr wohl. Aber nützlich sind sie doch, denn sie zwingen, einzelne abgerundete Gebiete genau durchzuarbeiten und knapp zusammenzufassen und das hilft dann auch für die Nachbargebiete.
Mit besten Grüssen, auch von meiner Frau Ihr

Eduard Meyer

[1] Der entsprechende Brief Ehrenbergs ist nicht erhalten.
[2] V. Ehrenberg, Der Gesetzgeber von Sparta. Epitymbion für H. Swoboda, Reichenberg 1927, S. 19—28.
[3] Gemeint sind wohl verschiedene RE-Artikel Ehrenbergs für Bd. XIV (vgl. die Bibliographie Ehrenbergs bei H. Schaefer, Historia 10, S. 401, Nr. 41 und 55).

Ehrenberg an Meyer 62

Prag XII, Budečska 33, 23. Januar 1930 (Brief)

Hochverehrter Herr Geheimrat,
Gestatten Sie, daß ich Ihnen zu Ihrem 75. Geburtstag meine aufrichtigsten und wärmsten Wünsche ausspreche. Ich hoffe herzlich, daß Sie den Tag in unverminderter Frische und vollster Gesundheit begehen und daß das neue Lebensjahr Ihnen Gutes bringen wird. Uns andern möchte ich wünschen, daß das neue Jahr uns den Band II 2 der G. d. A.[1] schenken möge und daß Sie überhaupt uns noch auf weitere Lustren als wissenschaftlicher Archeget und unerreichtes Vorbild vorangehen!
Wenn ich dabei noch einer persönlichen Hoffnung Ausdruck geben darf, so ist es die, daß mir einmal wieder einer jener selbst geschriebenen Grüße zukommen möge, auf die ich stolz war und bin. Verzeihen Sie, daß ich mit solcher Bitte gerade heute zu Ihnen komme. Aber ich käme mir unehrlich vor, wenn ich es nicht aussprache, welch großen Schmerz es mir bedeutet, die lange Zeit bestehende *persönliche* Verbindung zu Ihnen, hochverehrter Herr Geheimrat, fast verloren zu haben. Wollen Sie mich bitte nicht falsch verstehen. Ich denke natürlich nicht daran, Ihre viel zu kostbare Zeit und Kraft für mich irgendwie in Anspruch nehmen zu wollen, und ich begreife es als selbstverständlich, daß Sie mir nicht mehr Briefe schicken können, wie ich sie einst etwa im Felde von Ihnen erhielt, wundervolle Zeugen eines großgesinnten Wohlwollens, das auch dem in politischen Dingen z. T. anders Denkenden galt und das mich stolz und froh machte. Ich bin Ihnen, hochverehrter Herr Geheimrat, noch heute so dankbar wie damals und wie später, als Sie meine wissenschaftlichen Anfänge mit freundlicher Aufmunterung und Kritik begleiteten, und ich wage zu hoffen, daß Sie auch heute noch mir Ihre wohlwollende Gesinnung bewahrt haben. Sollte ich aber durch eigenes Verschulden, wenn auch ganz ohne mein Wissen, Ursache für die Entfremdung, die ich zu spüren meine, sein, so wäre ich Ihnen zu ganz besonderem Danke verpflichtet, wenn Sie mir meine Fehler offen vorhalten würden. Verzeihen Sie nochmals bitte diesen wohl etwas ungewöhnlichen Geburtstagsbrief, aber ohne das wären mir meine verehrungsvollen Wünsche für Sie, hochverehrter Herr Geheimrat, selbst wie leere Phrase erschienen! –
Nun bin ich schon bald zwei Semester in Prag.[2] Mitsamt der Familie habe ich mich recht gut eingelebt, wenn auch natürlich eine ganze Reihe Schwierigkeiten bestehen, die es wo anders nicht gibt. Als schmerzlichstes Manko empfinde ich den Mangel an gutem Studentenmaterial. Die antihumanistische Welle, die in Deutschland doch wohl schon langsam abzuflauen beginnt, ist hier auf dem Höhepunkt. Es gibt fast niemanden mehr, der noch Griechisch kann! So werde ich, wie ich fürchten muß, es kaum auch nur zu solchen Seminaren bringen, wie ich sie in den letzten Frankfurter Semestern als Privatdozent hatte. Man sollte reichsdeutsche Studenten veranlassen, in – dem ja billigen – Prag zu studieren, und

---

[1] S. Anm. 3 zu Brief Nr. 10.
[2] Ehrenberg wirkte von 1929 bis 1939 als Professor für Alte Geschichte an der Deutschen Universität in Prag.

die Reichsbahn könnte ihnen die Reiseermäßigung (wie nach Wien) wohl geben, was sie jetzt nicht tut, weil natürlich die Tschechen nicht zur Gegenleistung bereit sind! –

Die eigenen Arbeiten gehen vorwärts, wenn auch bei den größeren Plänen sehr viel langsamer als erwünscht. Ein paar ganz kleine Realencyclopädie-Artikel schicke ich Ihnen, weil Sie mein Versuch, Belochs Sufetenhypothese zu widerlegen, vielleicht interessieren wird.[3]

Nehmen Sie nochmals, hochverehrter Herr Geheimrat, meine herzlichsten Wünsche und Grüße. Mit aufrichtigen Empfehlungen an Ihre hochverehrte Frau Gemahlin bin ich Ihr dankbar ergebener

Victor Ehrenberg

---

[3] K. J. Beloch faßte die karthagischen Sufeten als Repräsentanten eines lebenslänglichen, erblichen Königtums auf, das wenigstens bis zum Ende des 4. Jahrhunderts bestand. Ehrenberg suchte anhand von Inschriften und der literarischen Überlieferung nachzuweisen, daß die Sufeten jährlich wechselnde, allerdings aus einem engen Kreis bevorzugter Familien stammende Beamte waren. Vgl. den Artikel „Sufeten" in RE, Bd. IV A 1, Stuttgart 1931, Sp. 643–651.

Meyer an Ehrenberg

Berlin-Lichterfelde, 1. Februar 1930 (Brief)

Verehrter Herr Kollege!
Haben Sie herzlichen Dank für Ihren freundlichen Brief und die Wünsche zu meinem 75. Geburtstag. Durch die Freunde und Kollegen, die uns in grosser Zahl überraschten, und die zahlreichen Briefe und Telegramme aus allen Teilen Deutschlands sowie seitens der Reichs- und Staatsregierung ist der Tag zu einer ergreifenden Festfeier gestaltet worden, die mich und die Meinen mit wärmster Dankbarkeit erfüllt hat. Von Ihnen und Ihrem Ergehen in Prag eingehender zu hören, hat mich sehr gefreut, und ich erfülle gern Ihren Wunsch, Ihnen wenigstens einige Zeilen zu schreiben. Dass das nicht schon öfter geschehen ist, ist Unrecht von mir; aber Sie wissen ja aus Erfahrung, dass ich nun einmal ein schlechter Briefschreiber bin und nur zu leicht alles liegen lasse, was nicht ganz dringend ist. Im übrigen habe ich nicht zu klagen; meine Zeit freilich ist fortdauernd durch die sich häufenden Geschäfte stark belastet, und so muss ich es hinnehmen, dass ich auch mit meiner Arbeit lange nicht so rasch vorwärts komme wie ich wünschte und hoffte, wenn ich auch ein gutes Stück weiter gekommen bin.
Dass Sie in Prag den Rückgang der wissenschaftlichen Vorbildung der Studenten noch stärker empfinden, als anderswo, begreife ich sehr wohl. Überhaupt aber ist ja garnicht abzusehen, was eigentlich aus unseren Universitäten werden soll. Die Überfüllung, die keineswegs nur in Berlin herrscht, ist ja geradezu wahnsinnig, und was aus all den Leuten werden soll, die sich zum Studium drängen und die Hörsääle, wie ich von allen Seiten höre, in phantastischen Zahlen füllen, ist garnicht abzusehen! Das muss notwendig zu einer schweren Krise führen. Und nun kommt noch die ganz verzweifelte Lage hinzu, mit der permanenten Regierungskrise im Reich wie im Staat, mit dem wüsten Parteigetreibe, in dem überall nur die niedrigste Begehrlichkeit herrscht, und mit der gänzlichen Unfähigkeit zu wirklichem politischen Verständnis. So treiben wir ziellos weiter, und was schliesslich daraus werden wird, vermag ja kein Mensch abzusehen. Das einzige, was doch noch immer wieder ein Vertrauen auf die Zukunft erhält, ist, dass es uns trotz allem an leistungsfähigem und durchaus idealistisch gesinnten Nachwuchs nicht fehlt, wie ich das durch die Tätigkeit für die Notgemeinschaft[1] immer wieder erfahre. Wenn die Demokratie freilich fortfährt, unsere Schulen und unsere Kultur überhaupt zugunsten der Mittelmässigkeit immer weiter zu untergraben, weiss ich nicht, ob uns nicht auch das verloren gehen wird.
Doch genug davon! Hoffentlich geht es Ihnen und den Ihrigen weiter gut und kommen Sie mit Ihren Arbeiten gut vorwärts!
Mit besten Grüssen Ihr

Eduard Meyer

[1] S. Einleitung S. 27.

64   Ehrenberg an Frau Meyer

Prag XII, Budečska 33, 1. September 1930

Hochverehrte gnädige Frau,
Mit tiefster Erschütterung lese ich soeben in der Zeitung die Nachricht, daß Eduard Meyer nicht mehr unter den Lebenden weilt.[1] In dem klaren Bewußtsein, daß alle Worte keinen Trost bedeuten können, drängt es mich trotzdem, Ihnen sofort zu sagen, wie herzlich ich mit Ihnen und den Ihrigen mittrauere. Ich habe in dem Entschlafenen den großen Gelehrten und den gütigen Menschen zugleich gekannt und habe ihm in *jeder* Hinsicht sehr Vieles und Großes zu danken. Wie es für unsere Wissenschaft ein vollkommen unersetzlicher Verlust ist – ein Wort, das, so oft verwendet, hier seinen wahren Sinn hat! –, so für jeden Einzelnen, dem er mit Rat und Tat, mit gütiger Aufmunterung – nicht zuletzt auch als Entscheidender im Gremium der Notgemeinschaft[2], geholfen hat. Für mich wird es mein ganzes Leben lang etwas Großes bedeuten, daß dieser Mann trotz aller gegensätzlichen Einstellung in manchen politischen Fragen während des Krieges mit mir regelmäßig korrespondiert hat, und wenn in den letzten Jahren die Verbindung aus mancherlei Gründen loser geworden war, so habe ich doch erst vor wenigen Monaten einen Brief von ihm erhalten, der mir beweist, daß seine gütige und wohlwollende Gesinnung gegen mich unverändert geblieben war.
Unsere Wissenschaft aber hat ihren Vater verloren. Es ist tragisch, daß er die Neubearbeitung der GdA.[3] nicht mehr vollenden konnte, und wir anderen können nur hoffen, daß mindestens ein Teil des in Aussicht stehenden Bandes so weit fertig ist, daß er erscheinen kann. Aber niemanden gibt es jetzt mehr, der, auch nur in entferntem Abstand von ihm, sich Universalhistoriker des Altertums nennen dürfte!
Die kurze Zeitungsnachricht läßt mich hoffen, daß er ohne längeres Leiden dahingegangen ist. Das wird Ihnen wie uns allen helfen, an seiner Bahre über alle Trauer hinweg den Stolz und die Dankbarkeit dafür zu empfinden, daß wir das Bild dieses großen und unerhört fruchtbaren Lebens, dieses großen und guten Menschen miterleben durften und nun unauslöschbar in uns tragen.
In Mittrauer und Verehrung Ihr aufrichtig ergebener

Victor Ehrenberg

[1] Meyer starb am 31. August 1930.
[2] S. Einleitung S. 27 und 29.
[3] S. Anm. 3 zu Brief Nr. 10.

Anhang

Victor Ehrenberg (Pseudonym: Gottfried Mann †), Feldartillerie an der Somme. Ein Feldpostbrief, in: Frankfurter Zeitung vom 11. November 1916, Abendblatt

Während der Nacht ging die Batterie in Stellung. Man fuhr in einen engen Hohlweg hinein. Als seine Hänge sich abflachten, wurde abgeprotzt. Nach kurzer Zeit fuhren die Protzen fort. Man begann sich im Dämmer der sternenklaren Nacht umzuschauen. Licht durfte nicht gemacht werden. Man sah Gras, Wiesen, anscheinend unberührt von den Fingern des Krieges. Kein Granattrichter ringsum. Das beruhigte. Die Geschütze wurden aufgestellt, hochgeschoben: Die mitgebrachte Munition an den Weghang verstaut. An Schlafen dachte niemand. So wurde es Tag. Ein klarer, heller Morgen stieg empor. Die herbstlichen Nebel sanken rasch. Blauer Himmel und goldene Sonne. Aber man wagte nicht, sich daran zu freuen: Fliegerwetter!
Man richtete die Geschütze ein. Dann wurde begonnen, ihnen notdürftig Deckung zu verschaffen. Kleine Erdwälle erhoben sich. Alles arbeitete. Plötzlich hieß es: „An die Geschütze!" Man schoß sich ein. Vorn schien übrigens der Teufel los zu sein bei der Infanterie. Plötzlich sah alles empor. Da oben platzten die Granaten der Fliegerabwehrkanonen. „Flieger!" Aber man mußte weiter schießen. „Erstes – Feuer!, Zweites – Feuer!" Wo war der Flieger? Kam er näher? Verdammt, die weißen Wölkchen platzten schon über der Batterie. Man hörte die niederkommenden Sprengstücke surren. Da war auch der Flieger! Und da noch einer! „Deckung!" Alles warf sich an den Hang, niemand rührte sich. Ruhig kreisten die zwei lichten Vögel dort oben. Wo waren unsere Flieger? Endlich, endlich kamen sie. Da dort: Zwei, vier, fünf. Die Franzosen – oder waren es Engländer? – drehten ab. Langsam, unberührt von den platzenden weißen Wölkchen flogen sie wieder westwärts.
Man arbeitete weiter. Der Telephonist meldet: „Verbindung hergestellt." Der Oberleutnant, der die Batterie führte, sprach mit der Abteilung. Man hörte: „Sperrfeuer, 2888 – 2900. Jawohl, drei Minuten Schnellfeuer, dann nachlassen. Auf Leuchtkugeln aufpassen, jawohl." Ein Posten wurde aufgestellt, seitlich der Batterie, auf einer Erhöhung: „Sofort melden, wenn rote Leuchtkugeln aufsteigen."
Man aß von seinen Vorräten zu Mittag. Warmes gabs nicht. Die Feldküche konnte natürlich erst im Dunkeln kommen. Da plötzlich: einen Augenblick stockte der Herzschlag. Sie kamen, die Heulenden, Singenden! Krach! Krach! 200 m vor der Batterie. Und wieder: Krach! Krach! Die waren schon näher. Und da war auch der Flieger wieder oben. Ohnmächtige Wut ließ jeden erzittern. Ssst ... alles duckte sich; der ging drüber weg: da, 30 Schritt hinter der Stellung! Der Dreck spritzte. Und nun folgte Schuß auf Schuß. Ohnmächtig, hilflos lag man an den Hang geduckt, ohne jede Deckung. Krach, Krach! der saß im Weg. Aber niemand war getroffen. Der junge Fize [sic] sah nach der Uhr: alle Minute 12 Schuß. Es war schon so ziemlich Trommelfeuer. Wieder einer im Weg: ein Schrei, Wimmern „Sanitäter!" Der erste Tote, zwei waren verwundet. Krach! An dieselbe Stelle fast. Was ist? Der Sanitäter ist tot.
Dreiviertel Stunden waren vorbei. Ließ das Feuer nach? Plötzlich Stille, unwahrscheinliche, unglaubliche Stille. Dann kam Bewegung in die Leute. Man rief: lief nach den Verletzten. Gottlob, nur drei Mann und nicht schwer verwundet. Aber zwei waren tot.
„Melden Sie der Gruppe ---" Ging nicht. Die Leitung war entzwei. Zwei Mann gingen los, den Draht zu flicken. Irgend einer ruft: „Es geht wieder los!" Man wirft sich nieder. Und wieder kommen sie, immer vier auf einmal. Und gut schießen sie die Kerle! Man lag und bebte. Nicht vor Angst, aber vor Wut! Der Posten vorne schreit: „Rote Leuchtkugeln!" Alles stürzt an die Geschütze, die Geschützführer wissen schon bescheid: Sperr-

feuer. Die Rohre müssen leisten, was sie können: Schnellfeuer. Und der Feind schießt weiter. Ein wüstes Getöse, Abschüsse und Einschläge. Da eine mächtige Wolke, Splitter und Steine fliegen: Volltreffer. „Erstes Geschütz fällt aus." Niemand hört es. Aber jeder weiß: da links ist einer gerade in die Lafette gegangen. Und die Bedienung? Einer kam und lief zum nächsten Geschütz, ein anderer noch, blutend. Zwei blieben liegen. Einer stand aufrecht, schrie und gestikulierte, das Gesicht verzerrt. Dann stürzte er davon, stolpernd, sich aufraffend. Der Schreck hatte ihm den Sinn verwirrt.

So gehen die Stunden. Man schießt und wird beschossen. Das Telephon surrte: „Angriff abgeschlagen!" Der Gefreite der Leitungspatrouille kam zurück, allein. Wo ist der andere? Schweigen. Auch tot. Dann ein paar Stunden Ruhe. Man schläft erschöpft. Oder man wälzt sich umher, kann nicht schlafen. Herr Gott, das ist erst der erste Tag.

Die Nacht kommt. Warmes Essen. Neue Minition. Es ist ruhig, wie die Wagen kommen. Kaum einen Schuß hört man matt fallen. Und dann, nach ein paar Stunden, gehts wieder los. Überall brüllen die flammenden Mäuler. Überall schlagen krachend die feindlichen Granaten ein. Das Dorf da zur Linken: kein Mensch ist mehr drin; aber Schuß auf Schuß saust hinein. Manchmal scheint der Feind zu tasten: hier paar Schuß, dort paar Schuß. Und dann, wenn er glaubt, ein Opfer zu haben, dann krachen plötzlich auf den gleichen engen Raum zehn, zwanzig, hundert!

Man buddelt Löcher in den Hang, um sich hineinzulegen. Es ist kaum ein Schutz, aber man redet es sich ein. So geht der Tag weiter. Dann werden Stollen gegraben. Es geht nur langsam. Aber nach einer Woche können alle Leute unten schlafen, wenn sie auch wie die Heringe liegen. So gibt es wenigstens Augenblicke, in denen die Nerven zur Ruhe kommen. – –

Zuschrift Victor Ehrenbergs, zit. bei Adolf Grabowsky, Die Zukunft der Rechten, in: Das neue Deutschland, hrsg. von Adolf Grabowsky, Jg. 5, 1916/17, Heft 18, Ausgabe vom 15. Juni 1917, S. 477f.

Zeitungsmeldungen zufolge sind zwischen den Konservativen und der Deutschen Fraktion Abmachungen in die Wege geleitet, um bei Wahlen und sonstiger politischer Betätigung gemeinsam zu handeln. Falls diese Meldungen der Wahrheit entsprechen, erscheint es notwendig, hiergegen vom Standpunkt des freiheitlichen Konservatismus entschieden zu protestieren.
Die innere Politik der Zukunft steht unter dem Zeichen dessen, was unter dem Worte 'Neuorientierung' begriffen wird. Zwar denken sich die einzelnen Parteien hierunter recht Verschiedenes, aber um den Kern kommt keine herum, nämlich um die Notwendigkeit einer prinzipiellen Demokratisierung unseres politischen Lebens. Es ist klar, daß diese weder mit Einführung eines deutschlandfremden Parlamentarismus noch gar mit der Verewigung eines durch den Krieg bedingten Staatssozialismus identisch ist. Aber nötig ist, daß die Stagnation des lebendigen Umlaufs in den Adern unseres Verwaltungskörpers behoben wird, nötig, daß Schranken fallen, die viele Schichten unseres Volkes von wahrhafter aktiver Teilnahme am staatlichen Leben fernhalten, nötig, daß die gewaltige Bereicherung des politischen Sinnes und Verständnisses, die dieser Krieg allgemein gebracht hat, wirklich nutzbar gemacht wird. Der Erkenntnis, daß diese Dinge Notwendigkeit sind, haben sich unsere Parteien nicht verschlossen – mit einziger Ausnahme der Konservativen. Es ist weder Zufall noch etwa beabsichtigte 'Blockbildung', daß der Reichskanzler eine geschlossene Mehrheit für seine äußere Politik fand. Dieselbe geschlossene Mehrheit unterstützt – bei aller Zwiespältigkeit im einzelnen – seine innere Politik der Neuorientierung; von Kardorff bis Naumann zeigt sich eine Übereinstimmung wesentlicher Ziele und Ideen, wie sie nur die natürliche Notwendigkeit, nicht aber irgendein politisches Manöver zu schaffen versteht.
Einzig die Konservativen können und wollen nicht sehen, wohin der Weg geht. Niemand wird ihnen die Bewährung des alten Preußengeistes auch in diesem Kriege bestreiten, niemand (außer den extremsten Demokraten) denkt daran, durch Aufpfropfung westmächtlich-demokratischer Ideen das Werk Friedrich Wilhelms I. und Friedrich des Großen zerstören zu wollen. Aber der Weg Deutschlands führt über Preußen und Kleindeutschland hinaus, hat schon längst darüber hinausgeführt! Die unendlich erweiterte Bühne des Geschehens zwingt jeden, der hier gelten will, zu neuen Formen und neuem Gestalten. Wer vor dieser Erkenntnis in borniertem Nichtsehen-wollen zurückschreckt, über den geht die Zeit hinweg. Und wenn die Freikonservativen, statt an der Seite der Mittelparteien ihren eigenen und eigenartigen Standpunkt zu behaupten, sich den Konservativen in die Arme werfen, so haben sie die wesentliche und bedeutende Aufgabe, die ihrer harrt, verkannt und opfern ihre großen Ziele augenblicklichen Vorteilen. Jene Jugend aber, der ein freiheitlicher Konservatismus den Inhalt ihres politischen Strebens bedeutet, wird sich entrüstet von ihnen wenden.

Victor Ehrenberg, Das Programm des Verteidigungskrieges, in: Das neue Deutschland, hrsg. von Adolf Grabowsky, Jg. 6, 1917/18, Heft 16, Ausgabe vom 15. Mai 1918, S. 406– 408.

Unsere Sinne lauschen dem Schlachtendonner, der von Westen herüberdröhnt. „Immer noch läßt die Tat deutsche Herzen höher schlagen!" Dort wird die Tat getan, die Sache des Soldaten ist. Soll er allein dieses Vorrecht besitzen, tätig zu sein? Soll dieser Krieg, der über den militärischen Rahmen längst hinausgewachsen ist, auf deutscher Seite immer nur die militärische, niemals die politische Tat erzeugen?! Noch warten wir.
Nichts ist bequemer, als in lahmer Bescheidung zu sagen: „Noch sind die militärischen Dinge im Fluß; niemand weiß, wohin sie führen; da heißt es: abwarten." Aber das ist nicht Politik, das ist Opportunismus. Das ist jener enge Standpunkt, aus dem allein die Alldeutschen ihre gesamten Kriegszielforderungen herleiten. Und wer den Mangel an eigenen politischen Ideen oder die Furcht vor der Verantwortung hinter der Autorität der militärischen Stellen oder auch nur der militärischen Ereignisse zu bergen sucht, ist Nachtreter der Alldeutschen, ob er auch im übrigen noch so sehr auf die „Annexionisten" schimpfen mag.
Das vielzitierte Wort von Clausewitz, daß der Krieg die Fortsetzung der Politik mit anderen Mitteln ist, sollte heute mehr als je gelten. Statt dessen ist bei uns die Politik zum Mittel der Kriegführung herabgesunken! Es ist vielleicht die am meisten berechtigte Anklage unserer Feinde, daß unsere Politik militarisiert ist. Auch wenn – wie heute – die Größe der militärischen, die Kleinheit der politischen Führer uns gleichsam aufzufordern scheint, jenen auch die politische Verantwortung zu übertragen: wir dürfen es nicht. Unseretwegen und ihretwegen – nicht aber wegen des schreienden Chorus unserer Feinde. Wir sind dankbar, daß wir Militaristen sind. Aber der Militarismus hat wie jede Erscheinung seine Grenzen, in denen wir ihn halten müssen. Die Politik aber liegt außerhalb der militaristischen Grenzpfähle!
Wir brauchen deshalb nicht in den entgegengesetzten Fehler zu fallen, wie er bei unseren Gegnern zu Hause ist, wo die Staatsmänner phantastische Kriegsziele aufstellen, hinter denen der kriegerische Erfolg in geradezu groteskem Abstand zurückbleibt.
Es handelt sich überhaupt nicht um Aufstellung von Kriegszielen, nicht die alten unerfreulichen Debatten wollen wir neu heraufbeschwören, es handelt sich darum, unserer unsteten und von den kriegerischen Ereignissen ganz und gar abhängigen Politik (man denke an Brest-Litowsk!) eine eigene selbständige Richtung zu geben. Erst dann gewinnen wir den Rahmen, ohne den auch die größten militärischen Erfolge zerfließen und keinen „Sinn" haben.
Man sucht heute nach der „Idee des Kriegsausgangs". Gäbe es sie, so brauchte sie längst nicht mehr gesucht werden. In der Idee muß dieser Krieg für uns bleiben, was er seit Anfang war: Verteidigungskrieg. Oder glaubt jemand, irgend eine andere Idee zu wissen, die so wie diese das ganze Volk hinter sich hat?! Und bei der Beurteilung unserer Mehrheitsparteien (auch der Friedensresolution, die nun Stein am Bein ist) darf man nie vergessen, wie sie diese einzige populäre Idee konsequent verfochten. Ihr Irrtum war, daß sie Idee und Programm gleichsetzten und so versäumten, im weiten Rahmen der populären Idee das Programm aufzustellen, das allein erst jene allgemeine Idee in die Sphäre der Politik versetzen konnte. So hatten es die Alldeutschen leicht. Sie fingen mit der Hervorkehrung ihres nationalen Programms alle, die ein solches vermißten, ohne daß doch andererseits die meisten fragten, ob die alldeutsche Politik überhaupt aus leitenden Ideen entsprang und schöpfte. Sie tut es tatsächlich nicht.
Heute gilt es, in letzter Stunde, die Mehrheit und damit unser Land vor den Alldeutschen

zu retten, indem man endlich das politische Programm unseres Verteidigungskrieges in die Welt ruft! Programm aber heißt: Richtung, nicht: Ziel. Das Ziel ist fern, unklar; jeder sieht es anders. Die Richtung muß eindeutig und allgemein sein. Wohin führt sie?

Die Welt ist wider uns. Im Verein mit wenigen Bundesgenossen haben wir ihr widerstanden. Aber nicht ein zweites Mal – das war unser einziges Ziel, als wir 1914 in den Krieg zogen –, nicht ein zweites Mal darf es möglich sein, daß die Welt um uns den eisernen Ring legt, uns zu erdrücken! – Unser Schwert hat im Osten den Ring zerhauen. Aber Endgültiges ist dort noch nicht geschaffen, und niemand weiß, was einst dort das Chaos gebären wird. Unser Schwert war es auch, das im Westen die zwei stärksten Gegner aufrief und zu engem Verein zusammenbrachte, zur angelsächsischen Union. Ob sie bestehen bleibt und ihr Haß gegen uns? Niemand weiß es.

Dieses ungeheure Ignoramus, das über uns drohend thront, zwingt uns, unserer Politik die Starrheit und Enge zu nehmen, sie weit und elastisch zu machen. Es war richtig, daß unsere Regierung sich nie auf spezialisierte Kriegsziele festlegte. Man soll sich davor hüten, sich irgendeine an sich mögliche politische Konstellation vor Abschluß des Krieges unmöglich zu machen. Aber man kann elastische Politik treiben und bleibt doch frei von ziellosem Opportunismus. Uns aber ist vor lauter Elastizität die ganze Politik zerflossen...

Zwischen dem zukunftsschwangeren Chaos des Ostens und der altgegründeten und neu vereinten Macht der westlichen Großmächte stehen wir inmitten und bedürfen, wie auch der Friede und die Zukunft werde, einer Stärke, wie sie ganz allein und einzig das über das zu klein gewordene nationale Deutschland hinausgewachsene Mitteleuropa gewähren kann. Wir brauchen Mitteleuropa, wir brauchen die Brücke zu den Ländern großer Zukunft, zur Levante, wir brauchen jene Meeresstraßen, die östliche und westliche Welt verbinden und – im Besitz der anderen – uns einschnüren. Das ist das Eine; das Andere ist dies: Wir brauchen die wirtschaftliche Autarkie, wir brauchen die Gewißheit, daß der Rohstoffkrieg gegen uns ein Unding ist, wir brauchen ein großes unangreifbares Kolonialreich!

Dies ist auch der endgültige und zukunftsreiche Weg, der uns aus dem nassen Dreieck herausführt, nicht aber der Besitz der flandrischen Küste, der doch nur ein vorgetriebener Sappenkopf der alten Stellung wäre. Mitteleuropa und Kolonialreich, Mitteleuropa von Berlin bis Bagdad, Kolonien von Meer zu Meer: Das sind die Schlagworte unseres Programmes!

Wenn der große Feldzug im Westen nicht die letzte Entscheidung bringt – und man muß mit dieser Möglichkeit rechnen, so sehr man hofft –, dann wird wahrscheinlich der Orient noch einmal die Waffen zwischen uns und England entscheiden sehen. Glaubt man, unser Volk ist vorbereitet, seine Krieger nach Bagdad und Jerusalem schicken zu müssen, dies Volk, das nur auf Antwerpen und Straßburg zu blicken gelernt hat?! Richtung, meine Herren, Richtung! Weiset dem Volk, daß das Ergebnis dieses Krieges nicht der status quo ante sein kann, daß aber dennoch das Programm, das unseres Landes und Volkes Zukunft trägt, nur die Deutung jenes Kaiserwortes ist, das noch heute gilt: „Uns treibt nicht Eroberungssucht!" Richtung, meine Herren, Richtung! Auf daß wir endlich weiter sehen als bis zum Drahtverhau vor der feindlichen Stellung!

Victor Ehrenberg (im Felde)

Victor Ehrenberg, Vom Geiste des 4. August, in: Das neue Deutschland, hrsg. von Adolf Grabowsky, Jg. 6, 1917/18, Heft 23, Ausgabe vom 1. September 1918, S. 557–558

Die vierte Wiederkehr des Tages, an dem der einmütige Reichstag die großartige Begeisterung des deutschen Volkes widerspiegelte, auch des Tages, an dem England in den Krieg eintrat, ist in der Presse von teilweise recht merkwürdigen Kommentaren begleitet worden. Wir haben es hier nur mit einem Aufsatz Julius Elbans in der „Vossischen Zeitung" zu tun, der in vielfacher Hinsicht typisch ist. Elban beschwört die Erinnerung an jenen Tag, beschwört Bethmanns begeisterten Hymnus auf Deutschlands Einigkeit, um nun seinerseits zur Einigkeit aufzufordern. Es erübrigt sich, auf Einzelheiten einzugehen. Was Elban will (und er nicht allein), ist: notdürftige Verkleisterung der innenpolitischen Gegensätze und geschlossene Front nach außen. Wie er sich diese (die natürlich jedermann wünschen muß) denkt, verrät er nicht; doch hofft er anscheinend, alle einigen zu können. Das klingt alles ganz schön und gut. Aber vom Geiste des 4. August ist dabei nichts zu spüren. Es ist Zeit, sich darüber klar zu werden, welch tieferer Sinn in jener Einheitskundgebung lag. Das bloße Geschrei nach Einigkeit erweckt den Geist jenes Tages nicht wieder. Mit Phrasen wird jeder Geist nur stets neu erschlagen. –
Worin ruhte letzten Endes dieser Geist des 4. August? Doch nur in dem einheitlichen und zweifelsfreien Bewußtsein des ganzen Volkes, daß Deutschland von Gegnern umstellt war und einen Kampf der Notwehr und Verteidigung zu bestehen hatte, daß dieser Krieg, in den wir reinen Gewissens zogen, ganz und gar ein Volkskrieg war, an dem alle Teil hatten, und daß Kaiser und Kanzler Führer waren als Dolmetsche dieser Gesinnungen. Nicht handelt es sich heute darum, festzustellen, ob die Voraussetzungen der geistigen Verfassung des Volkes von 1914 „richtig" sind; sie waren da, und das genügt. Auf ihnen erstand der „Geist des 4. August" als das Bekenntnis des Volkes zu seinem Staate, dessen Leben bedroht war. Im Schatten der Idee des Verteidigungskrieges erwachsen, wußte dieser Geist nichts von politischen Programmen und ähnlichem. Und es geht nicht an, ihn als Kronzeugen aufzurufen, wenn man das deutsche Volk auf ein (auch unsere Eroberungspolitiker umfassendes) außerpolitisches Programm festlegen und „einigen" will. Der Geist des Kriegsbeginns ist tot. Kein Wunder weckt ihn wieder zu den Lebenden. Und man sollte sich deshalb davor hüten, in seinem Namen zu reden, zumal dann, wenn man jenen Voraussetzungen, aus denen er entsprang, ins Gesicht schlägt.
Und das tut man, wenn man (wie Elban) mit starken Worten gegen die „Vermischung von äußerer und innerer Politik" predigt. – Aus jener Voraussetzung des Volkskrieges zur Verteidigung des Vaterlandes erwuchs gerade die Erkenntnis, wie unauflöslich verbunden äußere und innere Politik sind, wenn auch gewißlich der äußeren stets der Vorrang gebührt.
Wir sind der Ansicht, daß wir keinen Grund haben, den Parlamentarismus der Westmächte, dessen Bankrott Koalitionskabinette und Diktaturen beweisen, nachzuäffen. Aber wir wissen, daß die Demokratisierung unserer Institutionen der notwendige Ausdruck der ersten Forderung unserer Kriegführung ist: daß dieser Krieg ein Volkskrieg bleibe! Es ist notwendig, den inneren Ausbau fortzusetzen. Die Wahlrechtsfrage ist nur Teil und Symbol, aber nicht Pflaster, das den inneren Riß zukleistern soll. Bleibt der Widerstand der Rechten ungeschwächt, so sind die Kämpfe der inneren Front unvermeidlich und müssen ausgekämpft werden. Es ist notwendig, im ideellen Rahmen des Verteidigungskrieges ein außenpolitisches Programm aufzustellen, das – ohne sich auf Einzelziele festzulegen – die Richtung bestimmt. Und bringen wir dabei, wie sicher anzunehmen, die Extremen von links und rechts nicht unter den gemeinsamen Hut, so ist auch das unvermeidlich und gut.

Nicht erwecken können wir ihn wieder, den Geist des 4. August. Aber sein Testament gilt es zu erfüllen. Und das tun wir nicht, wenn wir nach einer doch inhaltslosen und leeren Einigkeit rufen, sondern indem wir eine klare Führung verlangen im Sinne jener Voraussetzungen des 4. August, von denen wir sprachen.

Daran aber, daß der Geist des 4. August zur Phrase ward, sein Testament unerfüllt liegt, daran sind Rechte wie Linke beide schuld: die Reichstagsmehrheit, indem sie glaubte, den größten Krieg ohne politisches Programm führen zu können, die Minderheit, indem sie vergaß, daß dieser Krieg stets und gänzlich Volkskrieg war und ist.

Victor Ehrenberg (z. Z. im Felde)

Victor Ehrenberg, Offener Brief an Herrn von Kardorff, in: Das neue Deutschland, hrsg. von Adolf Grabowsky, Jg. 7, 1918/19, Heft 9, Ausgabe vom 1. Februar 1919, S. 175f.

Frankfurt a. M., den 19. Januar 1919

Hochverehrter Herr von Kardorff!

Die Erinnerung an Ihre Rede vom November vorigen Jahres, die Erinnerung auch an Ihr Eintreten für das gleiche Wahlrecht in Preußen, meine Überzeugung von Ihrer realpolitischen Klarheit und der inneren Konsolidiertheit Ihrer Ideen veranlassen mich, mit dem, was mir heute mehr als je am Herzen liegt, an Sie heranzutreten.

Zu was ich Sie auffordere, das ist dieses: Schaffen Sie eine neue konservative Partei! – Die Forderung ist alt; nie war sie aktueller als heute!

Sie sind der deutsch-nationalen Partei beigetreten. „Es tut mir weh, daß ich dich in der Gesellschaft seh'!" Wer sind die Deutsch-Nationalen? Neben verehrungswürdigen und achtungswerten Vertretern des alten Preußentums stehen die wildesten Alldeutschen, stehen verbissene Antisemiten, stehen borniertet Hurraschreier. Und es ist nur natürlich, daß diese Elemente, nicht aber jene, die führende Rolle spielen. Glauben Sie wirklich, daß eine solche konservative Partei, die im Grunde gar keine ist, im neuen Deutschland auch nur die Rolle des retardierenden Elements zu spielen vermag? Nein, Herr von Kardorff, über diese Art von Konservatismus geht die Geschichte zur Tagesordnung über! Wir, die wir jung sind, wenden uns von dieser Zukunftslosigkeit empört ab.

Wir haben (darf ich Sie daran erinnern?) eine Revolution durchlebt, stehen sogar noch mitten in ihr drin, die, mag auch das Materielle in ihr eine große, all zu große Rolle spielen, im tieferen Grunde geistige Revolution ist. Und deshalb wird auch nur ihr Erleben im Geiste den Einzelnen fähig machen, das zu tun, was heute so viele konservative und liberale Männer in unbegreiflicher Ahnungslosigkeit von sich behaupten: nämlich „sich auf den Boden der neuen Verhältnisse zu stellen!"

Die geistige Idee der Revolution ist der Sozialismus. Nicht der Sozialismus des Klassenkampfes und des reinen Materialismus, wie ihn die Oberfläche der Ereignisse widerspiegelt, sondern der Sozialismus als Weltanschauung, der Sozialismus als Menschheitsliebe, der Sozialismus als Reich Gottes auf Erden!

Ihn durch einfache Negierung abzutun, geht nicht an. Der Geist läßt sich nicht mit Knütteln totschlagen. Deshalb wirken Parteien wie die deutsch-nationale und die deutsche Volkspartei wie Überreste einer Zeit, die vorbei ist, wie Geschöpfe, die die größte Revolution der Geschichte – verschlafen haben und nun, da sie wieder erwacht sind, gar nicht merken, welch unglaubliche Anachronismen sie darstellen!

Der Sozialismus als Idee kennt nur einen entschiedenen Gegner: den Liberalismus. Sie sind Antipoden. Zwischen ihnen muß man wählen, und jeder Aufruf der deutsch-demokratischen Partei enthält das Dilemma, in dem sich diese Partei befindet, der es stets unmöglich sein wird, aus den zwei heterogensten Elementen eine Einheit zu bilden und die deshalb vielleicht in dieser ideenarmen Zeit das Ideenärmste, ja in Wahrheit ideenlos ist.

Dem Konservatismus aber tritt der Sozialismus wohl fremd, nicht aber als Feind gegenüber. Ihre Vereinigung fordern wir, die ja im Grunde nichts anderes ist als die Konsolidierung der Revolution (ein Schlagwort, das im Munde liberaler Demokraten wie Ironie klingt!), die Konsolidierung der Revolution durch ihre Einführung in die Bahnen alter Traditionen! Das ist das eine und einzige Programm der neuen Partei, die wir ersehnen.

Wir, die wir von Friedrich dem Großen und Bismarck herkommen, wir müssen gewißlich umlernen. Aber jeder, der nicht selbst die Revolution erstrebt hat, muß das tun, jeder sieht seine alte Welt zertrümmert. Unser aber, deren Liebe noch im Schmerze des Zusammenbruchs zittert, harrt eine Aufgabe. In die neue Welt, die sich aufbauen soll, gilt es, kostbarstes Erbe der alten Zeit hinüberzuretten. Zwar sind wir, wie Friedrich Meinecke sagt, „wenn wir aufs Vergangene sehen, Herzensmonarchisten, wenn wir auf die Zukunft blicken, Verstandesrepublikaner". Aber nicht die Monarchie allein war es, die dem alten Staat Gepräge und Wert gab. Was es gilt zu bewahren, ist ein in seine Schranken gewiesenes, von den Schlacken militärischer Überhebung befreites, aber im Staate ruhendes Volksheer; ist das integre und pflichtbewußte Beamtentum (wenn auch manche bürokratische Fessel zu lösen ist); ist im Rahmen festester Reichseinheit Dezentralisation und Selbstverwaltung! Gelingt es, hier die Traditionen fortzuführen, nicht: sie zu brechen, so wird auch das neue Deutschland auf den Schultern unserer großen Erneuerer stehen: Scharnhorsts und Boyens, Friedrich Wilhelms I. und des großen Friedrich, Bismarcks und des Größten unter ihnen: des Freiherrn vom Stein!

Ein Abgrund klafft allerdings noch zwischen uns und dem Sozialismus. Er ist (nicht der Erscheinung, wohl aber der Idee nach) international, die „deutsche" Revolution ist im Grunde Weltrevolution. Und wir müssen uns klar sein, daß der sozialistischen Idee Zwang geschieht, wenn wir sie in ein nationales Gewand pressen. Hier müssen wir das tun, was der Politiker stets tun muß: Kompromisse schließen. Das ist weder verächtlich noch unklug, sondern ganz einfach notwendig. Und wir können die geistige Vereinigung von Sozialismus und Nationalgefühl um so leichter schaffen, als es ja die Meinung nicht der schlechtesten Sozialisten ist, daß es Deutschlands eigenste und heilige Mission ist, der Welt das Vorbild des sozialen Staates, des Staates der sozialistischen Epoche, zu schenken. Deutschland in der Welt voran! Nicht mit Heeren und Flotten, nicht mit Reichtümern und irdischer Macht, aber als Führer zum Geiste, als Führer zu einer neuen besseren Gemeinschaftsform!

Die Nationalversammlung wird heute, da ich dies schreibe, gewählt. Die sozialistisch-demokratische Mehrheit ist ihr gewiß. Aber keine Rechte sitzt in ihr, die das Wehen des Geistes verspürt hat! Kostbare Zeit ist verloren. Aber noch wird es nicht zu spät sein. Herr von Kardorff: Deutschlands Jugend, glaubend an des Vaterlandes große Zukunft, im Banne einer Idee, die die Throne gestürzt hat und die in sich die Keime neuer Menschheitsepochen trägt, Deutschlands Jugend wartet!

In aufrichtiger Ergebenheit und Hochachtung
Victor Ehrenberg

Victor Ehrenberg, Männer *oder* Listen? Männer *und* Listen?, in: Das neue Deutschland, hrsg. von Adolf Grabowsky, Jg. 7, 1918/19, Heft 10, Ausgabe vom 15. Februar 1919, S. 197f.

Der Herausgeber des „Neuen Deutschland" hat in Heft 8 den Rat gegeben, man solle bei den Wahlen sich nicht nach den Parteien, sondern nach den in den Listen stehenden Persönlichkeiten richten. Er stellt sich damit in strikten Widerspruch zum Sinne des Proportionalwahlrechts. Dieses, mehr noch aber das Ergebnis der Wahlen, insoweit es sich im Niveau der Gewählten ausspricht, sollte jeden nachdenklich stimmen. Denn darüber besteht kein Zweifel: das Niveau ist einfach kläglich! Die (sehr wenigen) bedeutenden Köpfe, die vor der Revolution in der Opposition waren, sitzen ausnahmslos nicht in der Nationalversammlung, teils infolge eigener Unlust, teils und überwiegend infolge Parteiintrigen, Fragen des Stimmenfangs u. ähnl. Statt dessen besteht die Versammlung, die der deutschen Republik Grundlage und Stand geben soll, aus mehr oder weniger verbrauchten Parteibonzen und im übrigen: Gevatter Schneider und Handschuhmacher! Mit Wehmut gedenkt man der Paulskirche.
So drängt sich jedem die Frage auf, wie der Gefahr zu entgehen ist, daß das Volkshaus des kommenden Deutschland verfassungsmäßig zur Mittelmäßigkeit verurteilt wird.
Möglich erscheint dies nur durch eine Änderung des Wahlrechts. Dieses kann und darf nicht wieder antidemokratisiert werden. Wir können, aber wir wollen auch nicht das Rad der Geschichte rückwärts zu drehen versuchen. Aber so radikal das neue Wahlrecht erscheint, es ist doch ein Kompromiß, durch dessen Aufhebung wir zugleich Wähler wie Gewählte aus ihrem bisherigen Niveau emporheben. Proporz und Wahlkreis sind nicht zusammengehörige Elemente. Während der Wahlkreis als geographisch begrenzte Organisation der Wähler diese in ein persönliches Verhältnis zum Abgeordneten setzt, ist das Proportionalsystem bemüht (gerade um das Parlament über die unerträgliche Sphäre lokaler Wünsche und Interessen hinauszuheben), den Abgeordneten für die Wählerschaft hinter seiner Partei verschwinden zu lassen. Wird der dem Proporz gemäße, eine, das ganze Reich umfassende Wahlkreis geschaffen statt vieler doch nur künstlich gebildeter, so gibt es dann erst in Wahrheit keine unterdrückten Minderheiten mehr und die Verhältniswahl erfüllt ihren Sinn. Auch die undemokratische und die Dinge trübende Listenverbindung würde damit zwecklos werden.
Für uns entscheidend aber ist dies: In jeder der großen, etwa 400 Namen umfassenden Listen, die nun die einzelnen Parteien aufstellen, werden die wirklich bedeutenden und führenden Köpfe durchaus die ersten Plätze innehaben, während die lokalen Größen (die die Parteien ja doch nicht gutwillig opfern werden) ihnen erst in gemessenem Abstand folgen. Der Wahlkampf braucht nicht von jenen geführt zu werden (welche Erleichterung für die Geistigen, denen vor Wahlreden usw. graust!), sondern das übernehmen die, deren Namen im kleinen Bezirke Klang und Zugkraft haben. Gewisse technische Schwierigkeiten, die durch den Umfang der Listen zutage treten werden, wiegen leicht gegen die großen und entscheidenden Vorzüge. Man würde Listen wählen, Parteien – und doch auch Männer!

Victor Ehrenberg, Eduard Meyer, in: Frankfurter Zeitung vom 21. Januar 1925, erstes Morgenblatt

Der Berliner Althistoriker, der am 25. Januar siebzig Jahre alt wird, gehört zu den heute nicht mehr zahlreichen, wirklich repräsentativen Gestalten des deutschen Gelehrtentums. Der Mann, den Deutschlands vielgenanntester Autor als den „größten Historiker seit Ranke" feiert, ist in der ganzen internationalen Wissenschaft als der einzige erkannt, der die Einheit antiken Weltgeschehens von den Pyramiden Aegyptens und der Weisheit Babylons bis zu Alexander und Cäsar, bis zu Jesus und Paulus in staunenswerter Ganzheit durchschaut und durchdringt. Mag er selbst aus dem Schmerze seines getäuschten und enttäuschten Deutschtums heraus die ehrenvollen Zeichen, die ihn der Wissenschaft zumal der angelsächsischen Länder verbanden, zerrissen haben, diese Geste, so ehrlich und so ergreifend sie ist, bleibt stumm vor der Tatsache eines wahren Weltruhms, den er sich durch die einzigartige Größe und Universalität seiner Forschung errungen hat.

Da steht er ähnlich da wie vor einer Generation Theodor Mommsen. Das reizt zum Vergleich der beiden ganz verschiedenen Geister. Schon das Äußere des Menschen unterscheidet sich bezeichnend: der sprühende Künstlerkopf, die zierliche Figur Mommsens und der massige bebrillte Gelehrte, den nicht zufällig gerade Lovis Corinth gemalt hat! Und was das Äußere spiegelt, zeigen die Werke: dort die stürmische Leidenschaft, das strömende Pathos, die dramatische Kunst, aber auch die Willkür, der Subjektivismus der „Römischen Geschichte", hier die nüchterne Paragraphenzählung, der Mangel an künstlerischer Form, aber auch die klare Sachlichkeit, der strenge Wille zur Objektivität der „Geschichte des Altertums". Bei Mommsen im „Staatsrecht" die klare und scharfe Exaktheit des Juristen, aber auch die Enge und Begrenzung des Systematikers und des „Nur Römers", bei Meyer in allen Werken die Absolutheit des Historischen, das Zusammensehen entferntester Komplexe, Wille und Fähigkeit zur wahren Universalhistorie!

Die Arbeiten des Beginns, der endenden 70er und der 80er Jahre, zeigen vor allem den scharfsinnigen Kritiker, der sich von den wissenschaftlichen Traditionen des Liberalismus (Grote) und Klassizismus (Curtius) energisch freimacht, der mit oft allzu großer, aber darum nicht minder heilsamer Nüchternheit, zugleich als reiner Historiker in scharfer Kampfstellung gegen antiquarische Philologie, die Probleme neu aufrollt, vielleicht zuerst sieht. Der noch nicht Dreißigjährige legt dann den 1. Band einer „Geschichte des Altertums" vor, der im Titel das Programm des ganzen wissenschaftlichen Lebens, das folgen sollte, verkündet, allerdings noch ohne ihm gerecht werden zu können; der Band ist sehr rasch veraltet. Aber 1893 erscheint der 2. Band und bringt nun den im Dunkel von Sagen und Mythos fast versunkenen Jahrhunderten vor und nach 1000 v. Chr. die erste großangelegte, zugleich kritische und schöpferische Gestaltung. Die späteren Entdeckungen (man denke nur an Kreta und jetzt an die Hethiter!) haben unendlich viel Neues gebracht, aber noch öfter Meyers Kritik oder Konstruktion bestätigt. Der leider nicht wieder bearbeitete Band ist trotz vieler Arbeiten von anderer Hand noch unersetzt. Und das große Werk wächst weiter: drei Bände führen bis ans Ende der eigentlichen griechischen Geschichte, zwei Bände „Forschungen" unterstützen die Ausführungen des 2. und 3. Bandes, die Neuauflage des ersten bringt eine nunmehr ganz auf eigener Forschung aufgebaute Geschichte des ältesten Orients, eine durch die Kolossalität ihrer Ausmaße schlechthin einzigartige Leistung, die Wissen und Können, Forschung und Gestaltung in allerhöchster Reife zeigen. In einem Einleitungsbändchen sucht Meyer auch die theoretischen Grundlagen seines wissenschaftlichen Arbeitens zu legen; das ist wohl der am wenigsten glückliche Teil seines Werks.

Das große Werk begleiten überaus viele kleine Arbeiten, Zeugen einer erstaunlichen Vielseitigkeit und Arbeitsenergie. So Bücher wie: Die Entstehung des Judentums (1896, gegen Wellhausen!), Aegyptische Chronologie (1904), Die Israeliten und ihre Nachbarstämme (1906), Theopomps Hellenika (1909), Reich und Kultur der Chetiter (1914), Ursprung und Geschichte der Mormonen (1912; ein Versuch, aus neuerer Zeit alte Geschichte zu erkennen). Außerdem zahlreiche Abhandlungen und Vorträge, die wichtigsten jetzt vereinigt in den zwei Bänden „Kleine Schriften" (1910 und 1924), unter ihnen: Die wirtschaftliche Entwicklung des Altertums (Auseinandersetzung mit Bücher), Alexander der Große und die absolute Monarchie, Untersuchungen zur Geschichte der Gracchen und zu der des 2. punischen Kriegs, Augustus, Das römische Manipularheer u. v. a.
Der Krieg läßt die Arbeit am Hauptwerk stocken, anderes rückt dem politisch Tätigen näher. So entsteht das große und ideenreiche Buch „Cäsars Monarchie und der Prinzipat des Pompeius" (1918), in dem stärker als irgendwo sonst der lebendige Herzschlag des aktiven Menschen schlägt. Und dann nach dem Krieg: die große Überraschung, das dreibändige „Ursprung und Anfänge des Christentums". Zumal der 1. Band stößt auf schärfste Ablehnung der Theologen, auch sonst fordert das Werk zur Kritik immer wieder heraus, die dem Verfasser selbst nie bewußt gewordene Diskrepanz seiner Persönlichkeit zum Wesen des vorliegenden Stoffs tritt notwendig in Erscheinung. Dennoch auch hier wieder etwas ganz Großes, ganz neue Bahnen in kaum begangenes Land schlagend, Dinge in welthistorische Perspektive stellend, die ihr sonst entrückt sind. Die Vollendung dieses Werks macht wieder andres frei. Auch der Siebzigjährige rastet nicht, wie etwa der Vortrag am letzten Historikertag in Frankfurt bewies. Schon der Umfang der wissenschaftlichen Leistung rückt Meyer neben Ranke, neben ihn allein auch die Universalität und Objektivierung des Stofflichen, neben ihn der „Primat der Außenpolitik" und die historisch-politische Einordnung des Geistigen. Spenglers oben zitiertes Urteil besteht, wenn wir von dem einzigen und mit Ranke wie Eduard Meyer inkommensurablen Jakob Burckhardt absehen, wahrhaft zurecht.
Auch Eduard Meyer ist dem Schicksal nicht entgangen, das die meisten Vertreter der älteren Generation in dieser Zeit vielfacher Umwertung betroffen hat: Einer Jugend, der nicht die Wissenschaft, sondern die Spannung zwischen Leben und Wissenschaft das bewegende Erlebnis war, konnte dieser Prototyp strenger, nicht wertender Wissenschaftlichkeit nichts Entscheidendes bieten. Aber die reine Wissenschaft ist unsterblich, und jene Einseitigkeit, so sicher sie Früchte tragen wird, wird überwunden werden. Gewißlich ist es auch nicht schwer, Meyer Plumpheiten des Ausdrucks oder der Auffassung nachzuweisen, Übertreibungen der Kritik, des Rationalismus, der Modernisierung. Dennoch geht solcher Widerspruch am Wesenhaften vorbei, und es muß betont sein, daß es nicht etwa nur die Fachwissenschaft alten Stiles ist, die Meyers Größe erkennt und bestaunt, daß auch Vertreter „moderner" Geistigkeit, etwa solche, die dem George-Kreis entstammen oder der Schule Schelers – bei allem betonten Anderssein und vielleicht ein wenig wider Willen – vor der Größe dieses wissenschaftlichen Genius die Knie beugen.
Eduard Meyer lebt seit langem in Berlin. Aber noch heute ist er viel weniger Berliner Professor als der Sohn des Hamburger Gymnasiallehrers. Dieser politisch ganz rechts stehende Mann, der Preuße der Gesinnung geworden ist, hat nichts vom Typus des wilhelminischen Gelehrten, nichts von jener ein wenig schöngeistigen, ein wenig schauspielernden Art, die so entsetzlich unzeitgemäß geworden ist. In ihm geht Hanseatenblut ruhig-klaren Gang. Ganz der Erde verwurzelt, scheint er wie ein Baum, der naturhaft lebt. Man braucht ihn nur zu sehen, um zu wissen, wie aufrecht und gerade dieses Menschen Wesen ist.
Und entdeckt man hinter den funkelnden Brillengläsern die Augen, dann weiß man auch, daß hier ein guter und gütiger Mensch ist, einer den seine Größe nicht kalt und starr ge-

macht hat. Gewiß: er kann auch hassen, ehrlich und geradeaus, zumal dann, wenn er, der leidenschaftliche Patirot, schmähliches Handeln an seinem, unserem Deutschland zu sehen glaubt. Dann kann er auch ungerecht werden. Aber wie anders, wenn man ihn braucht, wenn jemand als Schüler zu ihm kommt oder sonstwie seine Hilfe anruft! So hat er noch in diesen letzten Jahren fast allzuviel von seiner Kraft in den Dienst wissenschaftlicher und studentisch-sozialer Hilfstätigkeit gestellt.

Jenen, die siebzig werden, wünscht man Gesundheit und einen glücklichen Lebensabend. Auch ihm sei solches gesagt. Das aber heißt mehr: er, der an den schweren Tagen, die Deutschland und mit ihm Universität und Wissenschaft durchzumachen haben, so schwer leidet wie wenige und der sich doch die überwältigende Unverbrauchtheit seiner Arbeitsenergie ungebeugt bewahrt hat, er möge – das ist Wunsch und Hoffnung – noch lange und wieder in helleren Tagen das gewaltige Werk seiner wissenschaftlichen Arbeit weiterführen!

Dem Andenken großer Menschen wird man weder durch das Lob üblicher Nekrologe noch durch Aufzählung und Schilderung aller ihrer Leistungen gerecht, sondern durch den Versuch eigener Stellungnahme zu Persönlichkeit und Werk, durch den ehrfürchtigen Willen, sich über Wesen und Bedeutung des Dahingegangenen im Rahmen seiner Zeit und Umwelt Rechenschaft zu geben. Von hier aus erwächst das Recht, ja die Pflicht auch zu kritischem Urteil, wie sie wohl kaum jemand entschiedener für berechtigt erklärt hätte als der Mann, dem diese Zeilen gelten. Mit alledem ist schon gesagt, wie bedeutend dem Verfasser die gestellte Aufgabe erscheint. Um so mehr ist er sich alles Unzureichenden bewußt, das diesem ersten Bemühen um das Wesentliche der Erscheinung anhaftet. Aber man wird hoffentlich nicht als Vermessenheit betrachten, was aus zwingendem Bedürfnis persönlicher und sachlicher Verbundenheit wie Distanz entsprang.

Eduard Meyer war am 25. Januar 1855 in Hamburg geboren. Sein Vater war Oberlehrer am dortigen Johanneum, und er ebenso wie andere Lehrer dieser alten Gelehrtenschule haben schon den Knaben in wissenschaftliches Denken eingeführt. Von früh an entschlossen Historiker zu werden, weiß der Siebzehnjährige, der sein Studium beginnt, daß er Historiker des Altertums werden will und daß er dazu die orientalischen Sprachen kennen muß. So galt sein Studium – in Bonn und Leipzig – fast ausschließlich ihnen, die in ihrer Gesamtheit zu überblicken damals noch eher möglich war, da überall erst die Grundlagen gelegt wurden und das Quellenmaterial noch von bescheidenem Umfang war. Schon 1875 promovierte Meyer mit einer Dissertation über den ägyptischen Gott Seth, dann war er Hauslehrer beim englischen Generalkonsul in Konstantinopel und lernte so den Orient unmittelbar kennen. 1879 habilitierte er sich in Leipzig, 1884 erschien der erste Band der „Geschichte des Altertums" (GdA.), im nächsten Jahr wurde er ordentlicher Professor in Breslau, von wo er 1889 nach Halle und 1902 nach Berlin ging. Seit 1923 war er emeritiert. Am 31. August 1930 ist er an einer Herzschwäche kampflos gestorben, mitten in der Arbeit an der Neugestaltung des Bandes II, 2 der GdA.

Selten ist in dem Maße wie hier der vielfach geübte Brauch berechtigt, das Hauptwerk eines Mannes als sein „Lebenswerk" zu bezeichnen. Wie Idee und Ziel einer GdA. schon dem Jüngling vorschwebten, so hat sie ihn durch sein ganzes Leben begleitet. Es war keine umstürzend neue Erkenntnis, wenn E. M. seine historische Arbeit unter die programmatische Idee der „Einheit des Altertums" stellte. Aber neu und singulär war es, daß hier das gesamte Gebiet einer selbständigen Durchforschung unterzogen wurde, neu und unerhört war die (natürlich im Fortschreiten des Werks noch stetig gewachsene) Fähigkeit, die Einheit des Ganzen in ihren großen Zusammenhängen auf der Grundlage synchronistischer Darstellung zu verdeutlichen. Das findet seine Begrenzung durch die Tatsache der in der Frühzeit jedes Landes vorherrschenden Isolierung seiner Geschichte; aber das Zusammensehen des Gleichzeitigen entdeckt auch hier Brücken und Übergänge und zeigt so das selbst in der Isolierung der Teile ruhende Ganze und das Hinstreben zu ihm. Diese „Geschiche des Altertums" ist nicht ein Geschichtswerk wie viele andere. Man charakterisiert den Unterschied am besten durch ein Bild. Das ist kein wohlgefügtes Gebäude mit Pfeilern und Säulen, mit Giebeln und Türmen, sondern ein kyklopisches Mauerwerk, riesig, ungefügt und ungefüge, von grandiosem Willen und souveränem Geist getürmt und gestaltet. Und es scheint zu diesem Bilde zu passen, daß das Werk, dessen letzter Band bis in die Mitte des 4. Jahrhunderts v. Chr. führt und das in seiner Neubearbeitung auch nach Veröffentlichung des unfertigen Halbbandes eine große Lücke für die Jahrhunderte vor 500 aufweisen wird, ein Torso ist. So schmerzlich das bleibt und so gewiß manche Einzelarbeiten M.s etwa zur hellenistischen und römischen Geschichte hierfür keinen Ersatz bieten können, so ist doch das Wichtigste, daß überhaupt einmal die Geschichten der einzelnen Völker und Länder aus ihrer Isolierung befreit sind, daß die notwendige innere Einheit der weltgeschichtlichen Epoche von Menes und Hammurabi, von Moses und Homer bis zu Diocletian und Justinian erfaßt ist, zugleich die räumliche Einheit der vorderasiatisch-mediterranen Welt in allen Perioden dieser Epoche. Was hier in großartiger Universalität ein einzelner geleistet hat, ist seitdem in mehreren Ländern aus der Zusammenarbeit vieler Gelehrter in Angriff genommen; wie sich versteht, in größerer Vollständigkeit, aber mit Verlust der inneren Einheit, der Geschlossenheit aus dem Geiste einer großen Persönlichkeit.

Ohne Frage hat die wissenschaftsgeschichtliche Situation E. M. bei seinem Werke geholfen, ohne das Mitwachsen mit der jungen Wissenschaft wäre auch er nicht der erste wirkliche Universalhistoriker des Altertums geworden. Und so kann die gewandelte Situation der Wissenschaft zur Folge haben, daß er vielleicht auch der letzte war, der diesen Namen tragen durfte.

Man weiß, wie sich zwischen 1884 und 1930 unsere Kenntnis von der Geschichte des Alten Orients gewandelt hat. E. M. hat selbst, als er 1908 die Neubearbeitung des ersten Bandes betrieb, geschildert, was die verflossenen 25 Jahre hierfür bedeuteten. Noch bis 1895 begann die ägyptische Geschichte mit der 4. Dynastie; die Existenz der Sumerer war eine umstrittene Hypothese; eine historische Trennung der altbabylonischen Kultur des 3. und 2. Jahrtausends von der so viel späteren assyrischen und chaldäischen lag noch ganz außerhalb des Blickfelds; erst nach 1900 erfuhr man etwas von der altkretischen Kultur; eine historische Kontrolle des Alten Testaments wurde erst ganz allmählich möglich. Selbst ein so spätes Ereignis wie die Entstehung des eigentlichen Judentums unter Esra und Nehemia fand erst 1911 durch den Papyrusfund von Elephantine seine Verdeutlichung. Aber gerade hier erfuhren ältere Forschungen M.s ihre glänzende Bestätigung. Man muß sich klarmachen, was es bedeutete, daß seine Arbeit fortlaufend durch die Funde der Ausgrabungen gleichsam kontrolliert wurde. M. hat nie gezögert, wenn es nötig war, umzulernen; seine rastlose Arbeitsenergie fand, so oft auch manches Forschungsergebnis überholt wurde, keine Hemmung. Allerdings erlebte er auch oft genug, daß neues Material seine Ansichten bestätigte; der eindrucksvollste Beweis für die Richtigkeit der Methode und des gezeichneten Weltbilds.

In anderer Weise stellte die griechische Geschichte E. M. vor eine besondere Situation. Zwei Namen beherrschten, als er anfing, das geschichtliche Bild vom Griechentum: Grote und Ernst Curtius. Das bedeutete: politischer Liberalismus und klassizistischer Ästhetizismus. Gegen beides machte M. und mit ihm eine ganze Generation von Forschern, zu der vor allem auch Beloch gehörte, Front. Wie M. als reiner Historiker, dem das Politische selbstverständliches Zentrum der Geschichtsschreibung war, dem blassen Griechentum schöner harmonischer Geister den Garaus machte und sein reales politisches, wirtschaftliches, soziales Wesen zu fassen suchte, so trat er anderseits der liberalen Verhimmelung Athens entgegen. Sparta und vor allem Makedonien haben erst damals – Philipp gegen Demosthenes! – historische Gerechtigkeit erfahren, wenigstens im Rahmen der griechischen Geschichte, nachdem schon Droysen durch die geniale Erkenntnis des Eigenwerts der hellenistischen Geschichte gegenüber der griechischen den Weg gebahnt hatte. Daß dabei der Pendel wieder nach der anderen Seite ausschlug, verwundert nicht. Jedenfalls wurden die vielbehandelten Probleme von neuen Gesichtspunkten aus neu erörtert, eine Welle schöpferischer Kritik flutete durch den alten Stoff. Es wäre kleinlich, das um einiger Auswüchse willen zu verkennen. In einer Hinsicht allerdings verfiel diese kritische Geschichtsschreibung einem Fehler (hierin Theodor Mommsen, dem sonst bei aller Verehrung mit starken Vorbehalten betrachteten Führer auf römischem Gebiete, verwandt), einem Fehler, der gerade einer kritischen Grundeinstellung widersprach: daß man nämlich die eigene Zeit allzu sehr in die Antike hineinsah. Mag das in der Wirtschaftsgeschichte besonders deutlich geworden sein, zu der E. M. vor allem eine hervorragende Gesamtübersicht „Die wirtschaftliche Entwicklung des Altertums" beitrug, so galt das Gleiche doch überall. Gerade M.s Ausspruch, man könne sich die Athener „garnicht modern genug" vorstellen, bewies mit erschreckender Deutlichkeit, wie distanzlos diese Betrachtungsweise geworden war. Im berechtigten Streben, die Griechen aus idealen Schemen zu realen Menschen zu machen, fand man es am probatesten, sie zu seinesgleichen zu machen. Hier setzt eine Gegenbewegung der jüngeren Generation ein; aber sie weiß nicht nur, daß sie dafür nach anderer Richtung versagen wird, vor allem weiß sie, daß die Arbeit der großen älteren Wissenschaftsgeneration erst den Weg gebahnt und die sehr viel schwerere Leistung vollbracht hat.

Die eigene Forschung, die E. M. ebenso auf altorientalischem wie griechischem Gebiete unermüdlich leistete, hat ihren Niederschlag in einer Fülle großer und kleinerer Arbeiten gefunden, die neben der GdA. einhergingen und deren Zahl, Umfang und wissenschaftliche Bedeutung allein schon die Norm auch bedeutender Gelehrtenarbeit erheblich übersteigen. Statt langatmiger Aufzählung mögen ein paar herausgegriffene Hinweise die gewaltige Vielseitigkeit M.s belegen. Auf die „Entstehung des Judentums" (1896) wies ich schon hin. Hier wandte sich der kritische Historiker gegen Überkritik der Theologen; obwohl vom Boden der Bibelkritik aus, wie nicht anders möglich, rettete er die Überlieferung der Esrazeit und deutete sie aus ihrem weltgeschichtlichen Rahmen, dem Perserreich. Von ähnlicher Bedeutung war es, als M. 1904 die „Ägyptische Chronologie" auf sichere Grundlage stellte, eine Grundlage, die sich trotz eigener Korrekturen und wenigstens eines großen Gegenangriffs als standfest erwies und heute in den Hauptsachen allgemein als endgültig angesehen wird. Vielfach bestritten ist dagegen die von E. M. verfochtene Autorschaft Theopomps an dem in den Oxyrhynchus-Papyri aufgefundenen Geschichtswerk; aber sein Buch („Theopomps Hellenika" 1909) ist in philologischer Interpretation und historischer Auswertung noch immer das Bedeutendste über diesen Fund. Schon diese drei Beispiele erweisen E. M. ebenso als Ägyptologen wie als Alttestamentler, als Philologen wie als Chronologen, andere etwa als Archäologen oder Assyrologen; d. h. aber nicht als einen Polyhistor früherer Prägung, sondern als Überwinder des Spezialistentums durch die Fähigkeit, überall selbst Spezialist zu sein.

Neben diesen und vielen anderen Fundierungen und Ergänzungen zum Bau der GdA. führen weitere Schriften über den Rahmen der fertigen Teile des Hauptwerks hinaus. Eigenes und Entscheidendes hat M. so etwa zur Frage der Monarchie Alexanders zu sagen gewußt. Wesentliches auch zur römischen Geschichte. Hier steht als großzügiges Dokument das im Kriege entstandene Buch „Cäsars Monarchie und der Prinzipat des Pompeius" (1918). Not und bedrängende Aktivität der Gegenwart hatten die Arbeit an der GdA. völlig unterbrochen; in der lebendigen Aktualität der römischen Bürgerkriege, der vor allem durch Ciceros Reden und Briefe bis in feinste Verzweigungen nachzuspüren war, fand der politisch tätige Historiker gleichsam ein Ventil. Dieser spürbare Herzschlag politischen Lebens gibt dem Buche einen Wert, der die höchst problematische Hauptthese (Pompeius als bewußter Prinzeps und damit Vorgänger des Augustus) überdauern wird.

Der Geschichte der Kaiserzeit ist E. M. im allgemeinen ferngeblieben; das bedeutet aber, daß er die letzte große Epoche und den Ausgang jener Antike, deren Einheit er wie kein zweiter erfaßt hatte, nicht geschildert hat. Das hat wiederum in einer bestimmten wissenschaftsgeschichtlichen Situation seinen Grund. Mommsen, der das schon zu seinen Zeiten riesige neue Material zur Kaiserzeit vollkommen beherrschte, sah die Zeit zur Synthese

noch nicht gekommen, und so ist es eine Generation später auch E. M. ergangen, der dazu dieses immer noch wachsende Material nicht entfernt so kannte wie etwa das altorientalische. Aber von einer und zwar entscheidenden Seite her hat er doch das Wort ergriffen. Von seiner Dissertation an hat M. ein besonderes Interesse am Phänomen der Religion gezeigt. Selbst durchaus areligiös, nüchtern und rationalistisch, hat er diesen neben dem Staat gewaltigsten Faktor der Menschengeschichte immer wieder zu erforschen gesucht. Daß dabei eine Diskrepanz zwischen Subjekt und Objekt der Forschung bestand, ist ihm verborgen geblieben. Und so hat er nach dem Krieg, ehe er die Arbeit an der GdA. wieder aufnahm, das größte Problem der Religionsgeschichte in Angriff genommen, das zugleich eines der größten Probleme der alten Geschichte ist: „Ursprung und Anfänge des Christentums" (1920/23). Dieses dreibändige Werk hat schärfsten Widerspruch der Theologen gefunden, hauptsächlich deshalb, weil M. die moderne Forschung kaum berücksichtigt und so teils Bekanntes, teils Widerlegtes gegeben habe. Diesen Einwand hätte M. selbst prinzipiell unbedingt gelten lassen, wie ihm ja etwa Rankes Weltgeschichte oder Burckhardts Griechische Kulturgeschichte gerade auf Grund dieses Arguments als wertlos erschienen. Aber wie er damals, so hatten jetzt seine Gegner unrecht. Große schöpferische Werke bleiben von solchem Vorwurf, der nur die wissenschaftliche Kleinarbeit zu Recht treffen kann, unberührt. Und etwa M.s Darstellung des späten Judentums, das Herausarbeiten seiner religionsgeschichtlichen Stellung, die außer durch eigene Kräfte vor allem durch Parsismus und Hellenismus bestimmt ist, die Gestaltung der weltgeschichtlichen Wandlung von der jüdischen Sekte zur katholischen Kirche sind wie das Werk als Ganzes überhaupt Dokumente zwar nicht religiösen Geistes, aber welthistorischer Perspektiven von großartiger Weite, unbeschadet einer veralteten Evangelienkritik, unbeschadet auch der Tatsache, daß oft genug schmerzliches Versagen gegenüber einem Gegenstand deutlich wird, der nicht nur mit rationalen Mitteln bezwingbar war.
Wenn ich sagte, daß M. seine innere Fremdheit zu dem hier behandelten Stoff nicht empfand, so ist das nicht auf einen persönlichen Mangel an Selbstkritik zurückzuführen, sondern aus seiner ganzen geschlossenen Persönlichkeit zu erklären. So unbedingt M. innerhalb des Ganzen der Geschichtswissenschaft den Primat der politischen Geschichte betonte, so hätte er für keinen Stoff die Notwendigkeit besonderer seelischer Haltung oder Eignung des Historikers zugegeben, sondern einzig die volle stoffliche wie geistige Beherrschung der Quellen und Methoden sowie die Kenntnis der bisherigen Forschung verlangt. Wir nennen diesen Standpunkt „positivistisch", und so wenig hier der Ort ist, diese grundsätzliche Haltung zu kritisieren oder zu widerlegen, so nötig erscheint es, M.s geistesgeschichtliche Stellung und Einstellung mit mehr als diesem einen Schlagwort zu umreißen. Das ist um so nötiger, als Positivismus ein Schimpfwort geworden ist, mit dem auch über sehr lebendige Dinge abgeurteilt wird. Mögen wir an die Absolutheit einer „voraussetzungslosen" und „wertfreien" Wissenschaft nicht mehr glauben können und die Grenzen sehen, die rein positivistischer Forschung gesetzt sind, mögen wir den übrigens auch von M. kaum geteilten Glauben manches Gelehrten an steten Fortschritt der Wissenschaft und die Möglichkeit „endgültiger" Lösungen nicht haben, so ist darum der hier pulsierende Wahrheitsfanatismus, der sich auch immer wieder gegen modische Götzen, wie z. B. den Rassewahn, wandte, nicht minder großartig und imponierend. Auch nach dem „Einbruch des Subjektivismus", von dem man gesprochen hat, wird die historische Wissenschaft, wenn anders sie Wissenschaft bleiben will, den unbedingten und verpflichtenden Willen zur Wahrheit niemals verlieren dürfen. Allerdings: jene „Rankesche Objektivität", die als eine ideale Form der Geschichtschreibung die Generation der Jahrhundertwende zu erstreben meinte, war das, was sie, mindestens in ihren typischen Vertretern, zum Idol machte, nicht, weil gerade Ranke bestätigt, daß die Wissenschaft ohne ein Außer-Wissenschaftliches nicht dauern kann.

Und das ist auch der tiefere Grund dafür, daß E. M., wie man wohl gesagt hat, einen schlechten Stil schrieb. Es ist kein Zweifel: er ist der einzige der großen deutschen Historiker, dem es nicht gegeben war, seinen Stoff sprachlich wahrhaft zu gestalten, weder mit der edlen und klaren Weite Rankes noch dem heißen Schwung Mommsens, weder mit der lichten Plastik Burckhardts noch dem Pathos Treitschkes. M. schreibt ein nüchternes, uncharakteristisches Deutsch, eine Sprache, die rein sachlicher Einzelforschung zukommt, aber nicht umfassender und gestaltender Geschichtschreibung. Auch das ist jedoch nicht als persönliches Manko, sondern aus der Zeit und ihrer ganzen positivistisch-naturalistischen Wesensart zu erklären. Das Nichtkönnen war zugleich ein Nichtwollen, und hier lag für die Geschichtswissenschaft allerdings eine sehr große Gefahr, denn sie ist – ihrem Wesen nach, nicht aus irgendwelchen „ästhetischen" Gründen – an erster Stelle neben der Dichtkunst zur Gestaltung durch das Wort und zum Dienst am Worte berufen.

M. hat mehrfach (so zuletzt in seinem autobiographischen Dankschreiben nach dem 70. Geburtstag) betont, daß ihm von Anfang an als Hauptzweck aller historischen Arbeit vorschwebte, „zu einer einheitlichen Weltanschauung auf geschichtlicher Grundlage zu gelangen". Man bewundert die Klarheit des Willens und der Zielsetzung, aber wie steht es mit dem Inhalt dieser Weltanschauung? Die Antwort, die uns M. gibt, ist die Einleitung seines Hauptwerks (Band I, 1), die er „Elemente der Anthropologie" nennt (den „mißbräuchlichen Ausdruck" Geschichtsphilosophie lehnt er ab), eine Darlegung der „allgemeinen Formen menschlicher Entwicklung", die nichts anderes ist als eine Soziologie der Prähistorie und, ihr angehängt, eine Methodik der Geschichtswissenschaft. Man wird starke sachliche Bedenken äußern müssen. Aber um so mehr sei betont, daß die umfassende methodische Selbstbesinnung an sich etwas innerhalb des Fachs der Alten Geschichte bis heute Seltenes, fast Singuläres darstellt und als Tatsache daher unsere größte Bewunderung verlangt. Wenn aber E. M. hier prinzipielle Fragen auf eine höchst einfache und nüchterne Weise, rein aus dem historischen Material heraus, zu lösen sucht, so ist das Ergebnis durchaus unbefriedigend, weil man nicht zu prinzipieller Klarheit ohne Anwendung prinzipieller Kategorien kommen kann, auch wenn die Geschichtswissenschaft weder philosophische noch gar naturwissenschaftliche Disziplin ist. M.s berechtigte Einwände gegen die Historiker, die nur im Feststellen historischer Gesetze die Wissenschaftlichkeit ihrer Disziplin glaubten retten zu können, sind nicht mehr aktuell. Anderseits was war damit gegeben, daß M. als „geschichtlich" definiert: was über den Augenblick hinaus „wirksam" ist? Das subjektive Moment, das diese Norm übrig läßt, muß er selbst zugeben. Darüber hinaus gilt, daß manche „Wirkungen" für die Gegenwart des Historikers oder auch einen sonst von ihm zugrunde gelegten Zeitpunkt nicht mehr bestanden, die einmal doch gewesen waren, daß andere erst zu einer Zeit in Erscheinung traten, die der schreibende Historiker nicht mehr erlebte. Selbst wenn es aber eine Basis gäbe, von der aus man generell entscheiden könnte, was „wirksam", d. h. kausal wichtig war, so wäre doch die Tatsache nicht zu umgehen, daß es „geschichtliche" Ereignisse, Menschen, Zustände, Werke gab, die, wie gegen E. M. u. a. in ausführlicher Auseinandersetzung Max Weber betont hat (vgl. jetzt auch Meinecke, H. Z. 137, 6, 1), nicht um irgendwelcher Kausalwirkung willen geschichtlich sind, sondern auf Grund eines Eigenwerts oder auch eines bloßen Erkenntniswerts.

Die Ausführungen M.s wollen nicht nur als Versuch methodischer Klärung gelten, sondern als Ausdruck einer „Weltanschauung". Indem wir damit einen Bezirk berühren, für den der Historiker nicht eigentlich „zuständig" ist, danken wir es gerade E. M., daß er den Zwang zur inneren Klärung der weltanschaulichen Grundlagen schon zu einer Zeit aufs stärkste empfand, da der richtige Fachgelehrte diese Dinge gänzlich aus dem Bezirk der Wissenschaft ausschloß. So wenig also E. M. dem geistigen Willen nach reiner Positivist war, so entschieden, was das Inhaltliche angeht. Noch mit gewissem Recht läßt sich aus der von M.

übernommenen aristotelischen These, daß der Staat älter sei als der Mensch, die für die Gegenwart postulierte Folgerung einer Allmacht des Staates herleiten. Aber schon die Meinung, man „verstünde" Religion nur, wenn man wüßte, daß sie aus Zauberwesen erwachsen und daß in allen Religionen zwischen Göttern und Geistern zu unterscheiden sei, zeigt, zu welchen Konsequenzen dieser von nichts als wissenschaftlicher Empirie genährte „Historismus" führt. Historismus ist M.s Haltung ja zweifellos, will sie sein, aber von Hegel ebenso weit entfernt wie von Dilthey (mit dem er höchstens die Absage an die Metaphysik gemein hat), ja im Grunde außerhalb aller Philosophie, Ausdruck des Glaubens an die Allmacht eines wissenschaftlich-rationalen Denkens, der nur in dem monistischen Glauben an die Allmacht der Naturwissenschaft Analogie und auch zeitgenössische Parallelität findet.

Es ist kein Zufall, daß sich M. gerade mit dem Denker begegnete, in dem die historistische Haltung und der unbedingte Glaube an die Ratio ihren auch äußerlich größten Triumph feierten, mit Oswald Spengler. Wie M. von ihm als der größte deutsche Historiker seit Ranke bezeichnet wird, so ist er mit aller Entschiedenheit für das Spenglersche Werk eingetreten, das er in seiner Bedeutung als schöpferischen Anreger sogar mit Herders Ideen zur Philosophie der Geschichte der Menschheit vergleicht. Dabei erscheint ihm offenbar an Spenglers Konstruktion der Weltgeschichte nicht der gesetzmäßige Ablauf aller Kulturen als wesentlich, gegen den er das bessere Wissen des Universalhistorikers ins Feld führen konnte, sondern die schicksalhafte Gebundenheit, die den Gang alles geschichtlichen Lebens bestimmt und die aus der „Morphologie der Weltgeschichte" eine „Philosophie" macht. Es genügt hier auf diese Zusammenhänge hinzuweisen, die aber nicht nur E. M.s Begrenzung in seiner geistigen Gesamthaltung bestätigen, sondern zugleich seine Größe und die Weite seines Blicks. Die kleinliche Besserwisserei auch bedeutender Fachgelehrter gegenüber Spengler hat M. trotz aller Einzelkritik nicht mitgemacht.

Wie aber hier der auch in der Begrenzung große Mensch deutlich wird, so kann man E. M. überhaupt nicht anders gerecht werden, als wenn man den Menschen als Ganzes nimmt, auch hinter der hier wohl allzu abstrakt genommenen „Weltanschauung" den lebendigen Menschen nicht vergißt. Der Mann, der das Prinzip der „Wissenschaft um ihrer selbst willen" mit großartiger Selbstverständlichkeit verfocht, dem das Verhältnis dieser Wissenschaft zum Leben kein Problem war, weil sie für ihn und in ihm zusammenfielen, stand zugleich mit ganzer Kraft und Überzeugung mitten im Leben. So war er unermüdlich im Dienste wissenschaftlicher und auch studentisch-sozialer Hilfsorganisationen tätig, so auch seit langem in intensiver politischer Arbeit. Zu ihr sind wohl auch am ehesten jene Schriften über England und Amerika zu rechnen, die M. in und nach dem Kriege schrieb und die mehr seine ehrliche und starke Überzeugung erwiesen als wissenschaftlich Wesentliches besagten. M. war Politiker etwa wie Dietrich Schäfer, ehrlich und idealistisch trotz aller betonten „Realpolitik", von heißer Liebe zu Deutschland erfüllt, der „politische Professor" mit seinen Vorzügen und Schwächen. Statt eigenen Urteils aber mag hier stehen, was E. M. selbst beim Tode Mommsens in einem Nachruf sagte und was heute seltsam genug auch auf ihn zuzutreffen scheint: „Gar manche mögen es bedauert haben, daß der Mann, zu dem sie voll Verehrung aufblickten, sich so gänzlich mit einer Anschauung identifizierte, die ihnen der Vergangenheit anzugehören und für die Beurteilung der Gegenwart und ihrer großen Aufgaben nicht mehr den berechtigten Maßstab abzugeben schien." Aber auch der Politiker blieb „menschlich", und es ist vielleicht erlaubt, persönliches Erlebnis zur Charakterisierung anzuführen. E. M. hat während des ganzen Krieges, als ich an der Front war, mir, der ich vor Kriegsausbruch ein einziges Semester bei ihm studiert hatte, in häufigen Briefen seine politischen Ansichten auseinandergesetzt, obwohl ich niemals meine stark abweichenden Anschauungen vor ihm verbarg.

Es gibt ein Bild E. M.s, das Lovis Corinth gemalt hat und das ihn tief erfaßt. Die mächtig ragende Gestalt und der ernste Kopf scheinen Ausdruck seiner Größe und seiner aufrechten Geradheit, sie bestätigen zugleich, wie fremd ihm jegliche Pose der Größe war; aus seinen Augen aber spricht ein starkes und warmes Empfinden. Er war ein Mensch, der ehrlich lieben und allerdings auch ehrlich hassen konnte. Seiner Güte und Hilfsbereitschaft haben Zahllose zu danken gehabt. Daß der Kreis seiner persönlichen Schüler nie sehr groß war, hat auch darin seinen Grund, daß E. M. ein Lehrer von natürlichem Charisma nicht eigentlich war. Wenn aber seine Wirkung ausschließlicher als etwa bei Mommsen durch seine Bücher erfolgte (obwohl doch diese Bücher garnicht faszinierend waren, weniger als das „Römische Staatsrecht" und erst recht als die „Römische Geschichte"), so lehrt gerade der Vergleich mit Mommsen noch etwas anderes. M. war kein Organisator der Wissenschaft; er kam garnicht in die Lage, so wie Mommsen Schüler und Fachgenossen in den Rahmen einer mächtigen wissenschaftlichen Organisation einzuspannen. Es fragt sich, ob man das nur als Manko ansehen soll. Gewiß war und ist der „Großbetrieb" der Inschriftencorpora und ähnlicher Kollektivarbeiten notwendig und bewundernswert, aber – um mit M.s eigenen Worten zu reden – „höher als die Organisation steht der Mensch und die durch geistige Durchbildung erworbene Fähigkeit zu selbständiger Leistung".

Diese Forderung, die E. M.s Urteil jederzeit einen wahrhaft sittlichen Ernst verlieh, ist, wie mir scheint, das persönliche Vermächtnis, das er vor allem hinterlassen hat. Das äußere Werk: Plan und Tat einer „Geschichte des Altertums", wird so bald niemand wieder selbständig in Angriff nehmen. Wohl aber kann der universalhistorische Rahmen für alle altgeschichtliche Arbeit nie wieder verschwinden. Damit wird freilich die Problematik der Alten Geschichte überhaupt aktuell, denn sie ist zugleich Teil der allgemeinen Geschichte und Teil der „Altertumswissenschaft". E. M. lehnt diese zweite Bindung ganz ab, läßt sie höchstens aus äußerlichen Nützlichkeitsgründen gelten. Aber für jeden, der im antiken Erbe nicht nur Objekt historischer Forschung sieht, sondern zugleich humanistische Verpflichtung, ist die doppelte Bindung Zwang und somit Problem und Aufgabe. Vielleicht ist das im Augenblick eine Frage weniger der allgemeinen althistorischen Wissenschaft als gerade der deutschen Situation. Charakteristisch deutsch war ja – bei aller selbstverständlichen internationalen Geltung und notwendigen internationalen Verbundenheit – auch die Leistung Mommsens wie Ed. Meyers. Mommsen blieb stets der alte Achtundvierziger, E. M. stets der Bürger des wilhelminischen Reiches. Die Generation, die ihr Erbe angetreten hat, muß versuchen, es aus eigenem Geist und eigener Zeit heraus fortzusetzen, in Freiheit und in Ehrfurcht.

„Die Menschen kommen und gehen, aber die Wissenschaft bleibt." Dieses Wort Mommsens gilt auch für die Größten. Doch es läßt sich auch anders sagen: die Wissenschaft wandelt sich, aber das Werk ihrer Großen bleibt und dauert als stete Verpflichtung.

Hans Ehrenberg, Das alldeutsche System, Teil I, in: Vossische Zeitung vom 3. März 1918;
Teil II, in: Vossische Zeitung vom 5. März 1918

I.

Gemäßigter und chauvinistischer Nationalismus sind in Deutschland durch eine tiefe Kluft geschieden. Wo ein fruchtbarer Aufbau der verschiedenen Grade des nationalen Geistes stehen sollte, wo sich die vielerlei Ideen des deutschen Daseins über die einzelnen Gruppen des völkischen Lebens verteilen sollten, ist ein Parteikampf von seltener Gegensätzlichkeit entbrannt, der zugleich das Leben der Ideen in Deutschland in ihrer Existenz bedroht. Innerhalb der nationalen Idee leiden wir, anstatt des wechselvollen Spieles der Temperamente, den Kampf der Ideen selber. Das deutet auf tiefgründige Unvollkommenheit; denn wenn der Baum des nationalen Geistes schon im Stamm auseinanderbirst, muß er in den Wurzeln faul sein.
Nur die eine Gruppe in der deutschen Parteiung, die im weiteren Sinne alldeutsche, versucht ein Nationalprogramm zu repräsentieren, und darüber müssen wir uns im klaren sein: Nur der verdient Anspruch auf Vertretung des Nationalgeistes, der ihn durch ein Nationalprogramm auch wirklich zu repräsentieren sucht. Aber die Partei des Nationalprogramms hat auf ihre Fahne zugleich die Verachtung der Idee geschrieben, und daher erklärt sich die allen anderen Völkern der Gegenwart durchaus unbekannte Parteiung, unter der wir stehen: Hie Nationalprogramm, dort Idee. Denn wie jene die Idee verachten, so vernachlässigen diese, obwohl in ihrer Mehrheit einem gemäßigten Nationalismus nicht abhold, die Aufstellung eines Nationalprogramms. Daher ist das alldeutsche System trotz seiner gewollten Ideenlosigkeit der einzige Repräsentant des deutschen Nationalismus. Um so paradoxer ist der weitgehende Abfall von ihm, um so erklärungsbedürftiger die geringe Werbekraft, die es besitzt. Hierfür müssen wir unsere Form der nationalen Idee selber verantwortlich machen; denn der Heroismus des deutschen Volkes beweist seine nationale Treue und schiebt die Schuld für die geringe Anziehungskraft des alldeutschen Systems diesem selber zu.
Es ist bei der Bedeutung, die der Gegner im politischen Leben besitzt, natürlich, daß die Bekämpfung der ganzen und halben Pazifisten einen großen Raum im alldeutschen System einnimmt, doch ist dieser Raum über Erwarten groß, und das neben dieser Polemik zutage tretende eigene System ist über die Maßen dürftig und gering. Darüber können wir uns von vornherein im klaren sein: Besäßen wir ein vollgültiges alldeutsches System, so hätten wir außer der kleinen Gruppe der unentwegten nicht noch Legionen halber Pazifisten und nicht eine zu diesen Halben hinneigende Regierung. Die alldeutsche Verachtung der Idee, die verschrien als Ideologie und Theorie sowohl als Machtfaktor wie vor allem als Baumeister von Nationalprogrammen vollständig verkannt wird, rächt sich. Der bloße Standpunkt der Machtpolitik ist noch lange nicht selber wirkliche Machtpolitik, und diesen Standpunkt stets erneut zu unterstreichen, ist trotz der Richtigkeit, die es damit hat, eine äußerst kindliche Methode, Politik zu treiben, ist, statt sachlicher Realpolitik, ein sich Berauschen an der bloßen nackten Idee dieser schwärmerisch geliebten Realpolitik, die mit ideologischer Verträumtheit ebenso sentimental verfolgt wird, wie etwa die Weltfriedensidee der Pazifisten von diesen. Sie hat daher gerade infolge ihrer Unsachlichkeit ein allseitiges Bedürfnis nach sachlicher Politik hervorgerufen und trägt die Schuld für die anderen mit untauglichen Mitteln unternommenen Versuche realpolitisch zu werden (Reichstagspolitik). So ist das alldeutsche System ein System nicht der Methoden und Werkzeuge der Machtpolitik, sondern der bloßen Idee derselben; nirgendwo zeigt sich die deutsche Welt-

fremdheit stärker als dort, wo sie die Weltfremdheit bekämpft und sich einredet, höchst weltnah zu sein. Mögen nun dafür wie für alle Mängel unserer Politik die geschichtlichen Ereignisse verantwortlich gemacht werden — der letzte große Vorgang der deutschen Geschichte, die nationale Einigung, trug ihre Befriedigung in sich selbst und schuf daher eine Sphäre politischer Saturiertheit und Ziellosigkeit, ja Gleichgültigkeit, von der das alldeutsche System zwar fortwill, aber nicht fortkommt —, so überheben wir uns damit nicht der Verpflichtung, uns so schnell wie möglich aus diesem kläglichen Zustand zu befreien.
Als uns nun ein Kampf auf Leben und Tod die ersten schüchternen Gehversuche in einer aktiven Politik aufnötigte, brachte es mangels jeder Überlieferung aus dem Frieden das Nationalprogramm des Krieges zu nichts anderem, als die Kriegsereignisse zu kopieren und in politische Ziele zu übersetzen. Und hierin bestand während der Kriegszeit die Hauptbeschäftigung des alldeutschen Geistes, der so versuchte, seine vorherige Leere auszufüllen. Die Kriegsziele der Alldeutschen entstanden in sklavischer Abhängigkeit vom Kriegsverlauf und daher ohne jede Selbständigkeit spezifisch politischen Denkens. Ein treuer Hund unserer siegreichen Heere, formte der alldeutsche Geist unsere Landsiege zu politischen Landzielen um; ein ebenso harmloses wie zielloses Verfahren. Nirgends wurden aus unserem eigentlichen Kriegsziel, der Eroberung der Freiheit der Meere, selbständig, ohne Abhängigkeit von militärischen Okkupationen, Kriegsziele abgeleitet, sondern nur die aus dem militärischen Verlauf zuerst rein im Sinne des point d'honneur (kein umsonst geflossenes Blut!) hergeleiteten Ziele nachträglich mit dem Meeresproblem verbunden, wenigstens dort, wo es anging. Andernfalls hätte das eigentliche Kriegsziel: Eroberung oder zum mindesten Neutralisierung des Suezkanals heißen müssen; aber es hat sich noch nicht einmal innerhalb der alldeutschen Gruppe eine Auseinandersetzung erhoben über: entweder Flandrische Küste oder Suezkanal. Vielmehr geschah nur folgendes: Da der Kampf um unsere weltpolitische Stellung überhaupt — der eben mit dem Erstreiten der Freiheit der Meere gleichbedeutend ist — uns auf belgisches Gebiet und ins französische Industrieland führte, wurden diese Schauplätze des Kampfes um ein anderes Streitobjekt selber zu Streitobjekten umgedacht. Können hier nun wenigstens noch Zusammenhänge zwischen dem eigentlichen Endziel und den vermeintlichen Vorzielen entdeckt werden, die zwar angesichts der Hafenlosigkeit der besetzten Küste einerseits und des stets wachsenden Aktionsradiusses der U-Boote anderseits recht brüchig sind, so fehlt dergleichen vollkommen auf der anderen Seite des Kriegstheaters, wo der Kampf um Konstantinopel uns zu Herren der Gefilde der russischen Randvölker machte. Hier wurde die Freiheit der Meere radikal vergessen und der Sieg von Konstantinopel, der doch mindestens eine Staffel zum endgültigen Seesiege ist, zu einem polnisch-litauisch-kurländischen Siege umgeändert. Und hier kommen die rein sentimentalen politischen Instinkte des alldeutschen Geistes sofort zutage, denn hier muß er mit den Rudimenten deutscher Vergangenheit und mit den Absichten einer Siedlungspolitik für ein schon im Frieden nicht landhungriges, jetzt schwer dezimiertes Volk operieren. So gern man die baltischen Probleme im kleinen anerkennt und so sehr man selbst die sentimentalen Gefühle bezüglich des Baltikums teilt, so sehr muß man im Sinne einer wirklichen Realpolitik verlangen, daß das Unwichtige nicht als Konkurrent des Wichtigen auftrete; die östlichen Kriegsziele mußten angesichts der Tatsache, daß der Engländer doch gerade nach alldeutschem Dogma unser Hauptfeind ist, unbedingt den Kriegszielen gegen unsere westlichen Gegner untergeordnet werden; aber auch das Dogma vom englischen Feind wird im alldeutschen Lager gar nicht im Sinne eines positiven Zieles: Erkämpfung der Meeresfreiheit vorgetragen, sondern ganz in der Gestalt eines Verteidigungszieles: zukünftige Gefährlichkeit des englischen Gegners. Anstatt zielbewußter Gegenwartspolitik, die allein des Heroismus unserer Heere würdig wäre, treibt der alldeutsche Geist eine ängstlich vorbeugende Verteidigungspolitik, von

der es kein Wunder ist, daß sie den Siegeswillen des Volkes nicht stärkt, da sie es nicht zum Eroberungswillen zwingt und es daher ohne Stoff läßt. Und da der Alldeutsche an Stelle des Sieges von Konstantinopel sentimentale Kriegsziele im Osten setzte, so machte er die politische Kraft jenes Sieges nicht mobil und versäumte auch hier, den Siegeswillen des Volkes durch eine wirklich politische Ideenvertretung der Kriegslage zu festigen.

II.

Stur veranlagt, sieht der alldeutsche Geist das räumlich Nahe auch geistig nah und das räumlich Ferne auch geistig fern. Der alldeutsche Geist sitzt in den vier Wänden seines Vaterlandes, stößt die Tür auf und ergreift mit Leidenschaft das erste, das sich ihm bietet. Aber das oberste Gesetz aller politischen Wirksamkeit ist das der politischen Fernwirkung. Dem alldeutschen Geist ist es unbekannt, er lehnt das Ferne nicht ab, aber findet es neben dem Nahen unwichtig. Der Kriegsschauplatz ist ihm auch der Schauplatz der Politik. Daher ist die alldeutsche Sicht durch die Frontenlinien beengt und vermag über sie nicht weg zu sehen. Der Alldeutsche steht nicht auf einer Warte, von der die Welt als Schauplatz der Politik überblickt werden könnte. Er steht vielmehr dort, wo er Jahrhunderte gestanden hat und treibt, statt der von der Zeit gebotenen Weltpolitik die längst veraltete Politik der Hausmächte: Heimatpolitik! Keine Politik ist ängstlicher und flaumacherischer als diejenige, die nicht den Mut hat, in die weite Welt hinaus zu blicken; die stärksten Schreier haben nicht immer die mutigsten Herzen; der alldeutsche Geist verrät unsere Zukunft aus politischer Kurzatmigkeit, die ebenso vor das vaterländische Gericht gehört wie Feigheit vor dem Feinde. Die „Ideologie" der Alldeutschen setzt sich aus drei Elementen zusammen: das erste ist ein für Politik unpassender, sentimentaler point d'honneur-Standpunkt, der zweite ein schwerindustrieller Materialismus, der dort herangezogen wird, wo der point d'honneur nicht ausreicht (Antwerpen, Briey), und das dritte ist die Politik des räumlich Nahen, die Politik der Grenzsicherung.

Diese ist aus der intimen Abhängigkeit der alldeutschen Politik vom militärischen Kriegsverlauf erwachsen. Infolge der Identifizierung des politischen mit dem militärischen Schauplatz ist das alldeutsche System nichts anderes als ein politisches System militärischer Grenzsicherungen. Zugrunde liegt kein positives aktivistisches Programm, sondern nichts als der passivistische Verteidigungsgedanke, der sich auf die Vorstellung einer Wiederholung des jetzigen Kampfes aller gegen Deutschland verliert; also defensive Machtstellung, die man durch Verstärkung des Grenzschutzes erreichen zu können glaubt. Der Alldeutsche schiebt daher unsere Grenzwände hinaus, um zwischen die eigentliche Heimat – Heimatpolitik! – und die Gegner Pufferland einzuschieben. Es werden nicht nur geographisch günstige Grenzlinien – etwa Flußläufe – verlangt, sondern ausdrücklich ein Zwischengelände, ein Operationsraum zum Aufmarsch unserer Heere. Diesen außerhalb der Heimat gelegenen Operationsraum haben wir uns in diesem Kriege geschaffen durch die Angriffskraft unserer Heere; hätten wir ihn von vornherein besessen, so wären wir sogleich zur Defensive veranlaßt gewesen; daher muß gegen ein dauerndes Verfügungsrecht über Operationsräume, die in den nationalen Zusammenhang nicht einbezogen sind, das ernsthafte Bedenken erhoben werden, daß darin ein Zwang zur Defensive liegt und daher eine Gefahr für unseren Offensivgeist, den gegen eine Welt von Feinden zu erhalten das vornehmste Ziel einer gesunden Militärpolitik sein muß; also auch hier ist das alldeutsche Programm wiederum gefährlich ängstlich und macht aus Erfahrungen Grundsätze, deren Verfolgung gerade zu einem Zustand führen würde, der dem Hinreißenden des gegenwärtigen Krieges widerspräche. Außerdem ist Grenzsicherung, ob man nun will oder nicht, von schwerwiegenden politischen Folgen: den Ausbau der Puffergebilde zu autonomen

Staaten lehnen die Alldeutschen, obgleich gerade sie für die Übertreibung des Puffergedankens Einheitsraum, der doch das Ideal des alldeutschen Geistes ist, verantwortlich sind, ab. Und nicht einmal den militärischen vermag er sich zu erhalten; denn indem er nach allen Seiten sichern will, zerbricht sein Grenzraum in so und so viele einzelne Grenzräume (im Westen, im Osten), und die Grenzsicherungspolitik in so und so viele einzelne Grenzsicherungsprobleme, so daß jede politische Einheitsfront, die der militärischen Einheitsfront gleichwertig wäre, unmöglich wird. Politik hat eben immer eine bevorzugte Richtung und dementsprechend andere vernachlässigte Richtungen; will man nach allen Seiten Politik im gleichen Sinne treiben, und das will der Alldeutsche, so zerreißt man die Einheit der Politik, und es entstehen die vielerlei sich gegenseitig störenden Einzelfragen, wie wir es jetzt erleben, und für die der alldeutsche Geist, so sehr er sie anklagen mag, verantwortlich ist. Daher führt seine Grenzsicherungspolitik von einer zielstarken Politik unbedingt ab; überhaupt nur Heimatpolitik, kann sie ein weltpolitisches Programm nie ersetzen. In ihren Konsequenzen den eigenen Absichten abträglich, hemmt die Militärpolitik die Entwicklung der Weltpolitik, weil sie den Blick auf das räumlich Nahe zwingt. Die Politik der Grenzsicherung bindet sich selbst die Hände, lähmt die nationalen Kräfte und macht uns unfähig, in den Überraschungen, aus denen Geschichte besteht, mit frei beweglichen Gliedern zu agieren. Nur wenn militärische Stützpunkte im Dienste eines aktivistischen politischen Programms stehen, sind sie keine verlorenen Posten. Da die Kriegsgeschichte außerdem lehrt, daß nichts unvorhersehbarer ist als der Zukunftskrieg – ein Kriegsplan darf nach Moltke nur die drei ersten Kriegstage umfassen –, da gerade der gegenwärtige Krieg uns zeigen kann, daß der planmäßig vorbereitete Feldzug gebunden in die Erscheinung tritt und daher weniger gelingt als der schöpferisch improvisierte, so müssen wir einsichtig genug sein, die Einschätzung militärischer Überlegungen, die es dem politischen Denken so bequem machen, zu einem scheinbaren politischen Programm zu kommen, auf ein Mindestmaß einzuschränken. Aus der alldeutschen Grenzsicherungspolitik konnte, wenn sie Wirklichkeit würde, ein zweiter Hindenburg nicht emporwachsen. Auch hier zeigt sich, wie im ganzen alldeutschen System, der Mangel an innerem Vertrauen und Glauben (nicht zu schönen Worten, sondern zu der Zukunft unseres Volkes), der allen die Idee verachtenden Gedankensystemen eigen ist.
Die alldeutsche Psyche lebt daher in einer unbeweglichen, starren und geistesarmen Sphäre; den einzigen Ersatz für den fehlenden Geist bietet die leere Begeisterung am starken Wort; wenigstens will man zeigen, was für ein Kerl man doch sei. Wie der Biertischpolitiker auf den Tisch schlägt, um seinen Entrüstungen Ausdruck zu geben, so stößt der Alldeutsche in die Machttrompete, zum Triumph seiner Gesinnungsgenossen, und nennt diese Massensuggestion – Realpolitik. Von den Ursachen politischer Kraft hat der Alldeutsche keinerlei Ahnung. Überlegte er sich schon einmal, warum der imperialistische Lloyd George sein Volk gegen die Masseninstinkte und über das, was Volksmeinung ist, hinausreißen kann, oder würde er sonst nicht im Innern wirkliche Kraftpolitik treiben? Die politischen Instinkte einer Klasse, die nur für die Herrschaft nach innen Tradition hat, führen zu keiner Realpolitik und drohen daher, den realpolitischen Lehrgang Deutschlands in eine falsche Bahn zu lenken. Die innige Verkettung innerer und äußerer Politik ist dem Alldeutschen unbekanntes Land; sonst würde er sich überlegen, ob Grenzsicherungsziele, die sich bestenfalls erst in einem Zukunftskrieg bewähren könnten, Werbekraft erhalten können; er würde sich die Frage vorlegen, ob das Volk an den materialistischen Zielen der Schwerindustrie wirklich ein lebendiges Interesse nehmen kann. Überall, das ist das Schicksal der alldeutschen Psyche, führt sich das alldeutsche System selber ad absurdum. Überall unterschätzt der Alldeutsche andere als militärpolitische Kräfte, man denke etwa an sein Verhalten bei den überseeischen Kriegserklärungen. (Lloyd George führte bald darauf aus,

daß den Deutschen ihr Hohn wohl nachträglich vergangen sei.) Und in seinen Forderungen an das Volk verlangt das alldeutsche System vom Volke die Psychologie der Führer und — begibt sich damit des eigenen Führerrechtes. So ist die alldeutsche Seele nicht nur unfähig, andere zu überzeugen, sondern auch von jener bewährten psychologischen Impotenz, die vor einigem von Bonar Law mit hoher Schadenfreude registriert worden ist. Eine materialistische Ideologie tötet übrigens immer die Organe psychologischen Verständnisses, ohne die eine weitsichtige starke Politik nicht denkbar ist. Detailziele, wie etwa das des Erzbeckens von Briey, das ja als Detailziel seine Bedeutung hat, werden mit derselben Intensität verfolgt wie wirkliche Großziele, und für diese wird daher der Wirkungsraum eingeschränkt. Überall überschreit der Alldeutsche die leisen Äußerungen sachlicher Politik und, unfähig, sich von der überlieferten Klassenpolitik im Innern loszusagen, treibt er, statt der gewollten Kraft-, Ohnmachtspolitik. So wenig sachliche Tiefe er auf die Ergründung der feindlichen Kräfte verwendet, so wenig Kenntnisse zeigt er von den Quellen der eigenen Volkskraft. Diejenigen, die die numerischen Maßstäbe unserer Feinde mit Hohn belegen, und dies mit Recht, schicken sich an die gleiche Denkweise bei uns einzuführen.

Nur der Zweck der Alldeutschen, das Volk gegen die eigentlichen Masseninstinkte und -ansichten zu führen, ist richtig. Hierzu bietet aber die Geschichte die beste Handhabe; die große, neue, mitteleuropäische Machtbasis, für einen so maßvollen Feind wie Henderson groß genug, um den Friedensschluß mit Deutschland für unmöglich zu erklären, ist der großzügige Erziehungsstoff, den uns die Geschichte gibt, um unser Volk über seine kleinbürgerlichen Instinkte hinauszuleiten. Das alldeutsche System hat aber auf Mitteleuropa nur die eine Frage und Antwort, die ihm seine materialistische Psyche eingibt, die Frage nach dem wirtschaftlichen Wert. Allerdings ist Mitteleuropa kein Ersatz für die Weltwirtschaft; aber das weltpolitische System soll und kann das weltwirtschaftliche eines wirtschaftlich allseitig tätigen Volkes an Umfang nie erreichen; der kleinere Kreis des weltpolitischen Systems ist für den größeren des weltwirtschaftlichen die Basis; nur den Schwerpunkt müssen beide Systeme gemeinsam haben. Die komplette politische Verständnislosigkeit der Alldeutschen zeigt sich nirgends krasser als in der Furcht vor der wirtschaftlichen Konkurrenz Mitteleuropas. Überall Angst vor einem weltbürgerlichen Nationalismus, obwohl dessen wirtschaftliche Früchte gerne gesehen sind.

Hier droht Gefahr; der in diesem Kriege vollzogene Imperialismus unserer Nation wird uns von einem zurückgebliebenen politischen System verdunkelt. Unverständnis der Massen, Verbitterung der Führerklassen sind die Früchte des alldeutschen Geistes. Wieder stehen wir da, wo wir vor dem Kriege waren: im Zeichen der politischen Unbildung und Ziellosigkeit. Die berufenen Führer der Nation verschleudern unsere Anlagen und verschwenden die nationale Leidenschaft auf Dinge, die bestenfalls im Winkel des politischen Raumes geduldet werden dürften. Eine richtungslose Machtpolitik aber isoliert, beseitigt nicht die Feinde und gibt auch keine Freunde; vor zehn Jahren isolierte uns England, jetzt tun wir es selbst in Gefolgschaft des alldeutschen Geistes. Der eben erwachte Michel schläfert sich selber wieder ein. Politisch verbohrte Führerklassen treiben eine politisch ideenlose Regierung in die Arme einer politisch ungebildeten Geistesaristokratie. Und im Zeichen dieser politischen Barbarei übertreiben wir den Heroismus der Nation bis zum kritischen Punkt; das verdanken wir dem alldeutschen System.

Quellennachweis

Die von Eduard Meyer abgesandten Briefe bzw. Postkarten befinden sich im Besitz von Professor Dr. Sir Geoffrey Elton und Professor Dr. Lewis Elton.
Die Schreiben aus der Feder Victor Ehrenbergs stammen aus dem Nachlaß von Eduard Meyer, den das Zentrale Archiv der Akademie der Wissenschaften der DDR betreut. Im einzelnen enthält dessen Verzeichnungseinheit Nr. 561 die Nummern 2, 4, 6, 8, 10, 12, 14, 16, 18, 19, 21, 22, 25, 26, 27, 29, 30, 32, 33, 35, 37, 38, 41, 42, 43, 45, 47, 49, 50 und 51 der vorliegenden Edition, die Verzeichnungseinheit Nr. 130 die Nummern 52, 53, 54, 55 und 56, die Verzeichnungseinheit Nr. 17 die Nummer 58, die Verzeichnungseinheit Nr. 21 die Nummer 62 und die Verzeichnungseinheit Nr. 72 die Nummer (64).
Ehrenbergs „Personal Memoirs" werden nach einem Exemplar im Archiv der Research Foundation for Jewish Immigration (New York) zitiert.

Personenregister zur Einleitung und zu den Briefen

Adenauer, Konrad 17
Amelung, Walter 58
Asquith, Herbert H. 82

Bassermann, Ernst 57. 62
Beloch, Karl Julius 130
Below, Georg von 17
Bernhard, Georg 102
Berve, Helmut 33
Bethmann Hollweg, Theobald von 15. 17. 21. 22. 25. 57. 75. 77. 78. 88. 90. 91. 93. 94. 98. 101
Bismarck, Otto Fürst von 27. 52. 57. 64. 108
Bode, Wilhelm von 12
Bresslau, Harry 13
Briand, Aristide 88
Broedrich-Kurmahlen, Silvio 15
Buber, Martin 10

Casement, Sir Roger 17
Chatterton-Hill, Georges 17
Cohen, Hermann 32
Cossmann, Paul Nikolaus 13. 77. 78
Cotta, Karl von 10

Damaschke, Adolf 18
Delbrück, Hans 26
Diels, Hermann 9
Dörpfeld, Wilhelm 13

Ehrenberg, Eva s. Sommer
Ehrenberg, Gottfried (Elton, Sir Geoffrey) 33. 115. 116f. 120
Ehrenberg, Hans 9. 24f. 27. 28. 32. 75. 101
Ehrenberg, Ludwig (Elton, Lewis) 33. 115. 116f. 120
Ehrenberg, Otto 9
Ehrenberg, Philipp 9
Ehrenberg, Richard 9. 97
Ehrenberg, Rudolf 9
Ehrenberg, Samuel Meyer 9
Ehrenberg, Victor (Onkel) 9
Elton s. Ehrenberg
Erman, Adolf 14
Erzberger, Matthias 17

Foerster, Friedrich Wilhelm 16
Friedberg, Robert 91
Foch, Ferdinand 109

Gelzer, Matthias 29. 115. 119
George, Stefan 29
Gierke, Otto von 16. 75
Goethe, Johann Wolfgang von 112
Grabowsky, Adolf 22. 96
Grote, George 122

Haeckel, Ernst 12
Harnack, Adolf von 12. 17. 75
Heinze, Richard 119
Hindenburg, Paul von 41. 43. 74. 77. 96
Hirschfeld, Otto 14
Hoetzsch, Otto 17
Hunt, Arthur S. 50

Jost, Isaak Markus 9

Kahl, Wilhelm 16. 75
Kahrstedt, Ulrich 114f. 120
Kapp, Wolfgang 16. 18. 26f.
Kardorff, Siegfried von 22
Knackfuß, Hermann von 94
Kühlmann, Richard von 102

Lamprecht, Karl 10
Laum, Bernhard 28. 107
Lehmann-Haupt, Carl Friedrich 58
Lenz, Max 12
Leo, Friedrich 9. 109
Loeschcke, Georg 58

Mackensen, August von 52
Mann, Gottfried (Pseudonym) 22
Maraun, Artur 28
Marx, Karl 21
Meinecke, Friedrich 12. 13. 17
Meyer, Eduard (jun.) 39. 41. 43. 46. 53. 61
Meyer, Hans Eduard 39. 41. 43. 46
Meyer, Herbert Eduard 39. 41. 43. 46. 53
Meyer, Kuno 12. 17
Mommsen, Theodor 10. 20

Naumann, Friedrich   20. 23. 66. 67. 68. 93
Norden, Eduard   9

Oncken, Hermann   17
Ostmann, Ekkehard   15
Otto, Walter F.   29

Planck, Max   12. 14
Pöhlmann, Robert von   38
Premerstein, Anton Ritter von   119

Ramsay, Sir William   14
Ranke, Leopold von   24. 60. 81. 93
Reinhard, Max   12
Reinhardt, Karl   29
Reitzenstein, Richard   119
Renner, Oscar   99
Richter, Eugen   91
Richthofen, Hartmann Freiherr von   17
Riehl, Alois   100
Rietzler, Kurt   15
Rösicke, Gustav   93
Roethe, Gustav   100
Rohrbach, Paul   23. 24. 57
Romilly, Jaqueline de   32
Rosenzweig, Franz   10. 32

Schäfer, Dietrich   12. 13. 14. 15. 16. 21. 30. 75. 100
Schaefer, Hans   29
Schäfer, Heinrich   37
Scheidemann, Philipp   92. 93
Schiemann, Theodor   15
Seckel, Emil   14
Seeberg, Reinhold   14. 16. 75. 100
Sering, Max   100
Sieglein, Hermann   53

Sieper, Ernst   16
Sombart, Werner   13
Sommer, Eva   19. 28. 106. 108
Spengler, Oswald   121
Stapel, Wilhelm   28
Stegemann, Hermann   93
Strack, Max L.   41
Stresemann, Gustav   17. 119
Strohm, Gustav   29

Taeger, Fritz   26. 29
Tirpitz, Alfred von   16. 18. 77. 78
Treitschke, Heinrich von   24. 80f.
Troeltsch, Ernst   13
Trott zu Solz, August von   15

Valentin, Veit   26. 77. 78
Veh, Otto von   15
Vogt, Joseph   26. 29

Wagner, Adolf   16. 75
Waldeyer, Wilhelm   12
Weber, Wilhelm   25f. 28f. 108. 109
Wedel, Fürst Karl von   75
Wilamowitz-Moellendorff, Hermann von   41
Wilamowitz-Moellendorff, Tycho von   40. 41
Wilamowitz-Moellendorff, Ulrich von   9. 12. 13. 16. 40. 50. 52. 75. 81. 89. 94. 100
Wilhelm II.   64. 85. 91. 94
Wilson, Woodrow   85
Wölfflin, Heinrich   13

Zedlitz, Octavio Freiherr von   93
Zimmermann, Alfred   96
Zunz, Leopold   9